哈贝马斯

理解思想探索

蔡艳

著

东华大学出版社

·上海·

图书在版编目（CIP）数据

哈贝马斯理解思想探索 / 蔡艳著 . -- 上海 ：东华
大学出版社，2024.9. -- ISBN 978-7-5669-2418-6

Ⅰ．B516.59

中国国家版本馆 CIP 数据核字第 2024281YV0 号

哈贝马斯理解思想探索
Habei Masi Lijie Sixiang Tansuo

蔡 艳 著

责 任 编 辑　高路路
封 面 设 计　程远文化

出 版 发 行　东华大学出版社（上海市延安西路 1882 号　邮政编码：200051）
联 系 电 话　021-62373924
营 销 中 心　021-62193056　62373056
出版社网址　http://dhupress.dhu.edu.cn/
天猫旗舰店　http://dhdx.tmall.com
印　　　刷　上海盛通时代印刷有限公司
开　　　本　787mm×1092mm　1/16　印张 11.25　字数 288 千字
版　　　次　2024 年 9 月第 1 版　　印次　2024 年 9 月第 1 次印刷
书　　　号　ISBN 978-7-5669-2418-6
定　　　价　76.80 元

前　言

　　哈贝马斯在哲学理性遭遇批判的情境下，提出了必须坚持以哲学的方式来把握整个世界的思想。交往行为理论是哈贝马斯对于哲学理性范式重构的理论回答。哈贝马斯的交往行为理论的核心在于普遍语用学的建构，而实质上，普遍语用学的任务就是确证和重建可能相互理解的普遍条件。哈贝马斯认为，理解是主体间的核心要素。哈贝马斯的理解思想是以诠释学和分析哲学的融合为基础，以语言的社会本体论性、历史性为视角，强调了语言的形式化与操作性，重新确立有效性条件的基础规范，以相互理解为目标，开启了以主体为中心的传统"意识哲学"，逐步向以主体间性为核心的理解范式的变革，即用交互主体间的规范语用理解范式代替意识哲学范式。

　　回顾国内外研究现状，在哈贝马斯理解思想的研究中，以哈贝马斯的综合性和整体思想体系为研究对象的论著较多，聚焦于哈贝马斯理解思想逻辑的建构较不足。在研究视角方面，哈贝马斯理解思想是在诸多学科思想资源的共同作用下形成的，是多学科理论融合的产物。不同学科囿于自身的学科视角，对于哈贝马斯理解思想的研究难以形成一个总体性视野。针对哈贝马斯理解思想研究现状和不足，本书将从总体性视域的角度对哈贝马斯的理解思想进行多学科系统分析。通过这一综合性研究路径，本书将阐述哈贝马斯理解思想形成的理论背景、理论范式演进，并从哈贝马斯理解思想的语言哲学维度，即针对理解的交往性资质前提研究、理解的实践哲学维度，即对于理解的有效性要求研究，以及对理解的社会互动论维度进行深入探究。

　　首先，本书主要分析哈贝马斯理解思想研究的理论背景。哈贝马斯理解思想的理论背景主要包括哈贝马斯早期受哲学的理性传统影响及对其进行的反思批判、社会哲学的合理性思想和语言哲学的意义合理性思想对哈贝马斯的影响。哲学理性的反思性问题，成为贯穿哈贝马斯一生的哲学问题。韦伯的合理化理论、米德的社会符号互动理论对哈贝马斯理解范式的重构起了重要作用。语言哲学的意义合理性思想进一步对哈贝马斯理解思想的构成起了推动作用。其次，本书对哈贝马斯理解思想的理论范式演进过程进行了研究和阐述。哈贝马斯主要借鉴了米德的社会行为主义的沟通理性范式，从而重构理性"主体间性"的行动交往范式。沿着这一范式思路，哈贝马斯进一步借鉴了言语行为理论的形式语用范式，从而构筑了形式语用的分析范式。此后，哈贝马斯借鉴达米特等语用学范式，重构了理解的语用学理论范式，从而建构起语用语境整体论的程序合理性范式。

针对哈贝马斯理解思想的研究主体内容分为三个部分，即对理解思想的语言哲学维度、理解思想的实践哲学维度和理解思想的社会互动论维度进行了详细研究。首先，第一部分是对哈贝马斯理解思想的语言哲学维度，即作为达成理解的前提条件——交往性资质，展开了研究。根据哈贝马斯的分析，交往性资质具有三个维度：语言资质与语言能力、对语言的运用能力、实施言语行为的能力。哈贝马斯对这三个维度进行了更进一步的研究。第二部分是对哈贝马斯理解思想的实践哲学维度，即对于理解有效性要求展开了研究。哈贝马斯理解思想的有效性要求研究，包括哈贝马斯基于言语双重结构的有效性要求重建、有效性要求语境化"条件转向论"、有效性要求的语用语境性。第三个部分是对哈贝马斯理解思想的社会互动论维度展开了研究。哈贝马斯对理解思想的社会互动论研究包括三个维度：符号交互性——理解思想的社会交互性内涵；情境性：理解思想的后形而上学实践特征；重构性：不断走向一种语用语境的规范程序主义。理解思想的符号交互性，是指理解思想的社会交互性内涵；情境性，是指理解思想的后形而上学实践特征，包括走向生活世界视域中的实践过程的范式转变，生活世界是交往行动的背景和实践场域，理解互动过程具有语用语境特点；理解思想的重构性，是指不断走向一种语用语境的规范程序主义。

总的来说，哈贝马斯理解思想的核心是一种语用语境的规范程序主义，即交互主体间通过语言达成一致的可能条件和程序过程。因而，哈贝马斯的理解思想是一种作为交往共识条件的合理性，即语言理解充当的是协调行为的机制和程序过程，言语主体通过语言就他们的言语行为所要求的有效性达成一致或批判检验的有效性条件和程序过程。它强调了语用论述的结构建立的相互交织的个体、社会、文化、语言等一致性结构之间的语用语境整体论，如语言运用、语境情境和生活世界前理论知识等结合在一起的程序性过程。

最后的结语部分在马克思主义视域下，概述了哈贝马斯理解思想的贡献和理论成就，同时，从马克思主义角度出发，从交往、语言和理解三个维度对哈贝马斯理解思想进行了批判，从而进一步深化了马克思的现代性解决方案的现实意义。

目 录

导 论

第一节　研究缘起

法兰克福学派的第二代人物中，最具代表性的思想家尤尔根·哈贝马斯，他的思想对现代学界产生了一种不容忽视的影响。在哈贝马斯的理论中，理解思想占据着关键地位，它不仅是哈贝马斯前期对哲学理性的反思和建构尝试，也贯穿着他后期的话语民主思想。哈贝马斯一生的核心思想成就在于他所提出的交往行为理论，而交往行为理论的关键在于普遍语用学的建构。而实质上，诚如哈贝马斯所提出的，普遍语用学的核心内容就是对于达成理解的普遍条件的确证和重建。可见，哈贝马斯理解思想在其整体理论体系中的关键地位，实际上代表着哈贝马斯对于意识哲学范式的拒斥，以及他毕生对于反思性理性的探索和建构——理解思想的提出和交往范式转向。在研究过程中，哈贝马斯曾指出"理解"概念的常见内涵："理解……它最狭窄的意义是表示两个主体以同样的方式理解一个语言学表达；而最宽泛的意义则是表示在与彼此认可的规范性背景相关的话语的正确性上，两个主体之间存在着某种协调；此外还表示两个交往过程的参与者能对世界上的某种东西达成理解，并且彼此能使自己的意向为对方所理解。"[①] 然而，这并不是哈贝马斯理解思想的全部内涵。

在哈贝马斯看来，理解是一种规范活动，研究理解思想的任务，在于探究发现某种符号物。哈贝马斯探究理解思想，是想深入符号化构成物的背后衍生性结构和直觉性认识。哈贝马斯的理解思想，实质指向的是一种语用语境整体论的程序合理性。这种语用语境整体论的程序合理性是指，言语行为在进行交往过程中通过交往共识的前提性如交往性资质、有效性要求、语用语境条件和规范过程等，从而达成理解的过程。哈贝马斯理解思想的核心是规范语用合理性，即交互主体间通过语言达成一致的可能条件和程序过程。因而，基于哈贝马斯理解思想的研究，论证其是关于一般性交往前提条件、有效性要求及其兑现之间的一种结构性交往关系和程序性的总体。它强调了在交往语用过程中建立的语用结构，即个体、社会、文化、语言等一致性结构之间的语用语境整体过程论，如个体交往性资质、语言运用、语境情境、有效性要求、交往过程、生活世界前理论知识和历史性特征等结合的程序性过程。

由于早年的纳粹经历，哈贝马斯在纽伦堡揭露了纳粹暴行与现实真相后，产生了对

---

① 哈贝马斯：《交往与社会进化》，张博树译，重庆：重庆出版社，1989 年，第 3 页。

以"批判的理性"为代表的德国文化传统的怀疑。正是这种"现实的困惑"促使哈贝马斯对哲学理性的反思性十分关注、不断思考并加以建构，由此贯穿了他一生的哲学思考。从西方哲学史的发展历程来看，理性观念的问题是贯穿其过程的关键线索。针对理性观念的产生，哈贝马斯曾指出，意识哲学范式从柏拉图开始，直到发展至黑格尔哲学思想这一阶段，被称为形而上学即意识哲学范式。在古希腊哲学中，以努斯为主观能动性的核心，以逻各斯为宇宙规则的核心，这两种思想都是从自然哲学出发，逐步确立了理性概念的根本含义。近代以来，哲学理性传统在德国古典唯心主义中具有了主体性理论的形态，理性已被证实是一种反省意识，它同时具有整体性和自身关联性。哲学的命运与现代性的命运是密不可分地联系在了一起。

哈贝马斯指出，在从传统到现代社会的转变中，"现代性"已是一个无法避免的问题，而哲学的革新也不再是以"存在论""认识论"或"历史"等问题为中心，而是要把"合理性"和"社会性"有机地结合在一起。与近代以前相比，当代社会以各种价值场域的分化、统一的本体论理性的逐渐瓦解为主要特点。而造成这一现象的原因，在于近代启蒙主义对宗教世界的征服，并建立了科学与主体理性的中心地位。这一过程不仅为近代文明创造了条件，而且促进了专业知识的建构；同时，各个层面与相应的合理原理之间存在着冲突，从而导致了当代社会的价值断层与危机。由此，我们面临着一个问题：在当今世界，分离的理性能否再次合一？哈贝马斯认为，尽管理性已经不可挽救地丧失了其原初的一致性，但是，再一次实现理性的统一还是有可能的。哈贝马斯在《理性在其多种声音中的统一性》一文中，作了全面的阐述。哈贝马斯认为，建构一种全新的理性，以达到理性的重新统一，是他的使命。这便是哈贝马斯致力于提出交往行为理论及理解思想的原因。

哈贝马斯通过对交往行为理论中理解何以达成问题的研究，实现了哲学研究范式的交往范式变革，试图通过以语言为媒介，在言语交往实践的基础上重建理性的研究范式。针对意识哲学和理性主义所面对的现代性问题，哈贝马斯通过借鉴社会学和语言哲学理论资源，以交往范式的革新试图探索出一条新的思想路径。哈贝马斯认为，随着宗教的形而上学规范系统的解体，一个多元化的价值观体系逐步形成。其中的文化多元论和工具合理性是资本主义社会的重要特点。哈贝马斯在现代性的两难境地下，试图寻找一种新的规范合一的基础，以挽救因现代理性的断裂而导致的意义和自由的丧失。面对这一问题，哈贝马斯从现实生活角度出发，以现实中的公共领域为基础，进行道德建构，试图以"交往理性"为规范的制度化条件与依据，将在现实世界中的"社会理性"加以融合，并以对话的形式使之合理化，以挽救现代性的"困境"，并建立起现实的社会和谐的统一规范基础。

哈贝马斯批判意识哲学的基础主义和先验论，通过借鉴社会学的社会符号互动理性范式和社会合理化理论，以及对语用哲学的分析研究，通过语用学的规范合理重构，建构了理解得以实现的规范条件和程序。哈贝马斯认为，这种以语言为基础的合理性结构和程序才是实现个人、社会、文化等生活世界与制度规范统一性的关键。哈贝马斯追求的是基于语用前提而进行的合理性重构。哈贝马斯认为，人的认识就是在这样一种"一致"的持续过程中，通过语用交流活动对其进行了打破与超越。但是，由于哈贝马斯对于合理性重构的跨学科特点，以及这一问题较强的综合性，致使哈贝马斯的思想遭到了不少误解和歪曲。因此，我们必须从多学科统一的角度，尤其是从语言哲学的角度，才能深入理解哈贝马斯的理解思想。

第二节　研究历史与现状

一、国内研究历史与现状

哈贝马斯是当代重要思想家之一，近半个世纪以来，关于哈贝马斯的研究逐渐形成蔚为壮观之势。自 1979 年以来，国内学界对哈贝马斯的研究已经经历了四十多年的积累和耕耘。其中，国内关于哈贝马斯的理解思想研究已经有诸多期刊论文和学位论文以及相关著作。这些研究，可以分为五类：

第一，从哈贝马斯生平的综合性角度对理解思想的研究。综合性文献是从综合性角度来总体性概述哈贝马斯理论思想的研究，具体面向哈贝马斯理解思想研究成果来说，国内研究主要以交往行为理论为出发点，在交往理论思想的背景下，系统梳理哈贝马斯的成长阶段，在此基础上讨论了其从早期直到后来理论成熟的思想发展变化，呈现了哈贝马斯理论思想发展过程中理解思想产生的探索历程。代表性作品有陈勋武撰写的《哈贝马斯评传》，艾四林的著作《哈贝马斯》，以及余灵灵的研究著作《哈贝马斯传》。这一系列都是介绍性文献，从历史性角度，结合哈贝马斯的成长历程和重要著作的产生历程进行阐述，从而呈现了哈贝马斯理解思想背后的时代问题和理论背景。其中，在哈贝马斯成长历程中，最重要的关键节点在于加入法兰克福学派之后对于社会批判理论规范性的反思。对于社会批判理论规范性的反思是哈贝马斯对于实证主义批判的成果，开启了哈贝马斯对于理解问题的最初探索。国内综合性研究中的主要线索是从反思性批判开始，以及从针对解决现代性的困境出发，突出体现在对于交往理性（理解）重建与现代性之间的关系的研究。这一路径从社会批判理论的规范性重建视角，呈现了哈贝马斯探索和构筑他的理解思想的研究过程。曹卫东的《批判与反思》[①]针对哈贝马斯的交往行为理论和哈贝马斯的理解思想进行了研究，呈现了哈贝马斯提出理解思想的最初动机和时代问题意识。

第二，从哲学路径出发，对哈贝马斯理解思想的研究。从哲学路径对于哈贝马斯理解思想的研究是国内学术研究的主要路径。具体来说，这一研究路径是建立在哲学理性观念在近代意识哲学的影响下，成了主要研究范式，在此基础上从哲学维度展开了哈贝马斯理性重构的研究。关于理性重构的问题，在哲学学科的路径中，突出表现为交往理性概念的研究，而交往理性的内核及探究过程，就是要解决"理解何以达成"的问题，即交往合理性如何在交往主体间中得以达成。可见，在哲学学科的研究路径中，对于哈贝马斯理解思想的研究是从交往理性（交往合理性）何以建构这个角度进行探究的。郑召利在《交往理性：寻找现代性困境的出路——哈贝马斯重建现代性的思想路径》[②]一文中，指出了哈贝马斯展开理性（理解）重构的理论背景和起源动机。他对哈贝马斯的社会批判理论进行了深入的研究，指出哈贝马斯延续了法兰克福学派社会批判的理论传统。但又与法兰克福学派不同，哈贝马斯力图构筑新的统一理性，以此为基础解决关于现代社会的理性危机与分裂的问题，进而试图恢复和重建现代理性。童世骏的《批判与实践：论哈贝马斯的批判理论》[③]，从"批判"与"实践"这两个基本概念出发，探讨了哈贝马斯的批判理论，实质上指出了哈贝马斯理解思想的批判性和实践性本质。此外，还有不少学者从哲学范式的转型角度对哈贝马斯的交往范式（理解范式）进行了研究。汪行福在《三大转向及其未来取向——为哈贝马斯80诞辰而作》一文中，也对哈贝马斯的理论成就进行了总结，并阐述了哈贝马斯的后形而上学思维，明确指出了哈贝马斯理解范式内在的后形而上学特质。

第三，从语言哲学角度出发，对哈贝马斯理解思想的建构过程进行研究。这一研究过程，主要是以对于交往理性（理解）如何实现重构呈现的。交往理性的本质在于"理解何以达成"，因此，语言哲学的研究就是试图从语言哲学角度，对哈贝马斯的理解思想的建构过程和内容实质进行分析。在《交往理性与诗学话语》中，曹卫东对哈贝马斯语言哲学进行了研究，包括批判解释学和普遍语用学等方面，突出强调了语言哲学对哈贝

① 曹卫东：《批判与反思——哈贝马斯的方法论述评》，《哲学研究》，1997年第11期。
② 郑召利：《交往理性：寻找现代性困境的出路》，《求是学刊》，2004年第4期。
③ 童世骏：《批判与实践——论哈贝马斯的批判理论》，北京：生活·读书·新知三联书店，2007年。

马斯理解思想提出的核心作用。欧力同在《哈贝马斯的"批判理论"》①中，对哈贝马斯的形式语用学进行了阐述，深入剖析了语言哲学在哈贝马斯批判理论规范性（理解思想）重构过程中的重要作用。章国锋在《关于一个公正世界的"乌托邦"构想》②中，针对哈贝马斯的形式语用学和真理共识论等方面展开了研究，用语言哲学的视野对哈贝马斯的普遍语用学构建进行了分析。盛晓明的《哈贝马斯的重构理论及其方法》对哈贝马斯的普遍语用学进行了研究，主要涉及对社会批判理论的探讨，其中包括指出哈贝马斯哲学理论的架构，突出了它摆脱了法兰克福学派的传统范式，最终实现了对社会批判理论范式的革新。王振林的《评析哈贝马斯的交往行动理论》以"理解"为研究中心，对交往行为理论的形成基础，以及最终构造以语言为基础的"理解"思想，具体内容包括社会批判理论和普遍语用学等方面，并对其相关的交往行为理论进行了研究。郭贵春和殷杰③以哲学方法论层面为基础，将哈贝马斯的规范语用学作为研究对象，进而揭示了哈贝马斯最终实现的社会批判理论的革新，以及从意识哲学到语用学的转向。

第四，从政治哲学角度，对哈贝马斯理解思想与话语民主理论的关联进行了研究。这一研究路径，具体是从商谈伦理学、相关的理解和道德共识方面维度出发，重点研究了理解和话语伦理学相互的关系。民主问题的思考，也是哈贝马斯一生中重要的研究问题之一。不少学者从政治哲学的视角探讨交往理性和理解何以达成，针对话语民主进行了研究。汪行福在《通向话语民主之路——与哈贝马斯对话》中从政治哲学的角度，针对哈贝马斯的协商民主理论进行了研究，突出了哈贝马斯理解思想与政治思想的内在逻辑关联性和重要性。高鸿钧等所著的《商谈法哲学与民主法治国——在事实与规范之间阅读》，是国内第一本关于哈贝马斯研究的重要的个人专著，从政治哲学的角度进行研究，是对哈贝马斯话语民主理论的研究呈现。孙国东所著的《哈贝马斯商谈合法化理论研究——合法律性与合道德性之间》，沿着"重构性路径"出发，并且与外部研究视角统一起来进行研究，揭示了哈贝马斯理解思想与政治理论的延续性和逻辑发展性，对哈贝马斯商谈论合法化理论，做了相关解读。此外，汪怀君指出，哈贝马斯的"理解"是话语伦理的中心概念。

第五，从解释学角度，对哈贝马斯理解思想进行了研究。20世纪80年代，西方解释学被引入国内。在对哈贝马斯理解思想的研究过程中，逐步涌现了诸多国内解释学著

---

① 欧力同：《哈贝马斯的"批判理论"》，重庆：重庆出版社，1997年。
② 章国锋：《关于一个公正世界的"乌托邦"构想》，济南：山东人民出版社，2001年。
③ 殷杰，郭贵春：《理性重建的新模式——哈贝马斯规范语用学的实质（上）》，《科学技术与辩证法》，2001年第3期；殷杰，郭贵春：《理性重建的新模式——哈贝马斯规范语用学的实质（下）》，《科学技术与辩证法》，2001年第4期。

名专家，他们纷纷从解释学角度推进了哈贝马斯的理解思想研究。洪汉鼎[①]在西方解释学的宏观视角下，研究介绍了哈贝马斯对于伽达默尔哲学诠释学的研究与批判的理论内容。潘德荣[②]也从西方诠释学史的维度，从语言、诠释学和心理分析等维度对哈贝马斯的理解思想进行了相应研究。此外，傅永军[③]从解释学角度，研究了哈贝马斯针对伽达默尔哲学解释学进行的批判，进一步揭示了哈贝马斯对于理解研究的动机，力图实现社会批判理论改造和重建的内在需要，从而为批判理论重构内在规范。龚群和李晓冬[④]也以"理解"为研究焦点，指出哈贝马斯将"理解"问题拓展到了主体间领域之中，即哈贝马斯在对伽达默尔"理解"思想的批判性过程中提出了他初步的设想。此后，哈贝马斯将理解问题转向了意义问题研究，提出了理解前理论知识和试图用交往行为来实现他最初"相互理解"的构想。汪行福[⑤]也针对伽达默尔和哈贝马斯解释学上的相同和相异之处进行了分析，他针对哈贝马斯的理解思想建构，评价其把对意识形态的批判看作是一种超越，但同时又陷入了唯心主义的幻想之中。铁省林[⑥]从哈贝马斯的精神分析和理解思想的关联出发，认为需要在交往行为理论的整体思想结构中，理解哈贝马斯的深层解释学，从而进一步深入研究哈贝马斯的理解思想。

二、国外研究历史与现状

由于哈贝马斯的理解思想在其整个思想理论中具有重要地位，因此相关研究比较丰富。具体来说，按照研究类型分列如下。

第一，从介绍性总体研究的角度，对哈贝马斯理解思想的研究。就国外的介绍性总体研究而言，主要代表有德特勒夫·霍斯特（Detlef Horster）的《哈贝马斯传》[⑦]，内容涵盖了哈贝马斯的思想来源、发展线索，甚至包括实践应用领域，针对哈贝马斯的学术思想发展，具体来说包括理论和实践维度，都做了相关概括，突出呈现了哈贝马斯

① 洪汉鼎：《诠释学——它的历史学和当代发展》，北京：中国人民大学出版社，2018年。

2 潘德荣：《西方诠释学史》，北京：北京大学出版社，2016年。

③ 傅永军：《批判的社会知识何以可能？——伽达默尔—哈贝马斯诠释学论争与批判理论基础的重建》，《文史哲》，2006年第1期，第136–144页。

④ 龚群、李晓冬：《诠释学与交往行为理论的内在关联——从伽达默尔的"理解"到哈贝马斯的"相互理解"》，《复旦学报（社会科学版）》，2020年第1期，第134–143页。

⑤ 汪行福：《解释学：意义的理解还是意识形态批判？——伽达默尔和哈贝马斯的解释学之争》，《复旦学报（社会科学版）》，1995年第6期，第15–21页。

⑥ 铁省林：《以精神分析学为范例的深层诠释学读解》，《山东大学学报（哲学社会科学版）》，2007年第1期，第30–34页。

⑦ 霍斯特：《哈贝马斯》，鲁路译，北京：中国人民大学出版社，2010年。

理解思想产生的时代背景和思想来源。威廉姆·奥斯维特（William Outhwaite）的《哈贝马斯》，从《公共领域的结构转型》到《在事实与规范之间》，针对哈贝马斯的理论思想及其内在关联进行了展示，从整体性维度阐述了哈贝马斯理解思想与各个学科的关联，尤其涉及理解思想与政治哲学的逻辑延展性。詹姆斯·戈登·芬利森（James Gordon Finlayson）的《哈贝马斯》[①]则更多集中于对哈贝马斯的哲学、语言和道德等方面，从总体上实现理论思想的把握，对哈贝马斯关于"现代社会本质"进行了概述，尤其划分了语用意义，还包括交往理性理论、社会理论等五大板块的专题研究，总体阐发了哈贝马斯理解思想的本质内核——在于通过一系列不同学科的理论资源，换言之，理解的建构在哈贝马斯整个思想发展变迁中具有重要作用。斯蒂芬·穆勒·多姆（Stefan Müller-Doohm）曾跟随阿多诺等人学习过，他撰写的《于尔根·哈贝马斯：知识分子与公共生活》[②]，通过档案和哈贝马斯相关的出版物、书信，还包括相关的访谈，以及哈贝马斯与同时代相关的知识分子的对话记录，侧重于哈贝马斯和法兰克福学派，以及和伽达默尔之间的交往，阐发了哈贝马斯批判解释学形成的相关原因。

第二，从哲学路径和社会批判理论的角度，对哈贝马斯理解思想的研究。代表著作有简·布拉滕（Jane Braten）的《哈贝马斯的社会批判理论》、托马斯·麦卡锡（Thomas Mccarthy）的《哈贝马斯的批判理论》[③]等。麦卡锡在著作中着重研究了哈贝马斯在20世纪70年代之前的著作，主要通过科学文明中的理论和实践，以及知识和人类兴趣相关内容进行了论述。其中，对"批判理论的解放兴趣"涉及的解释学和意义理解问题进行了重点研究。麦卡锡指出，关于意义理解问题的讨论在哈贝马斯的思想中占有十分重要的地位。其中，伽达默尔的哲学解释学给当时的哈贝马斯带来启发。但当时更多的是认识论维度和社会批判理论维度的启发，实际上这种对于意义理解本质问题的讨论，及理解问题涉及的更具方法论的思考维度对哈贝马斯后来理解思想的提出起到重要作用。因此，哈贝马斯看到，意义理解问题需要加强对解释学以及历史关联的重视。斯蒂芬·K·怀特（Stephen K. White）的《剑桥哲学研究：哈贝马斯》主要以"理性、现代性和民主"这三个核心概念，侧重于从哲学路径，即从哈贝马斯交往理性和社会理论的维度，呈现其理解思想主要研究路径。具体来看，涉及哈贝马斯理解思想相关的"理论背景和语境""沟通理性"，以及"话语民主"等方面，其中，"为现代性辩护"等方面从社会批判理论重建目的的角度表述了哈贝马斯理解思想建构的终极目的，突出了哈贝马斯理解思

---

① 芬利森：《哈贝马斯》，邵志军译，南京：译林出版社，2015年。

② 斯蒂芬·穆勒·多姆：《于尔根·哈贝马斯：知识分子与公共生活》，刘风译，北京：社会科学文献出版社，2019年。

③ 托马斯·麦卡锡：《哈贝马斯的批判理论》，王江涛译，上海：华东师范大学出版社，2009年。

想的批判性意义，突出其重构现代性社会共同体的社会理论。莱斯利·A·豪（Leslie A. Howe）的《哈贝马斯》①，主要从哈贝马斯的认识论思想出发，阐释了其深入现代社会危机的批判研究，以及语用学和社会伦理的思想研究，呈现了哈贝马斯理解思想在早期的哲学理性批判和认识论研究的雏形阶段，阐发了哈贝马斯当时对现代性社会的批判性阶段式解答。霍斯特也在《哈贝马斯传》②中，从社会批判理论规范性重建的角度提出，哈贝马斯对于社会批判理论规范性重建的答案，是通过交往范式这样一种规范性进行建构。因而，哈贝马斯在认识论中，试图通过解放的兴趣，尤其是以其中的反思性特征为指导，意图实现社会批判理论规范性的重构。而实质上，这种反思性恰恰是哈贝马斯后来对理解思想建构的逻辑起点。

第三，从语言哲学的角度，对哈贝马斯理解思想的研究。梅芙·库克（Maeve Cooke）的《语言与理由：哈贝马斯的语用学研究》及约瑟夫·希思（Joseph Heat）的《交往行为与理性选择》主要从语言哲学维度阐发了哈贝马斯理解思想的研究。此外，在《哈贝马斯传》中，霍斯特针对哈贝马斯语言哲学中相关的批判解释学和形式语用学等构成要素展开了研究，他试图阐释哈贝马斯理解思想中蕴含的内在语言哲学理论构建，其本质是一种"理性的还原"的哲学方法，也就是一种具有普遍性的直觉知识，这种还原的前理论知识是"相互理解行为的普遍条件"。在《哈贝马斯的批判理论》③中，托马斯·麦卡锡研究了哈贝马斯"重构科学"方法论，从而指出了哈贝马斯理解思想的基本特征，指出哈贝马斯以符号重构最终达成他的理性（理解）重构。在《语言与理由：哈贝马斯的语用学研究》中，梅芙·库克则从宏观视角出发，对哈贝马斯的交往行为理论进行了概述，尤其是对理解概念进行了重点分析，还包括哈贝马斯的有效性要求和言语行为类型之间的关系。迈克尔·普西（Michael Pusey）④以通俗的解说，介绍了哈贝马斯语言哲学中有关理解思想的诸多方面，比如关于理想的言语情境理论，生活世界理论等。此外，中冈成文⑤也着重从哈贝马斯的"制度与语言"的角度，在总体上对哈贝马斯的语言哲学和理解思想进行了研究。

第四，从解释学路径，对哈贝马斯理解思想的研究。莱斯利·A·豪在《哈贝马斯》⑥中，以认识与兴趣，包括普遍语用学、现代性等这些专题为基础，沿着哈贝马斯认

① 莱斯利·A·豪：《哈贝马斯》，陈志刚译，北京：中华书局。2014 年。
② 霍斯特：《哈贝马斯传》，鲁路译，北京：中国人民大学出版社，2010 年。
③ 托马斯·麦卡锡：《哈贝马斯的批判理论》，王江涛译，上海：华东师范大学出版社，2009 年。
④ Michael Pusey. Jurgen Habermas. London：Ellis Horwood and Tavistoci Publications，1987.
⑤ 中冈成文：《哈贝马斯：交往行为》，王屏译，石家庄：河北教育出版社，2001 年。
⑥ 莱斯利·A·豪：《哈贝马斯》，陈志刚译，北京：中华书局，2014 年。

识论主体性问题进行研究，包括哈贝马斯的批判解释学研究，并对哈贝马斯和伽达默尔关于"共识"的观点进行了比较，从解释学角度阐发了哈贝马斯早期对于理解问题的思考。雷蒙·盖斯（Raymond Geuss）[①]通过对哈贝马斯意识形态的批判及其受到的伽达默尔的影响，提出了哈贝马斯和法兰克福学派其他代表思想家的不同之处，哈贝马斯强调伽达默尔的解释学理论的重要性，并把它称作为"第三种理论"。可见，盖斯研究了哈贝马斯当时对于理解思想所提出的批判解释学的研究动机和背景。除此之外，他还研究了哈贝马斯之所以在建构过程中借鉴弗洛伊德精神分析学的理论传统，是因为哈贝马斯有着法兰克福的学术传统背景。约翰·B·汤普森（John B. Thompson）在其著作《批判解释学》[②]中，对哈贝马斯的早期理解思想，即解释学观点进行了批评性研究。汤普森指出，早期的哈贝马斯试图通过精神分析实现对理解问题的解答，但是，当时对于"交往""扭曲交往"等概念的使用都不够明确。安德鲁·埃德加（Andrew Edgar）在《哈贝马斯：关键概念》[③]中从"解释学"维度对哈贝马斯的解释学核心要素进行了研究。他认为，哈贝马斯建构理论体系的关键在于解释学的方法，集中呈现了哈贝马斯当时对于理性（理解）的反思性的一种重塑方式。

三、存在的问题及原因分析

回顾国内外研究现状，对于哈贝马斯理解思想的研究，研究的数量与成果都在提高，但仍然存在一定的不足。

第一，研究对象不够聚焦和明确。无论是国内还是国外，以哈贝马斯的综合性和整体思想体系为研究对象的论著较多，聚焦于哈贝马斯理解思想逻辑的建构较不足。这种综合性和整体思想体系的论者主要从哈贝马斯整个理论的发展和变迁的角度出发，特别是关于哈贝马斯交往行为理论和现代性批判理论的研究。学界对哈贝马斯这些理论的主要观点给予了较多的重视，在其研究进程中，主要围绕着交往行为理论、现代性理论和批判理论展开。另一方面，以哈贝马斯理解思想为研究主题的专题性研究比综合性与整体系的理论研究要少，聚焦理解问题的研究处于较边缘地区。

第二，研究方法缺乏总体性视域。在研究方法方面，不同学科囿于自身的学科视角，对哈贝马斯理解思想的研究难以形成一个总体性视野。无论是国内研究，还是国外研究，

---

① 雷蒙·盖斯：《批评理论的理念——哈贝马斯及法兰克福学派》，汤云、杨顺利译，北京：商务印书馆，2018 年。

② John B.Thompson.Critical Hermeneutics，Cambridge University，1981.

③ 安德鲁·埃德加：《哈贝马斯：关键概念》，杨礼银、朱松峰译，南京：江苏人民出版社，2009 年。

都具有从哲学、社会哲学、语言哲学、政治哲学、解释学等不同学科的视角，对哈贝马斯的理解思想进行研究。哈贝马斯理解思想的产生，是在诸多学科思想资源的共同作用下形成的，是多学科理论融合的产物。因此，在具体研究过程中，我们如果只是单一从某一学科出发，便难以对哈贝马斯的理解思想进行科学研究，更无法对哈贝马斯理解思想的构建过程与本质特征进行全面阐述。对此，在对哈贝马斯理解思想的研究过程中，学界需要结合多学科的总体性视域，对其理解思想进行分析研究和集中论述。

第三，研究内容的全面性和专题性未能有机结合。在研究内容上，对哈贝马斯理解思想的研究主要集中在其早期的批判解释学，而忽略了哈贝马斯后期提出的交往行为理论中所蕴含的重要理解思想。对于研究过程来说，理解思想的理论逻辑研究过程缺乏整体性视域。哈贝马斯作为一位集大成的思想家，其后期思想是其一生理论成就的集中呈现。哈贝马斯后期的理解思想，借鉴了多学科的思想成果，因此，我们必须融合哲学、社会哲学、语言哲学等视域，对理解思想进行专题性研究，且应当从哈贝马斯交互主体的总体性视角来进行研究。对于哈贝马斯的理解思想，国内主要通过传统的哲学研究路径来研究，或者将哈贝马斯的批判思想看作是对于现代性的回应，未能阐明哈贝马斯交往行为理论及其交往理性背后的理解思想的内在逻辑，因此未能在总体性视域下，厘清语言哲学尤其是语用学在哈贝马斯理解思想建构过程中的重要作用。

第三节　研究意义与研究目的

纵观西方哲学发展史，哲学的理性传统贯穿于其过程。哲学理性概念包含了具有超越能动性的努斯和代表普遍规律性的逻各斯的统一。在古希腊时期，理性观念的基本内涵就被确立了。进入近代以来，文艺复兴运动催生了人的发现和自然的发现。笛卡尔建立了近代哲学的第一个体系。他把"自我"作为第一原则，为形而上学体系奠定了哲学基础。近代哲学中"主体"概念的提出，导致了哲学的认识论转向，将主体及其意识从世界中隔离开来，使人与人的思想与现实生活相对立，因而构成了一种"主客二元"的结构。

哲学的大一统理性观念在这一阶段突出表现为形而上学思想和主客体二元结构的意识哲学范式。到了德国古典哲学时期，理性被理解为康德思想中具有先验功效的基础主义存在，或者被理解为黑格尔思想中的精神辩证法，在自然和历史过程中不断展开。总之，这都是一种自我关涉的意识哲学范式。20世纪，这种哲学理性传统遭到批判，以尼采为开端的非理性主义思想在当代产生了重大影响。在这种背景下，哈贝马斯指出，必须坚持对世界整体的哲学把握和理性立场。哈贝马斯并没有像第一代法兰克福学派思想家那样从工具理性的角度诠释理性、否定理性。面对理性的现代困境，哈贝马斯主张从社会合理论和行为理论的角度入手，通过语言哲学的理论工具，以语言和生活世界互动的交互主体间的交往，来试图实现哲学范式的变革，也就是说，从意识哲学范式走向规范语用合理性哲学范式，重建理性——理解得以达成。哈贝马斯理解思想的研究，就是对于交往合理性的探究与思考，即用交互主体间的规范语用理解范式代替意识哲学范式，在此基础上实现交往主体间合理性和社会合理性。

回顾西方哲学理性传统的发展历程，认清其发展过程中的特点、问题和困境，凸显了哈贝马斯理解思想研究的必要性和艰巨性。哈贝马斯的理解思想研究，无论在理论上还是在实践上，都在两个层次上：在理论层次上，哈贝马斯对意识哲学的范式革新，是对传统哲学的一种超越。从西方哲学发展历程来看，近代哲学发展以来，哲学的主体性原则和意识哲学范式愈加凸显，西方哲学研究中心从本体论的"客体"转向了认识论的"主体"，自19世纪中叶以来，又逐步出现了知识学逐渐取代认识论的思潮。20世纪以来，这种哲学理性的科学化倾向遭到批判。面对非理性主义思潮的批判，哈贝马斯主张在多元理性中，提出对意识哲学理性的批判和革新，试图探索出一条主体间性基础上的交往理性，以语言和生活世界互动的交互主体间的交往，来实现哲学范式的理解范式转换。这一哲学范式的转换，变革了传统意识哲学的主客体二元对立的哲学范式，用交互主体间的理解范式代替，在此基础上达成交往主体间的理解共识。

从现实层面上来看，20世纪以来，西方理性主义逐步演变成理性的工具合理性以及对启蒙理性的否定。法兰克福学派提出，现代社会是一种以形式和工具合理性为核心的合理化过程，这种理性和启蒙却导致其自身走向灭亡。因此，思想家们对启蒙理性和现代化社会持一种悲观主义的态度。可见，这种观点反映了将理性理解为工具合理性的意识哲学范式的操纵，忽略了理性背后的交互主体间进行交往所实现的理解共识内涵。在哈贝马斯看来，现代社会双方的矛盾是交往合理性的生活合理化世界和目的合理性亚系统的冲突。因此，哈贝马斯建构出一条建立在交互主体基础之上的理解共识，用交互主体间的理解范式实现理性的统一，并通过交往合理性最终实现生活世界的合理化过程。通过理解的达成和理解范式，从主客体二元对立走向交互主体间和整体生活视域，哈贝马斯以一种以语言为模型的语用语境整体论范式来实现理性和生活世界的不断合理化过程，通过这种理解合理性不断重塑和调和现代社会中系统与生活世界之间的关系，进而在此基础上实现社会的重新整合。这对于处于现代化转型和发展时期的中国来说，为中国式现代化提供了一种新的理论视角，具有一定的现实启发意义。

第四节　研究思路与方法

一、研究思路

综上关于哈贝马斯理解思想的研究现状和不足，本书将从总体性视域的角度对哈贝马斯的理解思想进行多学科系统分析。通过这一综合性研究路径，本书将阐述哈贝马斯理解思想形成的理论背景、理论范式演进过程，并从哈贝马斯理解思想的语言哲学维度，即针对理解的交往性资质前提研究、理解的实践哲学维度，即对于理解的有效性要求研究，以及从理解的社会互动论维度进行深入探究。根据这一研究思路，本书主体内容分为五章。

第一章分析哈贝马斯理解思想研究的理论背景。哈贝马斯理解思想的理论背景主要包括哈贝马斯早期受哲学的理性传统及对其进行的反思批判、社会哲学的合理性思想对哈贝马斯的影响和语言哲学的意义合理性思想对哈贝马斯的影响。由于早年的纳粹经历，哲学理性的反思性问题，成为贯穿哈贝马斯一生的哲学思考问题。近代以来，理性主义被建立起来，其统一理性的理念主要体现为形而上学思想和意识哲学范式。但是，它在发展和成长过程中，却逐步成为一种"工具理性"的观念，成为人类生存的一种制约与障碍。面对理性主义在现代社会中呈现的危机和问题，哈贝马斯力图拯救理性，使多元的理性重新实现统一。在哈贝马斯进行理性范式重构和理解概念的研究过程中，社会哲学的合理性思想对他起了重要借鉴作用。对社会科学中意义理解难题的探索，引起了哈贝马斯对于理性范式重构的新思考。此后，韦伯提出了现代性社会分析的社会理论模型，韦伯的合理化理论为哈贝马斯对理解思想的继续研究提供了一个全新的研究路径。米德的社会符号互动理论对哈贝马斯理解范式的重构起了重要作用。尔后，语言哲学的意义合理性思想进一步对哈贝马斯理解思想的构成起了推动作用。20世纪70年代，奥斯汀、维特根斯坦、塞尔等语言哲学思想家的研究成果，构筑了一个新的哲学对话平台，促进了哈贝马斯用语言哲学的思想资源构建其理解思想。

第二章对哈贝马斯理解思想的理论范式演进过程进行了分析和阐述。在理解思想的研究中，哈贝马斯主要借鉴了米德的社会行为主义的沟通理性范式，从而重构理性"主体间性"的行动交往范式。此后，在理解的语言研究中，哈贝马斯进一步借鉴言语行为理论的形式语用范式，从而实现了形式语用的分析范式。之后，哈贝马斯借鉴达米特等语用学范式，重构了理解的语用学理论范式，从而建构起了语用语境整体论的程序合理性范式。

第三章从哈贝马斯理解思想的语言哲学维度，即对理解的前提条件——交往性资质，展开了研究。这一章主要从理解的前提条件——交往性资质出发，分析了达成理解的前提条件的交往性资质的理论基础，包括对理解的普遍先决条件"前理论知识的思考"，对"语言资质"与"语言能力"的规则意识借鉴，从"语言能力"到"交往能力"的域面发展，以及对交往性资质"类资质"的重建。根据哈贝马斯的分析，交往性资质具有三个维度：语言资质与语言能力、对语言的运用能力、实施言语行为的能力。哈贝马斯进一步对这三个维度进行了深度研究。语言资质与语言能力包括人本质是语言符号的建构、学习和掌握语言知识和语法规则的能力、创造并理解合乎语法的语句的能力。对语言的运用能力包括呈现言语主体的内在意向、命题与事态符合为真、符合社会文化和语用规则。实施言语行为的能力包括施行言语行为、建立人际关系、对有效性要求进行评判。

第四章对哈贝马斯理解思想的实践哲学维度，即理解的有效性要求展开了研究。该章主要分析了哈贝马斯对理解思想有效性要求的理论基础，包括传统意义理论的有效性要求、维特根斯坦意义应用理论的有效性要求、奥斯汀的语用"适切条件"对有效性要求的修正、哈贝马斯对奥斯汀有效性要求的批判。理解思想的有效性要求研究，包括哈贝马斯基于言语双重结构的有效性要求重建、有效性要求语境化"条件转向论"、有效性要求的语用语境性。有效性要求的语用性要求研究包括哈贝马斯对言语双重结构的重建，以及从言语双重结构的基础上，阐发了言语交往中有效性要求的真实性、规范性和真诚性要求。有效性要求语境化"条件转向论"，哈贝马斯借鉴达米特的有效性问题语用的"认识转向"，进而在批判的基础上提出"可接受性条件"。此外，哈贝马斯还对有效性要求的语用语境性进行了研究。他认为，作为检验场所的"理想的言谈情境"是一种语用的理想设计，因此要从能够实现有效性要求的兑现以及现实的条件出发，来考察有效性要求的前提，有效性要求具有现实语境条件，以及语境和语用的统一。

第五章从哈贝马斯理解思想的社会互动论维度，展开了研究。首先，哈贝马斯研究了理解思想的社会互动论理论基础，包括认识兴趣的社会实践性和解放性，对社会合理化理论的借鉴：从理性到实践合理性的概念转变，对社会互动理性范式的引入，哈贝马斯对生活世界概念的重构。哈贝马斯对理解社会互动论维度的研究包括三个维度：符号交互性——理解的社会交互性内涵；情境性：理解的后形而上学实践特征；重构性：不断走向一种语用语境的规范程序主义。理解的符号交互性，是指理解的社会交互性内涵。具体内容包括达成理解的交往行为本质是一种言语行动，社会交互性内涵是以语言为基础的交往合理性结构；主体间性：符号交互性的哲学范式内涵。情境性，反映理解的后形而上学实践特征，包括走向生活世界视域中的实践过程的范式转变，生活世界是交往行动的背景和实践场域，理解互动过程具有语用语境特点。重构性，即不断走向一种语用语境的规范程序主义。重构性包括经验反馈不断重构理解过程，重构的语用语境整体论，即先验与经验之间的程序合理性，以及不断走向一种规范语用的程序主义。

在结语部分，从马克思主义视域出发，概述了哈贝马斯理解思想的贡献和理论成就，同时，从马克思主义角度对哈贝马斯的理解思想进行了审视，进而在交往、语言和理解三个维度进行了批判，进一步深化了马克思的现代性解决方案的现实意义。

二、研究方法

第一，文献研究法。本书对哈贝马斯本人及其他思想家相关文献进行了研究，依据相关文献资料展开分析和探讨，既包括哈贝马斯的原著等一手文献资料，也包括译著、访谈录、演讲集以及国内外学术界等相关研究资料等。

第二，历史分析法。哈贝马斯在构思理解思想过程中，逐步从"哲学理性批判、社会理论批判、语言哲学批判"等角度进行范式重建。本书在对哈贝马斯理解思想进行研究时，将其纳入哲学理性传统、社会批判理论以及哲学范式实现语言哲学范式转换的理论脉络中加以历史性的分析，从而更好地展现出哈贝马斯理解思想及其范式转变的历史背景和理论来源。

第三，多学科的总体性研究方法。有别于从哲学学科、社会哲学、语言哲学、政治哲学，以及是解释学视角的研究路径，本书采用多学科的总体性研究方法，从多维度展开对哈贝马斯理解思想内在逻辑和理论内涵的研究，更为全面、透彻地呈现哈贝马斯理解思想及其范式背后的理论脉络，力图概览哈贝马斯理解思想的全貌，着力呈现其内在结构的系统性和全面性。

第四，比较分析法。本书采取归纳分析的方法，还有综合比较相结合的方法，在对哈贝马斯理解思想的分析过程中，将其纳入不同的学术视角中进行分析比较，同时在马克思主义理论视角下对其进行比较分析和批判研究。

三、创新点及不足之处

学术研究的创新性主要体现在两个方面：第一，对于前人已有的研究，进行补充和完善；第二，对于没有研究过的领域和主题，展开研究并加以拓展。笔者力图在研究主题、研究路径、结构框架及内容分析等多个方面，努力做一些创新，当然，也为其中存在的不足和缺憾，表示遗憾并鼓励自己继续努力。

可能的创新之处：第一，研究选题的创新。关于哈贝马斯的理论研究，汗牛充栋，其中尤以从哲学路径展开的交往行为理论及交往理性的研究。然而在具体阅读和思索的过程中，对于交往行为理论的核心，也就是交往理性的内容和建构逻辑，仍然是具有一定模糊性的。究其原因，从哈贝马斯的理论背景来看，哈贝马斯的理论思想来源遍及哲学、社会哲学、解释学、心理学、语言哲学等，甚至还涉及政治哲学等多个领域，因此增加了哈贝马斯思想研究的复杂性。因此，关于哈贝马斯交往行为理论的研究主题随着学科领域的不同，研究主题也是十分多元，出现了从不同学科的视角展开对于该研究领域的研究。但是研究主题还不够聚焦。因此，本书借鉴众多学科的研究视角，聚焦于哈贝马斯交往行为理论的核心，即交往理性的内核——理解如何达成，也是哈贝马斯普遍语用学构建的核心内容，即关于达成交往的一般前提假设等一系列关键问题。本书的研究选题的创新便在于此。

第二，研究方法的创新。本书采用多学科的总体性研究方法，对哈贝马斯的理解思想展开研究，力图呈现理解思想的深刻内涵和逻辑演变。针对哈贝马斯理解思想研究，国内外学术界已经具有丰富的研究成果，从哲学、社会哲学、政治哲学、语言哲学、解释学等多学科、多视角都进行了研究，已经具有了丰富的学术成果。然而，从多学科视角出发，立足于哈贝马斯理解思想的专题性研究并不多，而哈贝马斯理解思想又是哈贝马斯理论成就的核心之所在，关系到他的社会批判理论的规范性重建、政治哲学的民主理论等。深入理解哈贝马斯的整体理论成果，了解其逻辑演变和思想发展，对于哈贝马斯理解思想的研究至关重要。本书的理论创新之处，便在于结合多学科的研究视角，立足于哈贝马斯理解思想的专题性研究，呈现哈贝马斯理解思想的理论背景、理论范式以及主要内容和逻辑演变。有别于从哲学学科、社会哲学、语言哲学、政治哲学，甚至是解释学视角的研究路径，本书采用多学科的总体性研究方法，从多维度展开对哈贝马斯理解思想内在理论内涵的研究，更为全面透彻地呈现哈贝马斯理解思想及其范式的理论脉络，力图概览哈贝马斯理解思想的内在结构性全貌。

第三，研究内容的创新。关于哈贝马斯理解思想的研究，本书从多学科的视角出发，阐述哈贝马斯理解思想形成的理论背景，剖析了其理论范式演进过程。除此之外，针对哈贝马斯理解思想，本书也从三个维度进行了深入解剖：第一，从哈贝马斯理解思想的语言哲学维度，即针对理解的交往性资质前提展开了研究；第二，从哈贝马斯理解思想的实践哲学维度，即对于理解的有效性要求展开了研究；第三，从哈贝马斯理解思想的社会互动论维度展开了深入探究。从本质上看，在哈贝马斯看来，理解的研究内核在于探究其符号化构成物的背后衍生性结构。哈贝马斯理解思想的核心，是一种语用语境整体论的程序合理性。这种语用语境整体论的程序合理性是指，交互主体间通过语言达成一致的可能条件和程序过程。因而，基于哈贝马斯理解思想的研究，论证其是关于一般性交往前提条件、有效性要求及其兑现之间的一种结构性交往关系和程序性的总体。它强调了在交往语用过程中建立的语用结构，即个体、社会、文化、语言等一致性结构之间的语用语境整体过程论，如个体交往性资质、语言运用、语境情境、有效性要求、交往过程、生活世界前理论知识和历史性特征等结合在一起的程序性过程。这便是本书的研究内容和研究成果的创新之处。

本书也存在不足之处，仍需继续努力和完善。第一，本书的研究深度仍然不够。哈贝马斯理解思想涉及多个学科，相关学科的研究成果众多，其文献又十分庞杂。因此，在研究过程中，只能针对研究主题，择其重点进行呈现，笔者虽已经将重点文献仔细研读，但是究其根本，仍然觉得对于该主题的研究深度还不够，仍有较大的进步空间。第二，本书的研究内容还有待发展和充实。哈贝马斯的理解思想涉及面较广，其内容也比较丰富。在研究过程中，笔者只能针对哈贝马斯的论述，选择其中核心的内容，比如交往性资质、有效性要求以及相关的社会互动性等方面进行重点研究。实质上，哈贝马斯的理解思想内容还有许多有待研究和探索的部分，因此研究内容仍然有待充实和发展。第三，研究综合性水平上仍然有待提高。哈贝马斯这样一位集大成的思想家，其思想被国内众多知名学者进行研究。哈贝马斯的理解思想涉及的又是众多学科，因此，在针对理解思想这样一个涉及多个学科的研究主题时，笔者深感自己的研究综合性水平有待提高，对于不同学科的研究成果和研究路径的吸收和学习，仍然有待加强，只有这样，才能更好地深化该主题的研究。这些不足，笔者力图在此后继续加强和完善。

第一章

哈贝马斯理解思想的理论背景

　　哈贝马斯理解思想的理论背景涉及哲学、社会哲学、语用哲学等。具体而言，从哲学维度看，它涉及哈贝马斯对哲学理性的一系列反思，如对哲学理性传统的反思、对近代认识论哲学反思性丧失的批判、对法兰克福学派的工具合理性悖论的反省。社会哲学的理论资源对哈贝马斯理解思想也具有重要启示作用。哈贝马斯在对于社会科学中意义理解难题的探索中，进一步确认了意义理解问题的核心重要性。此后，哈贝马斯借鉴了韦伯社会合理化理论，同时吸收了米德社会符号互动论，进而提出对"实践合理性"概念的重构设想。哈贝马斯在对理解问题的探索过程中，随着逻辑的推进逐步转向了对语言哲学的研究。语言哲学中的一系列意义理论和语言学最新成果对哈贝马斯具有重要的启发作用。

第一节　哈贝马斯对哲学理性的反思

哈贝马斯理解思想的理论背景首先涉及哲学维度。哈贝马斯对哲学理性丧失和复归的思索，及其对人的理性能力的追求贯穿其研究的始终，是他一生探究的中心问题。哈贝马斯对哲学的理性传统的追溯和批判，以期在价值领域和现代社会分裂的背景下，重建理性，实现多元合理性下的理性统一。从哲学维度来看，哈贝马斯对哲学理性的一系列反思，涉及对哲学理性传统的反思、对近代认识论哲学反思性丧失的批判、对法兰克福学派的工具合理性悖论的批判等。

一、对哲学理性传统的反思

从西方哲学史的发展历程来看，理性观念是贯穿其过程的关键线索，表现为理性问题的逐步主题化。理性观念的产生追溯至古希腊哲学中，以超越的主体能动性为核心的努斯，以普遍规律为核心的逻格斯，这两个概念在自然哲学中被提出后，本质上确立了理性观念的基本含义。具体来说，在古代哲学中，"努斯"和"逻各斯"相结合的"理性"体现在从苏格拉底到亚里士多德阶段。这是逐渐把"努斯"和"逻各斯"作为终极统一理性神的哲学发展时期。苏格拉底之后的哲人们趋向于将本体论与认识论结合，企图将人类的意识和精神理性与"真理"画上等号。古代希腊哲人认为，存在和思考、真理和理性是不言自明的，它构成了所有个体存在和感觉感知的基石。可以看到，西方哲学从一开始就通过一种意识哲学范式这样自觉的哲学模式，来确定了世界和存在的本质性秩序，从而将一切纳入其中。近代以来，哲学家一直关注两个问题：一个是关于世界和存在的本体论问题，二是关于"人的意识"或者说思维及认识论的问题。古希腊时期的理性神观念虽然被看作是人类有限理性的本体论依据，但到了中古时期，基督教秉承和加强了理性神这一观念，把理性打造成既有宗教意味又有哲学理性综合性存在的"神"。在希腊和中古时代，人类的理性被"神灵"和"上帝"所替代，而到了近代，由于自然科学的日渐独立和发展，人们迫切需要从"人"的视角来研究人类的认识能力。二者的交互作用导致了理论理性和实践理性的对立，从而导致了"唯理论"和"经验论"之争。伴随着理性神的消退，人类认识能力的确定性问题日益突出，体现在对"知识性"问题的探讨上。在唯理论与经验论的争论过程中，人的主体理性问题的研究进一步得到加深，日益凸显其深入探索的迫切性。但是，这两条逻辑路径，不管是在理论上，还是在现实上，都显得十分无力，都无法很好地处理理性的统一性问题，或是无法确定什么才是"理性"的本质和内容。然而，这个过程始终围绕着理性的分裂与统一、理论理性和实践理性的斗争，其中岿然不动的是哲学的大一统理性观念和主体性原则。换言之，近代哲学理性观念依然秉承和延续了古希腊时期的"努斯"和"逻各斯"的统一性设想。

这种哲学传统的统一理性观念到了近代突出的表现为形而上学思想和意识哲学范式①。哈贝马斯指出，虽然哲学理性传统可以溯源至西方哲学的初始，但是他认为，直到17世纪笛卡儿才奠定了意识哲学的基础，即通过笛卡尔形而上学系统建立起来了。这种从主观层面奠定基础的观点，建立在近代哲学对于"主体"的发现上。近代哲学的认识论转向，把人和他的意识，也就是人与这个世界分开，与这个世界的实在事务相对立，因而产生了"主客体二元结构"。近代哲学以这种方式说明了所有的现象，因而，它以主体理论的形式出现，而意识的主体作为阿基米德支点，支持着形而上学的大楼。哈贝马斯认为，在意识哲学范式下，存在着"同一性"或"一体"，"唯心论"或"理念论""理论强于实践"等特点。从形而上学思想所显现的特点来看，它具有一种对"基础"的渴求，显示出对永恒本质的追溯。近代以来，哲学理性传统在德国古典唯心论中，存在着一种主观唯心学说，理性或被理解为基础主义的，如自我意识，要么在康德那里作为具有先验功效的自发源泉被置于一个基础地位，即被理解为一个使世界成为可能的主体性；要么被理解为辩证法，如在黑格尔那里作为精神上升为绝对，它是一种在自然和历史过程中不断发展和展开的精神。在这两个例子中，理性都被证实是一种反思精神，它是一种既包含整体又与自身相联系的存在。意识哲学范式下的理性是一种涉及主体的独白式理性概念，其内核是主客体二元对立的范式结构。这种理性的内涵是主体对客体具有与生俱来的先验理性，并且赋予世界、社会、自然和人一种终极性本质的真理存在。哲学的传统理性在近代意识哲学范式的帮助下，以主体论的形态获得了更大程度的强化，但也使自己陷入了困境。

黑格尔之后，传统的哲学理性观念遭到冲击，并在20世纪出现了反理性主义的解构思潮。当黑格尔哲学在德国国家哲学中占据主导地位，唯理论似乎占据了主导地位的时候，反理性主义的趋势却风起云涌。黑格尔之后，反对黑格尔的主体性精神是尼采之后的非理性主义的基本路径。从哈贝马斯的观点来看，尼采对海德格尔、巴塔耶、福柯、霍克海默与阿多诺都有很深的影响。然而，由此而导致的对理性的否定与抛弃，却为后黑格尔时代的理性维护者所无法容忍。对非理性主义的批评，为理性的兴起开启了一个

---

① 张云龙：《理性的批判与重建——从普遍语用学的角度》，《浙江社会科学》，2009年第8期。

新的哲学视角，而作为理性理念支持者的回应，在非理性主义及其以外的其他领域的影响下，改变了研究理性的传统路径，也就是将合理性置于后形而上学的背景之下。

由于早年的纳粹经历，哈贝马斯通过纽伦堡审判了纳粹暴行与现实真相后，产生了对以"批判的理性"为代表的德国文化传统的深深怀疑[①]，正是这种"现实的困惑"促使哈贝马斯十分关注哲学理性的反思性并且不断思考加以建构，这贯穿了他一生的哲学思考。在哈贝马斯看来，"理性""自由"和"民主"已不再只是一种纯理论性的概念，它已成为一个紧迫的实践课题。哈贝马斯在传统的哲学理性遭到批评的情况下，提出了必须坚持以哲学的方式来把握整个世界。哈贝马斯认为，要超越过去德国社会，应重新回到理性的道路上来，而这一理性本身必须是普遍的、超越传统的。哈贝马斯早期对于理论与实践关系的思考，便是对于哲学理性问题的最初探讨。哈贝马斯在其著作《理论与实践》中提出了一种新的、具有一定历史意义的实践理性，并对社会技术化进行了批判，指出了它对于古典政治学实践传统的背离。哈贝马斯对古典政治学说与社会哲学的关系进行了探讨，并追溯了古典政治学说的"实践"传统。哈贝马斯认为，18 世纪以后，新兴的各类社会科学和公法诸学科对传统政治科学的存在构成了威胁。由于依照近代的经验科学，从实践哲学中分离出来而形成的近代"政治学"，它与传统的"政治学"几乎没有相同的地方，只是共同拥有一个通用的名字而已。古典政治学对现代来说已经变得陌生。"哲学的生命之水越多地被导入部门科学的大渠，实践哲学的传统的大河就愈加干涸。"[②] 从文艺复兴开启的自然科学的范式时代开始，继而由近代哲学的产生以及 18 世纪产生的诸多现代社会科学，逐渐脱离了实践哲学的理论传统，与古老的"政治学"已不再有共同之处。在对正当生活的反思性实践目标的阐述中，哈贝马斯指出，古典政治学的实践传统具体指向实践思维，即具有明智性性格的养成。在希腊文中，经典的政治理论只与实践相关：政治科学采用的是一种教学方式（而不是一种非技术性的方式），并最后导向人格的培养。亚里士多德曾提到，政治科学也就是一切实践哲学，它的认知需要，是不能用严谨的、确定的知识来测量的，这是由于政治科学的对象，正义的事物和正当的事，在实际的变动的、偶然性的关系中，缺少存在的延续，也没有逻辑上的必要。实践哲学的价值与意义在于思考，即对客观事物的智慧理解；无论是严谨的科学，还是确定的认识，都不能用来测量。当代的社会哲学，其自身的竞争性和严谨的科学性，却是在脱离了其自身与实践的经验联系的基础上：异化为一种独立的、无法与实际相联系的社会哲学；更多地涉及被科技传播操纵的目的合理性和其相关的理性行动。现代社会哲

[①] 陈勋武：《哈贝马斯评传》，广州：中山大学出版社，2008 年。
[②] 哈贝马斯：《理论与实践》，郭官义，李黎译，北京：社会科学文献出版社，2004 年，第 43 页。

学丧失了它一度被认为是一种"明智性"的政治科学所具有的能力。哈贝马斯对于"明智性"反思智慧的探讨，贯穿哈贝马斯理论发展的一生。对于理性的探讨、对于认识的自我反思性的探讨、对于认识主体的研究、对于反思性综合的研究等都是对于这一问题的延伸。可以说，反思性是哈贝马斯一生致力的追求。

二、批判近代认识论：哲学反思性的丧失

哈贝马斯对哲学反思性丧失的进一步研究，始于加入法兰克福学派之后对实证主义的批判。实证主义沿袭了近代认识论的科学主义倾向，延续自然科学的纯粹客观假设并且推向极端，认为社会科学必须采用自然科学中的科学主义方法论，即客观世界是一种不依赖于人类自身的生存方式，它的真理性依赖于和外部世界的符合。在哈贝马斯看来，任何经验都是前科学的，都是被概念框架和思想认知结构化的产物，经历过前理论认知范畴整合。波普尔对此表示赞同，并提出了与逻辑实证主义的"理论来源于观察"不同的观点。波普尔认为，观察永远都必须包括已有的认识与体验，而经验数据始终是对以前的理论架构的解释。因此，实证主义强调主客体相符合的真理论是虚假的，事实只是被制造成的。实证主义研究以一种科学理性的范畴把社会生活抽象化，由此得到各种经验域的结构化"事实"。这种由看似完全客观的事物所组成的关于这个世界的认识，实际上其实是先验存在于科学之前的世界里。其内核便是采用自然科学中的科学主义方法论，将客观真理性建立在把握客观社会的信念上，坚持事实与决定、描述知识与规范知识的二元论。这种研究主体也是一种假设的脱离历史现实和生活世界的抽象理性和自我意识存在。哈贝马斯在对实证主义的批判过程中，试图通过对实证主义史前史的重建来揭示近代认识论的哲学反思性丧失问题。按照哈贝马斯的观点，实证主义确立起了一种绝对的客观主义认识论，否认哲学的反思性，对认识批判的哲学研究变成了客观主义的科学知识方法论[①]。回顾了西方哲学从本体论到认识论的转变及研究中心由"客体"转向"主体"等问题，哈贝马斯提出，19世纪中叶以后，知识学逐步取代了认识论。这种转变使科学问题不再从哲学意义上来被理解，而是从知识学上来被理解，即科学问题只与指向客观世界的真实性有关，与价值领域及生活世界分裂开来。实证主义的兴起，使科学主义取得全面的统治地位，哲学自身的存在价值受到质疑，认识论问题退化为方法论。哈贝马斯指出，这种科学主义的客观主义幻象需要借助复归哲学反思性来克服，因而必须回归生活世界，回归主体的明智性和价值领域，完善对世界的认识。

---

① 夏巍：《实证主义与哈贝马斯知识原则的存在论初始定向》，《四川大学学报（哲学社会科学版）》，2010年第6期。

哈贝马斯主张要破除客观主义的幻象，复归来自生活世界与实践理性的反思力量。在哈贝马斯看来，在实证主义出现之前，从康德、黑格尔到马克思，都延续了一定的哲学反思性品格。近代哲学围绕着认识论进行研究，康德对人类自身的理性进行先验反思，放弃了传统形而上学中的理性概念，康德将人的理性划分为知、意和情感三个层面，文化知识由此被划分为三个维度：科学、道德和艺术。康德对大一统理性的解构，但实质上其各个要素是已经分化了的理性概念。康德"超验逻辑"是指通过对"认识之可能的先验条件"，及对知识的可能性问题进行批判性思考，从而将科学理解成一种可能性的范畴。根据康德的超验论，被认知的对象首先要明确地理解他所能够认知的情况，然后才能确信他所得到的是什么。我们能否确信自己所掌握的真理，只能依靠自己判断的正确性这个可信的尺度。通过这种方式，康德确立了哲学理性的最高法官地位的科学合理性，从而进一步确立了一种哲学与科学的支配地位。康德的先验哲学认为，人必须首先理解其所获取的知识，然后再对其所获取的知识进行理解，而进行验证的唯一途径就是通过对其判断的有效性这个可信标准。但是，假如这样的判断本身也需要认识，那么，在此之前，又如何能够对认知的能力进行一种批判性的研究呢？

在黑格尔看来，人的认识能力的研究也是一种认识活动，而这种活动又是无法实现其目标的。这是一项运动，它自身就是运动的目标。超验性的反射并非必然开始，它取决于某些先天的事物。黑格尔对康德的批判，也是"现代性自我意识的批判"[1]。黑格尔认为，认识论只不过是一种对自身的彻底怀疑的需要，其实是建立在对其进行批判的基础之上，因此，对这种认识的研究，不可能脱离我们已经存在的认识以及人类在实践中的意识。黑格尔对康德的认识批评建立在三个先决条件上，即"规范的科学""规范的自我"和"理性的区别"。黑格尔认为，意识的发展是一种带有现象学特点的"体验思考"，每次意识发展到一个新阶段，都是主体更深层、更高的自我实现，是对过去"思维"与"行动"的突破与超越。黑格尔相信，知识只能经由现象学在体验中的反省和超越而走向完善。黑格尔认为，"绝对知识"只能由它自己的哲学思辨来完成，其他任何一门学科，都不过是它思辨形式的前身而已。

继黑格尔之后，马克思发现了现代社会中"社会和个人的分离"[2]。马克思则以"社会劳动"这一概念为核心，突破了黑格尔"绝对精神"的理论假设，从而使黑格尔哲学中的唯心主义本质得到了揭露。唯物史观为重新审视认识主体提供了一条全新的道路。哈贝马斯认为，在马克思的理论中，反省主体转向劳动主体，以劳动取代自我意识，马

① 汪行福：《从黑格尔到哈贝马斯——现代性哲学话语内在轨迹的叙事重构》，《学习与探索》，2006 年第 4 期。
② 王晓升：《从实践理性到交往理性——哈贝马斯的社会整合方案》，《云南大学学报（社会科学版）》，2008 年第 6 期。

克思把劳动理解为历史的基础与本质。哈贝马斯指出，马克思的劳动概念蕴含着自然与精神区别的内涵，换言之，自然不是黑格尔所认为的绝对精神的阶段性呈现，而是主体对客观世界进行改造的先在条件。因此，马克思的历史唯物主义是一种不同于反思哲学的实践哲学，摆脱了唯心主义的困扰。马克思的唯物史观是一种与"思辨"哲学完全相区别的，同时更是从唯心主义中走出来的、与之相异的"实践哲学"。人的劳动、科学技术在工业生产中的运用，极大的解放与变革，揭示了人与自然、人与社会的关系。人在自然与社会中的位置与任务，极大地促进了人类自我反思的发展进程。马克思关于劳动生产的反思性模型，对过去的一切唯心主义观点，进行了全面的批评。马克思提出的"以人为主体的"的"以物为物"的生产模式，其实质就是一种被哈贝马斯称为客观化的表现主义方式，隐含着"工具理性"的内在实质。哈贝马斯认为，这使得马克思摆脱了黑格尔的强制性的绝对精神，而回归到了一种不具备强制力但已经达到强制性的"工具理性"的整合力量。在康德、黑格尔、马克思的批判和哲学反思历程的影响下，哈贝马斯提出，"要重构认识论批判"[1]，尽管在哈贝马斯看来他们的思想都有一定局限性，但为其重构哲学反思和进行认识批判建构提供了思想资源。

三、批判法兰克福学派：工具合理性的悖论

法兰克福学派的思想家们从马克斯·韦伯那里得到了一种对历史的解读：现代社会是一种以形式理性与工具合理性为中心的社会合理性化过程，理性和启蒙导向人类的自我毁灭。法兰克福学派的早期思想家们将近代理性与启蒙精神、社会合理化相结合，力图解决在文化与社会中存在的非理性问题，进而演变成一种美学意义上的虚无乌托邦[2]。法兰克福学派将卢卡奇对现代性批判纲领推到了极致，既以"工具合理性"来说明资本主义的"物化"，又以此来说明整个人类启蒙和文明进程。在他们眼中，"物化"与"异化"都有其深刻的根基，人类在对自主的追求过程中，早已埋下了"自毁之路"。霍克海默与阿多诺的观点是一致的，他们指出，启蒙的核心内容"理性"起源于对神话的反对，其目的是摆脱神话、战胜迷信，使人成为世界的主人，然而理性主义启蒙在取得胜利的同时却走向自己的反面，蜕变为一种新的神话；启蒙的本质是希望通过战胜自然和改造自然使人获得自由，但是，随着人们借助科学技术的发展而不断加强对自然的支配和改造，人们自身也不断受到理性的约束和侵蚀，从而失去了自由。这就是说，理性的启蒙

---

① 钱厚诚：《哈贝马斯认识批判的危机理论》，《南通大学学报·社会科学版》，2006 年第 4 期。
② Albrecht Wellmer, The Persistence of Modernity, David Midgley (trans.), The MIT Press, 1991, Chapter 1, 2.

文明正导致野蛮的事实，理性成为工具理性，批判理论研究必须对此加以否定。

哈贝马斯认为，法兰克福学派对工具理性的批评是"解构性"多于"建构性"，其结果是"以理性为基础"的"自我救赎"已经失去了意义，这也就导致了传统批判理论赖以运行的"主体性范式"已经无法继续发挥作用。哈贝马斯认为，他们的"启蒙的辩证法"和"否定的辩证"都是对"理性"自身进行的全面批评，将理性与控制相联系，将理性与工具理性对等起来，无法跳出意识哲学的枷锁，从而成为了这样一种消极的文化批判。在哈贝马斯看来，法兰克福学派对理性和合理化的研究由于意识哲学局限，无法全面把握理性概念的内涵。哈贝马斯指出韦伯、霍克海默、阿多诺等人把"社会合理化"理解为"行动"中的工具理性与策略理性的发展，并把总体性的合理性理解为一个大的自由生产者的联合。然而，受意识哲学范式的局限，这些思想家又不能将"工具理性"和"交往理性"加以区别，因此，这种具有局限性的现代性工具理性观念，恰恰只是呈现了一种难以用观念表述的"乌托邦"而已。

哈贝马斯不同意霍克海默和阿多诺把哲学和现实对立起来的观点，认为现实的一切都应该接受哲学的批判，主张哲学既接近又远离常识：哲学既与常识保持一致关系，又超越现实，对日常知识进行分析批判。因此，哲学既要考察作为整体的社会，也要考察社会中的个体。另外，他不同意传统批判理论否定现存一切的做法，主张采取既批判又建设的态度，对当代资本主义既要进行批判，同时也要设法进行改良。哈贝马斯认为，法兰克福学派的"工具理性"批判是"解构性"多于"建构性"，并没有实现理性的重构来实现自我救赎的目的。从哈贝马斯的观点来看，无论是卢卡奇还是霍克海默、阿多诺，其研究思路与研究结果都是有问题的。《启蒙辩证法》中的"理性"与"合理化"两个方面的研究都是从传统意识哲学范式出发，都无法全面掌握合理性概念的本质。《启蒙辩证法》中对于理性的悲观主义结论，也表明了传统批判理论已经陷入危机。哈贝马斯试图以一种新的理论模式变革来突破这种两难境地。哈贝马斯试图以交往理性的理解范式转变，在工具合理性批判终止的地方，再次担负起社会批判理论所没有完成的使命和任务。

第二节 哈贝马斯与社会合理性思想

哈贝马斯理解思想的理论背景涉及社会哲学。具体来看，社会哲学的理论资源对哈贝马斯理解思想的提出提供了重要启发，哈贝马斯在对社会科学中意义理解难题的探索中，进一步确认了理解思想问题的核心意义，此后借鉴了韦伯社会合理化理论，同时吸收了米德社会符号互动论，进而提出对"实践合理性"概念的重构。

一、对社会科学中意义理解难题的探索

哈贝马斯在《交往行为理论》中对社会学科学意义问题进行了较为系统地论述，是 20 多年来对这一问题的反思和提炼。在早期的意义理解研究中，哈贝马斯反对将意义视为纯粹主观式的诠释学观点以及行为理论，并指认了意义理解是一种相对独立性的存在。在早期关于实证主义的争论中，哈贝马斯的注意力被引向了意义理解问题。哈贝马斯不赞同狄尔泰的纯粹主观主义，以及韦伯由主观意义发展的行为理论观点，而指出主体并不超然于意义之上。狄尔泰最早提出了"意义"这一概念。狄尔泰指出，与以外部经验来说明事物和现象的自然科学相比，人文学科通过对主体的体验来了解人的行动，从而对人的活动进行了客观的认识。韦伯继承和发展了狄尔泰关于"意义"这一观点，但与狄尔泰过分重视主观层面有所区别，韦伯主张将外在的对人的行动的客观认识与对人的行动的固有主观意义的理解统一起来。在哈贝马斯看来，在韦伯那里，主观意义被当作行为理论的基本概念，却是孤立的行为主体的意见意图，沟通成了派生现象。进而，哈贝马斯从科学理论角度指出，海德格尔和伽达默尔指认了理解具有某种本体论存在的特征。海德格尔在他的《存在与时间》一书中把"理解"看成是人的"此在"，而伽达默尔则在《真理与方法》中，把"理解"看成是历史生活的基本特点。哈贝马斯认为必须依靠言语和行为这两个概念来理解意义，因为社会科学客观领域包含着许多生活世界中的诸多构成要素和组成部分，是具有言语和行为能力主体在生活世界关系中显性建构起来的，仅仅依靠观察并不能直接进入由符号建构起来的现实中。从方法论上看，意义理解和经验观察不能一概而论。

因此，哈贝马斯从社会科学发展史的角度，揭示了隐藏于理解问题背后的二元论的科学理念，历史决定论与新康德主义在诠释与理解的矛盾层次上构建了自然科学与社会科学的二元结构①。作为社会科学潜在的参与者，哈贝马斯指出，这种意义理解的方式导致了我们所熟悉的认知的客观性变成了问题，这是由于解释者需要依赖于交往行动，才能认识到自己在客观领域中所面临的有效性要求，尽管他们本身并不具有自身的行动意愿。如果一个人希望理解一种表达的真实交流的含义，那么他就需要从自己与其直接参

___
① 傅永军：《交往行为的意义及其解释》，《武汉大学学报》，2011 年第 2 期。

与交往的共有事实出发，来判定他所面临的一致意见和反对意见、有效性要求以及它的成立条件，并且解释者无法脱离行动情境来表现其语义含义。

在《交往行为理论》中，哈贝马斯进一步在批判性研究中，探究社会学中的社会现象学派、人类学方法论学派，以及涉及的哲学解释学派，以此进行比较研究，进而实现从社会科学的角度对于意义问题的探索。[①] 首先，哈贝马斯批判了社会现象学超然的不偏不倚的"客观立场"。在舒茨看来，社会科学的观察人员所采用的是一种能够使他在自己和他所研究的日常生活中获得中立的"客观立场"的理论地位。从这个客观的角度来看，在这个生活世界中观察者仿佛处于一个超然的不偏不倚的中立地位，可以将观察者与他人等生活世界的成员区别开来。为此，哈贝马斯批判社会现象学，一方面它既依赖于生活世界，包含其所具有的独特含义，另一方面在生活世界中试图寻求一种超然的立足点，从而摆脱特殊性。为此，哈贝马斯认为，解释者应该抛弃作为旁观者的特殊身份而获得的优势，并在交往过程中展开对理解客观性前提的探寻，并试图将之纳入沟通的普遍结构之中。

其次，哈贝马斯批判人类学方法论在反思超越日常解释和各自的语境时依然持有一种观察者不偏不倚的"客观立场"，缺少了语境的形成和发展过程对于研究的影响。哈贝马斯指出，人类学方法论已经意识到语境对于解释的重要作用，但是却一方面认为语境具有相对主义，另一方面又认为社会科学家可以参与到具体语境的过程中去，获得对语境的理解。哈贝马斯指出，人类学方法在这一问题中把相对主义和绝对主义对立起来。研究人种学的学者们，一方面，他们强调参与者在日常解释的实践活动中，表现出某种进步性特点，而另一方面，则将社会科学家视为基本的参与者。这样就出现了一种悖论，日常解释受特定的语境的影响，如果解释者没有经历过语境的生成和发展，就不可能真正地了解语境。因为在现实生活中，语言并不是独立存在的，其含义源于特定的上下具体的语境，如果没有加入这种具体构成和发展进程中的语境，解释者就不能得到对语境的前理解认知，而这样的前理解认知对于理解特定语境下的表述是不可或缺的。但是，另一方面社会科学家作为语境参与者，并没有摆脱日常意识的客观主义趋向。研究实践具有自我关涉特征，社会研究也是众多生活方式中的一种。伽芬克尔把"社会结构的共同知识"作为研究对象，寻求生活世界的普遍结构，这值得肯定，即社会科学分析如何为了重构一般交往的假设前提，必须在日常生活中反思如何超越以及解释各自的具体语境，但是他却保留了观察者不偏不倚的特殊地位。在他的理解中，解释者不需要对每一次具体语境有所分析研究，他没有意识到自己作为互动参与者已经加入了他所在的语境

[①] 哈贝马斯:《交往行为理论》第一卷，曹卫东译，上海：上海人民出版社，2018年，第154-163页。

生成之中。

最后，哈贝马斯批判了哲学解释学"共识性理解是在于传统和权威"[1]，所持有的一种"交往行为完成立场"，指出其缺乏一种批判反思的历史性维度[2]。哲学解释学主要研究说话人的解释潜力问题，也就是一个具有言语和行动能力的个体，在不熟悉的语境中是怎样进行理解的。伽达默尔把哲学解释学看作是一种本体论性的存在，指出它对人的所有认识行为都具有某种前提性存在。伽达默尔认为，"传统"是一种先天给定的存在，是我们通过学习可以掌握的。而在精神科学中，"传统"的地位是不容小觑的，它在某种程度上是精神科学的内在实质和独特性特征。伽达默尔以"传统"作为诠释学理论的基石，认为"传统"与"诠释学"可以长久地共存。对此，哈贝马斯认为，我们并不是在传统之外，而是在传统之中。哲学解释学研究的主要是成熟言语者的诠释解释潜力问题，虽然倡导将理解和有效性要求关联起来，但是持有的一种"交往行为完成立场"，主张在一个共同的生活世界里实现普遍对话，忽略了语境和一般交往有效性前提的历史性和生成性，缺乏一种批判反思的维度。然而，解释学最初是在对由传统所提出的，但在逐渐变小的价值需求作出反应的过程中产生的，因此，理解不可能超越解释者所处的传统语境。哈贝马斯不同意伽达默尔将传统视为一种确定存在性的固有文本，也不同意主体对于传统的直接占据。哈贝马斯批判伽达默尔的解释学只是一种片面的转型，潜在的解释者持一种完成行为立场，仅从作者出发就可以判断其合理性，而忽略了一种补充我们解释的学习过程。

哈贝马斯通过对社会现象学派、人类学方法论学派，以及哲学解释学派的意义理解问题批判研究，特别指出了对于意义理解研究问题中的研究者所面对的无法超然于生活世界之外的研究立场。换言之，研究者与意义理解问题具有互主体性、情境性、历史性、生成性和经验性等问题。通过社会科学意义理解问题的研究，哈贝马斯发现，研究者在进行意义研究过程中要具有多重反思意识：要把他使用的语言工具的内在结构进行反思；对于在使用语言工具的交往过程中自己使用语言的"前理论资质"进行反思；对于意义理解能够进行达成或者不能达成的过程进行反思。可见，对意义的理解是一种交往体验，因此无法从唯我论的观点出发。要了解任何一种语言符号的内涵表达，我们都需要进入一个交流的过程中。哈贝马斯指出，意义理解方法中的认识客观主义是有问题的，因为行为者是交往的参与者，而不具备完全独立的客观主义立场。这就意味着，为了了解自

---

[1] 龚群，李晓冬：《诠释学与交往行为理论的内在关联——从加达默尔的"理解"到哈贝马斯的"相互理解"》，《复旦学报（社会科学版）》，2020 年第 1 期。

[2] Jean Grondin, Joel Weinsheimer, Introduction to Philosophical Hermeneutics, New Haven and London: Yale University Press, 1997, pp. 129–134.

己的对象领域，社会学家需要具备言语能力和行为能力，能够进入生活世界，并可能参与到交往过程中，这就涉及要与有效性要求相联系。作为一种具有"隐性"特征和受到交往性影响的社会科学研究，社会科学研究要想重构普遍的交流假设，就必然要从有效性要求的内部合理性架构入手。

二、对韦伯社会合理化理论的借鉴

哈贝马斯认为，霍克海默、阿多诺的研究思路与研究结果都有一定的不足，他们以传统的意识哲学为出发点，不能完全理解合理性的真正含义，哈贝马斯则期望以一种新的方式实现对合理性的突破。但是，自韦伯提出"合理性"问题之后，关于合理性的问题，在社会理论中存在着不同的观点，这成为一个众说纷纭的社会学难题。另外，法兰克福学派的批判理论将理性和工具理性画上等号，从而限制了批判理论的发展。因此，哈贝马斯认为，社会合理化问题是当前迫切需要解决且要妥善处理好的难题。

韦伯的合理化理论为哈贝马斯继续对理性的探索提供了一条全新的研究路径[1]。在韦伯之前，合理性模型首先是以牛顿的物理学为基础，并在自然科学领域中被提出。进一步从理论上看，合理化体现为一种具有某种规律性存在的认识过程。伴随着工业革命和资本主义的发展，韦伯接受了合理性主题，并将其上升到了一种社会学研究主题的高度。韦伯首先提出了近代社会的产生与发展问题，而韦伯以社会学的方式对现代性进行了剖析，并首次将现代性解读为合理化的进程。韦伯以"合理性"[2]这一概念为基础，认为欧洲资本主义社会的现代化与理性化进程是同一个历史过程。韦伯认为，现代以来，理性的突出表现就在于人的意识觉醒和发展，进而使人与世界的关系发生了历史性的转变，社会开始逐步运用理性的方式进行理解并构建，不再是过去传统的控制模式。

哈贝马斯认为，韦伯《新教伦理与资本主义精神》是一部以世界观合理化来寻求社会合理化根源的著作，是一部研究社会合理化很好的案例典范。在韦伯看来，西方现代性产生于对其宗教及其形而上学的"去魅化"。从传统社会到现代社会的转型，首先是从传统的宗教与形而上学的世界观的瓦解以及价值观的分裂出发，即（1）从神学与伦理问题中解脱出来，以其内在的真理性要求来解决外在世界的真实性问题；（2）在艺术上，它逐渐抛弃了对宗教崇拜与实用性的崇拜，转而寻求纯美学的艺术价值；（3）现实中的道德、政治等问题，在摆脱了宗教与传统权威的束缚后，逐渐发展出自身的知识生成与

---

① 李佃来：《哈贝马斯与交往理性》，《湖北行政学院学报》，2002 年第 5 期。
② 汪行福：《"新启蒙辩证法"——哈贝马斯的现代性理论》，《马克思主义与现实》，2005 年第 4 期。

评价体系，以及相关专业组织。在此期间，现代经验科学、自律艺术、普世的道德与法律意识，都依赖于文化合理化的条件，并且不依赖于传统的伦理关系的抽象生产雇佣体系和现代的民族国家。按照韦伯的看法，现代意识结构的产生就源于一种由宗教—形而上学到现代的民族国家中的一种文化理性化的结果，"现代社会特有的意识结构源于文化合理化，而文化合理化包括认知、审美表现以及宗教传统的道德评价三个部分。有了科学和技术、自律的艺术和自我表现的价值以及普遍主义的法律观念和道德观念，三种价值领域就出现了分化，而且各自遵守的是自己特有的逻辑"。[1] 韦伯在对于文化合理化的研究中，世界观的系统化与价值领域的特殊逻辑是其研究的主题。韦伯分析在新教伦理的生活方式的合理化过程中，工具理性、目的理性，以及价值理性综合结合而成为统一体的实践合理性，实现了从宗教—形而上学世界观到现代世界观的转化。韦伯在对于文化合理化的问题分析过程中，提出了"实践合理性"这一概念，"把实践合理性概念区分为三个方面：手段的运用、目的的设定以及价值的取向"。[2]

然而，韦伯对文化合理化分析的过程的研究，更多立足于在形态上使宗教解释体系与法律、伦理观念逐渐趋向完善，也就是世界观的合理化，使通过符号体系内部的相互关系得以确立。其主要体现为：词义的界定、概念的阐释、思维动机的体系和命题的建立。但韦伯忽略了一个事实，那就是对这个世界进行解神秘化的前提，是世界各大宗教究竟如何实现了这一点，是问题的关键：在这个过程中，人类的伦理和意识结构是怎样被改变的，从而使我们的世界观得以去中心化。

哈贝马斯针对韦伯在进行社会合理化研究中所运用的狭隘的工具合理性概念，对他进行了批评，并将其视为理解现代化的基础概念，以"目的—工具合理性"为依据构建了现代企业与国家，即社会合理化的具体体现。韦伯也曾对现代性作出过一次有名的"诊断"，他指出，在社会合理化日趋成熟与不断发展的今天，人们越来越容易陷于"价值失落"与"自由失落"的两难境地[3]。韦伯指出，宗教中形而上学世界观的分裂，导致了各种价值观的分化；与此同时，各个价值场域都力图将其自己的合理性逻辑注入社会生活的构造中，于是，文化场域中的矛盾转化为行动场域的动力；并且这些不同的价值观念和生活理性发生的矛盾，是超出个体系统的承受范围外的，一旦如此，那么生命意义失落的危机就产生了。因此，韦伯认为理性毁灭"这种辩证法已经隐藏在宗教历史的解神秘化过程中，也就是说，隐藏在了现代意识结构的解放过程当中：理性本身分解为

---

① 哈贝马斯：《交往行为理论》第一卷，曹卫东译，上海：上海人民出版社，2018 年，第 216 页。
② 哈贝马斯：《交往行为理论》第一卷，曹卫东译，上海：上海人民出版社，2018 年，第 226 页。
③ 李佃来：《哈贝马斯与交往理性》，《湖北行政学院学报》，2002 年第 5 期。

多元的价值领域，从而毁灭其自身的普遍性"。[1] 现代社会的价值观是多元的，各种价值观之间的矛盾缺乏一种超越传统的宗教或形而上学的那种超拔性统帅控制力量。当价值理性寄托在宗教传统上时，人类就日益丧失指导自己行动的能力。在这样的环境下，人类只会寻求自身的私利和现实的成就，除此之外，也无处设想其他的道路和梦想。

　　哈贝马斯认为，韦伯所依据的是已经废弃的宗教形而上学的意义结构，无法成为对其进行文化合理性进行评判的理论预设，在后形而上学的场域下，理性只有在对合理性和有效性要求的统一程序性证明过程中才得以体现出来。在科学、道德和艺术等学科中，专业知识的区分无从推论出一定会导致价值观冲突的结论。韦伯认为，在这种社会环境下，依靠这样的文化合理化条件，建立起了现代企业与官僚制政府。在人类文化合化进程中，积淀下来的"工具理性"潜能，被资本主义的现代化充分利用，新型的行为亚系统一方面脱离了人类所处的理解的生活世界，并将其自身的机能需求强行施加到个体身上，使个体丧失了按照自身价值理性进行行动的能力，反而被困在了由制度建构的"铁笼子"里。然而，哈贝马斯认为，这种对于现代性的判断存在着片面性。哈贝马斯指出，事实上，社会合理化不但包含了社会生活的组织化与官僚化，而且还包含了自我反思能力和民主交往能力的提升。韦伯只是抓住了工具理性的系统化制度建构，而未全面考虑交往合理性的理性潜能。

三、对米德社会符号互动论的吸收

　　米德的社会符号互动理论对哈贝马斯交往范式的转向产生了重要影响。对于米德的符号互动理论，哈贝马斯曾经指出，"米德最先深入考察了这种作为社会产物的自我的主体间性模式"[2]。哈贝马斯正是在对米德自我理论的承继、吸收、发展与批判中，完成了现代哲学中自我问题的主体间性哲学范式转向。在米德关于自我的研究思想中，哈贝马斯继承了他通过社会互动的方式展开对自我问题的研究路径，从而拓展了对交往范式的研究，突破了意识哲学的困境，推动了哲学范式的更新。

　　米德将实用主义理念与华生行为主义心理学相融合[3]，从自我出发，基于社会行为主义的视角审视个体与社会的相互联系，深入剖析心灵、自我和社会三者的内在联系，扩展了自我问题的研究。米德在自我问题上，提出了"主我"与"客我"两个概念，这也

---

① 哈贝马斯:《交往行为理论》第一卷，曹卫东译，上海：上海人民出版社，2018 年，第 237 页。
② 哈贝马斯:《后形而上学思想》，曹卫东，付德根译，南京：译林出版社，2012 年，第 191 页。
③ 李琦，李淑梅:《自我问题研究的主体间性转向——论哈贝马斯对米德自我理论的继承与发展》,《求索》,
2007 年第 9 期。

是在自我与他人之间的互动中逐渐建立而成的。哈贝马斯指出，米德的思想呈现出由"认识论的自身关系→认识主体自身关系→交互式主体的检验模式"的演变历程，其发展轨迹是一种由自然主义或功能主义的意识哲学向互动主体式的社会哲学的过渡。哈贝马斯认为，这一思考或者说哲学模型是一种交互主体间的范式，它开启了一个新的哲学趋势。米德的社会心理学使得哲学发展在继康德和黑格尔的德国观念论之后，开创了一种新的社会行为主义的理论路径。从认识论自我到互动实践的自我，用社会互动理性范式代替意识哲学范式，为哈贝马斯的合理性构建提供了重要理论资源。美国实用主义代表人物杜威批评这种只将行为看作是一种刺激—反应关系的心理学研究模式，提倡将传统的哲学问题置于实践问题的解决过程中加以考察。受杜威的影响，米德认为，对于意识主体活动的研究，必须在解决实践问题的行动过程中，才能呈现出来。然而，如果主客体是在行动过程中才实现构造和解体，主体性如何形成便成了问题。

米德受到冯特关于"语言、神话与习俗的发展法则"①的影响和启示。冯特认为，人类的认识、想象和意志等精神功能，不仅依赖于个体的意识活动，还受制于其所处的语言、神话和风俗习惯的影响。米德提出，自我意识是人与人之间社会互动双向建构的结果，这个过程是需要通过以语言为媒介的交往才能实现。米德试图根据动物的肢体动作来实现行动的协同，来解析人的心智活动的社会基础，同时也探讨了人们是怎样利用符号进行交流的，并且在此过程中，人们的心理和意识活动能力是怎样被创造出来的。根据米德的观点，语言将个体从孤立的原子化中解放出来，并实现对个体的超越。借由语言的参与，社会交往过程实现了个人的社会化，即个人建构过程。米德在自我理论中对于"语言"的分析理解，强调了语言在个人的社会化和社会整合过程中的根本作用。在米德看来，语言对心灵与自我的产生，提供了重要的发生机制作用，它是个体在社会化的进程中最终获得言语与行动能力的重要媒介。"米德的另一个贡献在于，他继承了在洪堡和克尔郭凯尔那里确立的主题，即个体化不是一个独立的行为主体在孤独和自由中完成的自我实现，而是一个以语言为中介的社会化过程和自觉的生活历史建构过程。"②哈贝马斯认为，米德的社会语言交往互动模式，在某种程度上已经回答关于经验与先验之间主体如何进行沟通的问题，因而，语言在人类行为活动中起到中介作用，使得语言分析代替了原本意识哲学中的意识分析。按照米德的观点，功能主义的客观意义理论认为，意义沟通的行为是在语言和意识活动产生以前就已经发生的，这表明意义构建的行为与诸如社会交往等各种必备条件密切相关。米德从姿势会话到言语交流，再到自我意

---

① 林远泽：《姿态、符号与角色互动——论米德社会心理学的沟通行动理论重构》，《哲学分析》，2017 年第 1 期。
② 哈贝马斯：《后形而上学思想》，曹卫东，付德根译，南京：译林出版社，2012 年，第 173 页。

识，延伸至角色认同这一发展历程中，对其"客体的意义说"和"社会的交互主体性理论"的哲理意蕴进行了解释。

米德社会心理学研究提出了一种"理性的沟通理论"。只有通过社会化的学习和互动建构过程，自我才最终产生，可见人类的语言沟通使得社会整合成为可能。哈贝马斯借鉴了米德社会交往的符号互动论——沟通理性范式，以社会的交互行动考察理性问题。按照哈贝马斯的看法，米德与杜尔克海姆便是"从目的活动到交往行动范例变化的开创者"[①]。米德认为正是在语言交往互动中，语言在建构符号自我和社会文化符号系统中促使个人的社会化与社会整合形成。米德在自我研究基础上，通过对语言、角色游戏和竞赛的剖析，揭示了人们从姿势会话、符号互动、角色认同到制度的规范构建以及在沟通中展开的批评等交流互动的能力发展阶段，形成了一种"理性的沟通理论"的观点和思想。米德揭示了人们怎样通过语言交流来实现意义理解、个体社会化的自我构建和社会化的职能分化和融合，并为"语言哲学"的交互主体理论的社会化奠定了基石，也为社会哲学构建了使社会理性化进程得以延续的交流沟通理性依据。但是米德的社会心理学研究，仍存在着论证上的循环和跳跃。

米德从以声音姿势为主导的姿态会话转向以表意为主导的言语沟通，忽视了由动物标记向命题式语言的转换论证过程；米德从言语沟通中意义理解的连贯性来构建言语行为的规范化，转向以角色游戏和竞赛中的通过角色来构建共同体组织的制度规范，而忽视了从遵循语言的合乎规律到遵循社会实践活动的规范规则的内在逻辑论证。在米德的沟通理性理论的逻辑推论中，不管是从符号化的角度，还是从"合乎情理"的角度，对自我的建构过程，以及社会主体的产生过程，都缺少对"符号化"的充分证明。其根源在于米德把言语沟通的过程转化为思想的自身对话，而米德的社会心理学则侧重于个人的发生学研究，缺少了对人类社会行为作为共识性的产生过程的刻画，无法从物种系统发生学角度解释人种系统产生发展的内在机制。米德社会心理学促使哈贝马斯在重构实践合理性概念中转向沟通理性范式的研究，进而为实现合理化范式的建构奠定基础。

四、对"实践合理性"概念的重构

米德社会心理学研究的沟通理性范式给了哈贝马斯重建实践合理性的极大启发。哈贝马斯批判韦伯所谓的现代意识结构最初只渗透在狭小的阶层中，如何使这种新观念（全新的意识结构）在更广大的社会阶层中成为主流，如何将其渗入社会兴趣之中，从而

---

① 哈贝马斯：《交往行为理论》第一卷，曹卫东译，上海：上海人民出版社，2018年，第3页。

进一步完成世界观的合理化，这才是要解决的问题。哈贝马斯认为，宗教理性化所带来的认识潜力完全被展现出来，并将其应用于现代社会的各种生活秩序之中。那么，在这个过程中，人在传统社会中的日常生活世界的结构将会如何改变？哈贝马斯批判韦伯在合理性问题上的文化主义立场，韦伯力图把合理化的研究基石放在意识结构维度上，即个性和文化层面。韦伯揭示了合理性概念的意识结构，体现在文化传统和符号系统中，并非直接呈现在相关行为以及生活方式之中。哈贝马斯指出："一方面，韦伯从新教伦理的生活方式为代表的行为类型（这种行为类型把手段合理性、目的合理性和价值合理性融为一体）中获得实践合理性概念。另一方面又把行为取向的合理性与世界观和价值领域的合理性对立起来。"[①] 哈贝马斯认为，韦伯在对文化合理化进行分析时，尽管他给出了一种"实践合理性"的复合型观概念，其起点是"目的合理性"，并与价值合理性相关行动联系在一起。但是，在具体分析过程中，韦伯却割裂了合理性的目的理性、价值领域和生活秩序的合理性维度。韦伯将工具合理性的形成过程与整个社会合理化过程等同起来。对此，哈贝马斯批判韦伯"在从文化合理性向社会合理化过渡过程中，合理性概念明显越来越狭隘化"[②]。韦伯以工具合理性概念对社会合理化进行了理论上的研究分析，并将其作为把现代化概念的理论依据，以工具合理性为依据构建的现代公司与国家便是社会合理化的最主要体现。哈贝马斯指出"韦伯直接把西方理性主义的实际形态当作出发点，而没有从一种合理化的生活世界在反事实的层面上的可能性的角度去揭示它们"。[③]

哈贝马斯提出要重建韦伯的"实践合理性"这一概念，从而达到三个层面：方法的使用、目的的设置、价值取向的统一。在哈贝马斯看来，基于韦伯没有将合理化理论贯彻到底，韦伯的行为理论概念在结构上也存在不足、有待完善。韦伯是从社会行为层面上，对合理性概念进行深入探究，他区分了两种不同的社会行为类型：目的工具行为与价值理性行为。根据韦伯的观点，一种行动在符合手段合理性与选择合理性两种前提下被称作"目的理性行为"；符合规范合理性条件的，就是"价值理性行为"。哈贝马斯主张将"目的理性行为"与"价值理性行为"相统一，从而构成符合现实实践合理性整体需求的新型行动类型。这样一种"实践合理性"概念，包含了合理性的三个层面，把合理性提升到了一个新的高度。从"工具合理性"的维度看，确立了有效的方法手段；从选择的合理性维度来看，这是一种合理性的选择策略；从"规范合理性"的维度来考察，规范合理性是指在"道德"的原则范围之内，承担着道德实践的责任。在这种新的设想之中，人们的行为合理化、生活方式的合理化和世界观的合理化，三者紧密地

---

① 哈贝马斯：《交往行为理论》第一卷，曹卫东译，上海：上海人民出版社，2018 年，第 232 页。
② 哈贝马斯：《交往行为理论》第一卷，曹卫东译，上海：上海人民出版社，2018 年，第 281 页。
③ 哈贝马斯：《交往行为理论》第一卷，曹卫东译，上海：上海人民出版社，2018 年，第 281 页。

联系在一起。

米德的沟通理性范式启发了哈贝马斯从社会互动范式的角度重构实践概念。米德的社会行为主义范式说明了人类究竟如何通过社会符号互动实现个人的社会化和社会的整合，把"实践合理性"定义为交互主体间的语言互动过程以及作为言语者和行为者以及生活世界组成部分的文化、社会和个人的实践互动合理化过程，即交往合理性过程。因此针对米德社会互动论论证上的循环和跳跃，哈贝马斯将展开对于"交互主体间范式"的规范性和条件程序的论证。其中包括由于语言交流中意义的一致性导致的语言行为规范性，以及从角色认同到社会合理化最终整合融合的过渡论证，也存在着对人的社会行为内在共识性和主体性的发生学说明，以及缺少对物种发生机制的假设和研究等。

第三节　哈贝马斯与语言哲学的意义合理性思想

哈贝马斯在理解问题的探索过程中，进一步转向了对于语言哲学的研究。语言哲学中的一系列意义理论对哈贝马斯具有重要的启发作用。

一、近代哲学的语言学转向：从语义神话到语用学转向

20世纪初期，哲学经历了一个重大的转折，语言问题上升成了哲学的基本问题，也就是语言代替了认识论成为哲学研究中的核心，因而被称为哲学史中的"语言学转向"[①]。从历史维度来考察，可以把哲学研究主题划分为三个时期，即本体论、认识论、语言哲学。古代希腊时期，为了寻求宇宙起源和万物的形而上学本质及规律的哲学思想，探究形而上学的本体论成为当时研究的中心。近代以来，随着近代科学的发展，知识的来源问题成了哲学研究的中心，从而由本体论发展到认识论的研究主题，也就是探究关于人的认识产生问题、人的认识能力的限度，以及认识世界的方式方法等。到了20世纪，以"主客体二元结构"为基础的意识哲学范式受到了诸多批判，在这一背景下，无论是英

---

① 李佃来：《语言哲学的转向和普遍语用学——试析哈贝马斯的语言哲学》，《武汉大学学报（人文科学版）》，2003年第4期。

美分析哲学，还是欧洲大陆哲学，都有着较为清晰的体现。语言取代了"意识"，"主客体"的关系被语言和世界、命题和事实的关系取代；建构这个世界的任务，由超验性的主观性转向了语法结构的建构，而后形而上学的思考开始显现。近代以来，以主体为中心的认识论思想遭遇了来自现象学、存在主义和解释学等多种不同类型的哲学思潮的攻击，即所谓的"语言哲学转向"。从认识论到语言哲学的转变，是一种新的哲学主题的转变，也是一种思想方法的变革。现代西方的"主客一体"的思想已经被语言表达和言语活动所取代。哲学的研究从认识论转向了语言哲学。哲学的语言学转向使语言自身的相关知识变成了一种涉及哲学基本问题的内容，它的研究对象也从主客体关系、意识和存在的关系，上升到了语言和世界之间的关系。这种转向是哲学发展过程中的一次重大变革，哲学的研究开始超越传统的意识哲学范式，通过对意义的辨别与语言表达的解析来解决问题。

语言学转向，是建立在一种全新基础上，对于哲学存在新方式的探讨。现代逻辑的产生是语言转向的内在原因。现代逻辑技术的兴起，为我们提供了一种用科学的、系统化的方式来处理哲学研究的语言哲学思路。20世纪的"语言学转向"是指以"逻辑经验主义"为中心的一场大规模的分析哲学思潮，旨在通过对语言形式、句法结构、语义结构等进行逻辑上的剖析，来理解词汇所蕴含的丰富的经验内涵，并以此来肯定科学主义的偏激理念与形式理性至高无上的权威。20世纪50年代以来，批判理性主义在"语言学转向"以后，"逻辑经验主义"代表着一种新的思维模式，以语言分析为代表的新的思维模式，为哲学研究开辟了新的途径。它是一种内在的语言哲学的研究方式，能够将整个科学相关知识与哲学的理性逻辑联系起来，从而实现本体论与认识论，现实世界与可能世界，直观经验与模型重构，指称概念与现实含义之间的有机联系，从而成为我们掌握科学世界观与方法论的一个新的角度。然而，这一理论的局限，在于将哲学的使命看成是按照一定的语言形式与语法结构，对事物进行诠释、解读等内容，因而完全沦为了被形式化的、被语言分析化的图谱化思想。

自50年代初期以来，逻辑经验主义先后遭遇了以汉森、图尔敏、波普尔、费耶阿本德、库恩、拉卡托斯等为代表的科学史与科学哲学家的批判，进而使其走向衰退。20世纪70年代，随着语言哲学的语用学转向，奥斯汀、维特根斯坦、塞尔、格赖斯、奎因、戴维森等一批后分析哲学家借鉴了语言哲学尤其是语用学的成就，构建了一个新的哲学对话平台，为自己的思想学说提供了对话的基础。而科学语用学则以其不可阻挡的优势，代替了科学逻辑，成为了新的哲学增长点。

随着原子主义思维在后分析哲学中的覆灭，卡尔纳普建立在其"命名法"基础上的语义学研究范式，已日渐式微。维特根斯坦打破了这个常规思想的最初缝隙，他对语言的理解和观点发生了变化。维特根斯坦在晚年所著的《哲学研究》一书中，对他早期主张的意义真值条件说进行了批判，从而开创了一个崭新的"语言应用论"的观点。他认为，不应该把语言看作是一件物品的标记，而应该是一种工具盒子，这一点维特根斯坦曾告诫我们"想一想工具箱中的工具：锤子、钳子、锯子、螺丝刀、起子、尺子、熬胶的锅、胶、钉子和螺钉。词的功能就像这些东西的功能一样，是多种多样的"①。从这一点看，语言构成要素的含义，并不是附属于某物，而在于其功能。在他看来，言语形式的含义与原因只能立足于人类在语言世界中的论述，而非超越语言本身。维特根斯坦阐述了语言表达的行动特点，换言之，语言手段并不只是用于描写和判断事物——它不仅可以用来指挥，也可以用来破解谜题，可以用来开玩笑，可以用来感谢，可以用来诅咒，可以用来问候，也可以用来祈祷等。因而，一个语词的意义不在于它的表现功能而在于它在语言中的用法。

维特根斯坦将语词视为工具的使用，认为词汇的意义只有在其进行使用过程中才能获得。按照意义应用理论，词语的含义是由它的使用方式所决定的，也就是如同语言游戏行为一般。从它的内涵来看，语言游戏本质是一种生活的方式。维特根斯坦提到，"想象一种语言就意味着想象一种生活方式。"②"构成行为和言语行为语境的是主体间所共享的生活方式的先验和谐，以及对于受制度和习俗制约的共同实践的先验理解。学习掌握一门语言，或者学习如何领会某种语言中的表达，这就要求我们适应一种生活方式。这种生活方式先验地决定了各种目的和行为如何遣词造句。"③"意义应用理论并不强调语言的工具属性，而是强调语言与表现和复现生活方式的互动实践之间的内在联系。人们之间不是从意向主义的角度，根据言语者的视角来阐释这些关系，而是把他们解释为对先验约定的实践的反映。语言游戏的语法揭示了生活世界当中的背景知识，这种知识不仅是语言多元功能的基础，而且为主体所共享。"④哈贝马斯指出，意义应用理论揭示了语言言说的行为特征，强调语言与生活实践的内在关系，研究社会规范的使用，其中包括生活方式，以及语言游戏涉及的规则要求等，看到了语言使用的有意义模式的多样性。

二、哈贝马斯早期的语言符号思考

哈贝马斯在批判实证主义过程中，对皮尔士的实用主义、狄尔泰的历史主义以及心

---

① 维特根斯坦：《哲学研究》，李步楼译，北京：商务印书馆，2019 年，第 15 页。
② 维特根斯坦：《哲学研究》，李步楼译，北京：商务印书馆，2019 年，第 18 页。
③ 哈贝马斯：《后形而上学思想》，曹卫东，付德根译，南京：译林出版社，2012 年，第 112 页。
④ 哈贝马斯：《后形而上学思想》，曹卫东，付德根译，南京：译林出版社，2012 年，第 112 页。

理学的研究过程中，一定程度上积累了对语言符号的研究和思考。哈贝马斯对皮尔士进行了研究，指出从语言逻辑的角度来看，皮尔士的普通实在论面临着一个两难的境地。实证主义把认识论等同于科学，因而推动去研究康德所提出的认识的先验条件。首先提出对这种经验进行认识的是皮尔士。皮尔士认为，现代科学不仅在于产生实在的真实，也是正确的陈述，即科学借助于一种共识的知识范畴。皮尔士从经验推论到人类集体共识的程序过程，他认为这是一种有计划地采用符合人类集体的一般逻辑，以及有目标和针对性的学习过程。这种学习过程，采用的就是集体的人类逻辑形式。皮尔士采用逻辑研究的方式来分析研究科学的方法论，他提出这种逻辑研究是在形式逻辑与超验逻辑之间进行的。皮尔士认为，逻辑就是一门关于真理的理论，它揭示了真理的性质，以及揭示了发现真理的方法和途径。皮尔士从"逻辑方法"的研究视角对科学进行了解读，该方法关注认知的结构性关联，同时，研究的过程也与生活相关联，也就是，该逻辑关系只有在经验的条件下才能得以完成，而符号的逻辑关系与行动的经验相结合的一体化是生活形态。皮尔士既不赞同经验论的原初思维，又拒绝理性主义的基点设想，他认为真理是通过论证的方式呈现的。哈贝马斯批判皮尔士从方法论的真理概念中推导出"实在"概念，研究逻辑的真理概念，将陈述的有效性限制在达成一致共识的方式方法中，从而导致了对语言逻辑的现实性理解，使自在之物的问题又回到了一个新的维度上。哈贝马斯批判皮尔士用语言逻辑加以限定的实在概念来代替逻辑的出发点，并且认为现实是在普遍陈述的语法形式条件下形成的。用逻辑的方法对以前的知识加以归纳和推导，但是第一推动者仍然是自在之物，这个归纳和假定的过程是无止境循环论证的。

哈贝马斯又探讨了狄尔泰历史研究中的诠释学思想。19世纪后，实证主义主张一切科学研究均以自然科学模式为基础，然而，人文科学家并非仅仅通过观察达成与客体对象的对话，必然会将自身纳入其所处的文化语境中。狄尔泰区分了两种科学①：一门是研究外在自然界的自然科学，一门是用来研究人的精神的科学，并提出用"说明"和"理解"来表示这两门学科之间的区分和差异。所谓"说明"，就是指通过观察和试验，把具体的个体实例归纳到普遍的一般规律中，这是一种普遍适用于自然科学的因果的解释方法。所谓"理解"，就是要以自己的内在体验，深入他人的内在体验和内在生活之中，进而达到人类的精神世界。自然科学解释了自然界的现象，而精神科学解释了生命及其相关表现。狄尔泰把这两个学科分开，认为自然科学中的因果解释并不能使我们更好地了解人的智力和精神生活。科学通过实验观测的辅助，从外在解释某一现象，从而对事物进行说明。然而，人类的行动又要求从内在去把握，要以主体的内在体验来进

---

① 黄晖：《西方诠释学传统中理解问题的起源与发展》，《社会科学战线》，2007年第2期。

行把握。

哈贝马斯在肯定狄尔泰的理论研究成果的基础上，提出了狄尔泰的诠释学是一种人文社会科学的研究方法，它深深地受到了"意识哲学范式"思维模式的深刻影响，并未清楚地认识到，历史学家对历史经验的诠释并非简单的"经验性"的考察。哈贝马斯认为，狄尔泰的研究本质上是一种对历史事件进行个人独白解释的历程，通过心理学的效应，对已观测到的经验现象进行了深入的剖析，但并未将其作为一种"科学的自我反思"，而是一种将主体从隐性局限中解脱出来的"批判性反思"。因此，我们需要把那些已经被预先就有的客体对象所了解的、在方法论上有决定意义的东西联系起来。社会科学的研究对象无法从其生存环境中分离出来，也无法彻底消除研究者的先在的价值视域。哈贝马斯认为，语言在人们的生活中绝不会被隔离开来，其含义必定来自于特定的具体语境。言说者设置了观众能理解的具体语境，解释者还需要在这种启发式的关系中扮演一个交互和提示性的角色。因而，以认知为基础的阐释要素和以建构方式形成的创新要素是必须紧密联系在一起的。由于没有深入具体语境的生成和发展过程中，解释者就无法理解对特定情境下语言表述必要的前理解认识。

哈贝马斯在早期对于语言学的研究过程中，批判了逻辑实在论和解释学中的历史主义，指出无论是纯粹的逻辑本体还是情境中超然的纯粹主体，都是有问题的。语言是一种人类的共同知识范畴，逻辑具有一定程序性，但是也不能否定经验性、情境性和历史性的意义。对于语言和意义的研究，不能脱离具体的交往者、交往的经验性、情境性和历史性视角。

三、对传统意义理论的批判

哈贝马斯对语言哲学中的传统意义理论进行了研究和批评，他对格里斯和本内特到希福的意向主义语义学进行了研究，并对弗雷格和早期维特根斯坦，以及涉及达米特的形式语义学进行了研究和批判。

哈贝马斯在对传统意义理论的研究过程中，首先对以格里斯为代表的意向主义语义学进行了批判性研究。[①] 格里斯是意向主义理论的典型代表，格里斯的意向主义理论，与传统的意义理论中的指称理论是有区别的。在意义的指称理论的视域中，话语的语义是独立于上下文之外说话人语境的言说者所运用的词语或语句的含义，句子的含义是需要通过简单的翻译才可以得到的。而格里斯的意向主义理论则不同，他指出，说话者的目

---

① 哈贝马斯：《交往行为理论》第一卷，曹卫东译，上海：上海人民出版社，2018年，第348页。

的与说话人的含义是一致的，交往的成败不仅依赖于对语言符号的接收，还依赖于对交际意图的识别。在他的意向主义理论视野中，听者不仅要接收到言说者的意图想法，还要理解言说者的意思，以此来判断言说者的目的，并做出适当的回应。根据意向主义语义学理论的观点，语言的基本含义是说话人在特定情境中下所说的话，这才具有基础性含义。这一观点对于传统的意义指称论具有进步性，但也具有其局限性。

意向主义语义学强调讲话者的信念和意向，认为讲话者所意指的内容是最根本的，因此，通过语言作为中介与主体互动之间的交流过程就成了次要的。哈贝马斯指出，意向主义语义学本质上是一种语言工具论立场，把语言仅仅视为一种传达言语者意向的工具，讲话者制造出来的所有的符号和象征，都不过是一种工具和手段，用来表达自己的观点和目的，而不具有语言自身的独立性和内在结构。这种语言工具论属于意识哲学范式，符合近代意识哲学中关于主体性观念的理论前提，即所面临的是一种以事为本的，由事情构成的世界。同时人在这样的世界中，还具有主观能动性的和创造性的、有意义的行为。在意向主义语义学的理论中，言语主体仍然认为自己是一个有目标的行动者，而话语主体言语者与所处的"客观世界"是一种单向的、孤立的认知关系。因此，言语主体对客观世界的理解是一种单向的、独白式的认识，因而也将其他言说主体作为客观对象来对待。这是一种意识哲学的主客体认知范式，即把自己和世界作为一个纯粹的客观存在。这是一种人与物的关系，而不是一种人与人的关系。意向主义语义学受困于意识哲学主客二分的藩篱之内。

意向主义语义学的核心在于，通过意图就可以完全掌握意义，实际内容绝不会受到所说内容的左右，这实际上是一种绝对主体性立场。意向主义语义学理论的研究仅仅集中于讲话者使用符号时的内心所想，也就是说话人本身的意图和经验。这一思想源于胡塞尔，它的理论基础则是近代意识哲学。对于这一点，哈贝马斯认为，基于同样的意识哲学思想的哲学前提假定，胡塞尔可以在同一背景下给予意义某种含义。也就是，按照他的思想路径，通过意向性行为，主体将自身的意愿与表现赋予了符号，因此符号具有了某种内涵和意义。意义和符号的联系取决于讲话者的主体意图，讲话者可以自行选择使用哪个符号，以及要传达的意义。由此可以看出，在各种不同的语言符号中，面对符号的不同与差异，讲话者可以自己创造一些独特的词汇、暗号等特殊语言。这种意向性的倾向体现了绝对主体性，这种绝对主体性表现在言说者给一个物体指定一个名字，而且你可以根据你的意愿给符号设定某些独特含义。但是实际上，自己心中所想，通过语言表达出来，但对方（听者）并不能看到心中的想法。语言的使用，仅仅是一个特别表征，展示了目的行动者具有某种行为自主性，而在语言中介面前，这个自主性就体现在，言说者有能力给事物一个名字，也可以随意给它一个含义。哈贝马斯对这个工具论观点进行了批评，他指出，意向主义语义学理论仅仅是掌握了关于语言意义上的意谓事态功能的作用，没有看到语言在其内在结构上具有自主性并且偏离了言语者在交往过程中的行为。

在完成对意向主义语义学的研究后，哈贝马斯对形式语义学也进行了批判性研究。[①]形式语义学从一定程度上批评了意向主义语义学，同时也批评了意识哲学。这就意味着，由于意向理论忽略了语言媒介本身的存在及其内部构造，因此，形式语义学强调语言存在本身的句法结构与规律系统，其重点在于突出语言存在本身的语法形式及相关一般规律，将语言置于一种相对独立的位置，进而认为语言是不会受到说话人的意志或思想的支配。形式语义学认为意义理论的主要对象是语言表达，并且这种语言表达是可以脱离语境独立出来进行逻辑语义学分析。对此，哈贝马斯批判道，意义理论已经脱离了行为理论的语境范畴，仍然保持着一种严谨的语言学分析特质。形式语义学只注重研究语句本身，把语言作为一个相对独立的存在来看待，而忽视了说话人的主观意识，忽视了说话人的主观意图和主观感受对言说者理解语句的作用。哈贝马斯批判形式语义学只重视语言本身的规则系统，而忽视言语实践和理解语言的心理意向，以及在交往过程中交互主体间的语用学关系。换句话说，形式语义学的研究对象以言语表述为主，没有从交往双方之间的语用联系入手。根据形式语义学理论，对一种表述进行恰当使用与精确理解，其核心并不是取决于其意愿、想法，也不在于被人们普遍认同的惯例，而是取决于其本身的形式特点与内在规律。

此外，形式语义学对语言的分析集中在表现功能上，即集中在命题和事态之间的关系上。对此，哈贝马斯认为，形式语义学是在语义意义理论层面上，革新了一直占据主导地位的指称话语学，是一种全新的研究范式。指称语义学认为，语言和客观现实世界是直接联系的，是一种"个体"和"一般"、"特殊"与"普遍"的统一。换言之，语言的名称和现实的对象关系是完全一致和相互对应的。形式语义学的意义就是要填补指称语义的缺陷，即要使用断言命题为真的事实，借此来说明根据不用语言和客观对象之间的关系，来说明语言和世界的联系，因为只有这样，才能证明某一命题是真实的。形式语义学理论的一个根本观点是，事态的复现通过断言命题的意义呈现，也就说，如果你能把握一个命题的真实性条件，你就能把握住它的含义。形式语义学认识到了意义和有效性之间的内在联系，即语言的内在含义指向了语句与真实性条件的关系之中，着眼于以语句的成真条件来阐释意义。哈贝马斯肯定了形式语义学对意义与有效性要求的内在联系的深刻理解，但批评它仅仅把效力的需求有效性要求限定在语言与世界的一致性之

---

① 哈贝马斯:《交往行为理论》第一卷，曹卫东译，上海：上海人民出版社，2018 年，第 350 页。

上，却忽略了有效性要求的多元论域。哈贝马斯认为，从弗雷格到维特根斯坦的形式语义学开始，这一理论将从意识哲学转向语言分析哲学，但是，这仅仅是一个开始。

四、对意义语用论合理性思想的批判和继承

哈贝马斯批判维特根斯坦晚期意义应用论强调关于言语表达活动作为人类共同行为的这样一种语言游戏，他认为，决定一种语言表述的言语活动及其言语的有效性要求，需要根据其所属的言语活动的游戏规则，并且排除了全部的有效性主张。哈贝马斯指出："这样，语言表达与世界的关系就又消失了，这次是被言语者与听众之间的关系遮盖了。"[①] 因此，这种意义合理性思想是不完善的。此后，哈贝马斯展开对言语行为理论的研究，借鉴了以奥斯汀、塞尔为代表的言语行为理论的形式语用学范式，并展开了批判性建构。

奥斯汀提出的言语行为理论，是对维特根斯坦晚期思路的延续和发展，即"将话语看作一种行为方式的言语行为论"。奥斯汀将这样一种以"以言行事"和命题内容共同组成的行为称为言语行为。奥斯汀认为，言说者除了表征事态、表现意图之外，更多的是在进行相应的施行性行为，也就是说，说话人在说话的时候，也是做某事。因此，言语行为是意义与沟通的最基本单元。在言语行为理论视域中，语言具有了一种新的功能，即行为功能。哈贝马斯从奥斯汀的言语行为理论出发，把言语行为看作交流的最小单位。哈贝马斯对行为和言语行为之间进行区别，进一步对言语行为的内涵进行了阐述。言语行为理论认识到说某事的域面(形式语义学所关注的)和做某事的域面(语言使用论所关注的)。哈贝马斯指出："维特根斯坦和奥斯丁首先发现了语言所具有的这种集行事和命题于一身的双重结构。这一发现是把语用学部分引入形式分析的第一步。随着向形式语用学的过渡，语言分析才重新获得了主体哲学最初被迫放弃了的维度和问题。"[②] 同时，哈贝马斯指出了奥斯汀言语行为理论中的二元论观点，认为"以言行事"和对事实的确认是两个截然相反的概念。一方面，"以言表意"行为用于表现事态。另一方面，"以言行事行为并不具有什么命题内容，甚至没有任何意义"[③]。哈贝马斯提出，作为最基本的交流使用的言语行为具有"加强语意"与"命题"的双重分析结构，说话者需要在一定的语境下，才能将这两个层次的结构分开，并在一定的语境下进行解读。为此，哈贝马斯指出，对语用学的建构的关键就在于实现言语行为双重结构的重构。

---

① 哈贝马斯:《后形而上学思想 》，曹卫东，付德根译，南京：译林出版社，2012 年，第 112 页。
② 哈贝马斯:《后形而上学思想 》，曹卫东，付德根译，南京：译林出版社，2012 年，第 45 页。
③ 哈贝马斯:《后形而上学思想 》，曹卫东，付德根译，南京：译林出版社，2012 年，第 103 页。

奥斯汀为维特根斯坦的"不可言说"的语言游戏理论提供了一种新的评判尺度，除了把"真实性"作为一种判断叙述语言活动有效性的尺度，更把是否合理、恰当、准确等要求引入评价维度，从而使维特根斯坦在伦理和价值等方面的前期思考进一步发展。奥斯汀将真实性仅仅作为衡量记述式言语行为的有效性要求的评价维度是不够全面的。哈贝马斯批判道，奥斯汀并未将"真实性"这一维度与明确的、具体的有效性要求相结合。真实性作为记述式言语行为的有效性要求之一，应该包括关于命题的真实性、良善与和谐，以及关于规范的正确性等方面。哈贝马斯认为奥斯汀"以言行事"，将"言语行为"和"生活方式"相关联，将"真值语义学"和"语言游戏语用学"有机地融合在一起，由此产生了二元对立的冲突观点，因而必须从"以言行事"角度对有效性要求进行修正。哈贝马斯强调，这种关于言语行为的双重结构，未能从"以言行事"角度把言语行为和有效性要求的每一个领域联系在一起，而是将许多施行方式中都包含着某种单一命题的真实性、有效性要求联系在一起，进而牺牲了与外界世界的其他关联性，以及损害了相关语言的功能，过分地重视人与世界的工具性认知关系，因而需要借鉴毕勒的语言图示功能，从三个角度对语言的有效性进行检验，从而形成一套完整的言语理论体系，保证言语交流的有效性。

五、语用学重构下的哈贝马斯理解思想

在哈贝马斯看来，"理性""自由"和"民主"不只是一种纯理论性的概念。哈贝马斯在哲学理性遭遇批判的情境下，提出了必须坚持以哲学的方式来把握整个世界的问题，复归人的反思性和哲学的批判性。从哲学维度来看，哈贝马斯对哲学理性进行了一系列反思，如反思哲学理性传统、批判近代认识论哲学反思性的丧失、批判法兰克福学派的工具合理性的悖论。哈贝马斯指出，在现代社会的转变中，哲学的革新不再是以"认识论""历史"或"存在论"等问题为中心，而是要把"合理性"和"社会性"有机地结合在一起。哈贝马斯认识到必须以社会理论的范式实现理性的反思性和批判性。哈贝马斯继承了米德通过社会互动的方式展开对自我问题的研究路径，突破了意识哲学的困境，推动了哲学范式的更新。米德的沟通理性范式启发了哈贝马斯从社会互动范式的角度，重构哲学的反思性和批判性，哈贝马斯由此对米德所提出的沟通理性范式展开研究。

交往行为理论是哈贝马斯对于米德所提出的沟通理性范式的内在理性结构的理论回答。在交往行为理论中，交往行为通过语言而达成相互理解，实现交往合理化。在哈贝马斯看来，理解性的行为才是所有其他行为的衍生性基础。哈贝马斯针对理解的内涵时曾指出："理解……它最狭窄的意义是表示两个主体以同样的方式理解一个语言学表达；

而最宽泛的意义则是表示在与彼此认可的规范性背景相关的话语的正确性上，两个主体之间存在着某种协调；此外还表示两个交往过程的参与者能对世界上的某种东西达成理解，并且彼此能使自己的意向为对方所理解。"① 然而，传统对于理解的认识，并不完全等同于哈贝马斯的理解认识。哈贝马斯认为，理解是交往主体间的核心要素，理解是一种规范性活动，是对于直觉性认识和符号衍生性结构的回答。哈贝马斯在交往行为理论中通过普遍语用学的建构，提出了他的理解思想。哈贝马斯指出，"普遍语用学的任务是确定并重建关于可能理解（Verständnigung) 的普遍条件"②。这种理解的普遍条件被他称为交往的前提一般假设。在哈贝马斯看来，其他一切社会行为都是理解的行为的衍生产物，因此必须对理解条件进行研究。这种普遍学的重构过程，就是对于理解探究的重构性任务。

在哈贝马斯看来，理解作为一种规范性活动和重建性任务，包括对客观事物的事实性理解、对价值规范的正当性理解、对交往主体的意向性理解。哈贝马斯狭义的理解思想是指对于交往行为的内在合理性结构的研究，即包含交往合理性得以实现的一般交往前提条件和规范程序。广义的理解思想是指哈贝马斯通过交互主体间的理解范式，实现理性的统一和共识的达成，从主客体二元对立走向交互主体间和整体生活视域，以一种以语言为模型的语用语境整体论范式，来实现个人行为合理性与社会合理性的过程。哈贝马斯通过探索理解问题，得出他的哲学范式和实现生活世界的合理化生存论建构，用交互主体间的规范语用理解范式代替意识哲学范式。

哈贝马斯的理解思想是在诠释学和分析哲学融合的基础上，通过语用学的重构提出了他的理解思想。诠释学对于"语言"本体论存在的观点和分析哲学的语言形式、语言规律和生活形式的观点，促使哈贝马斯将"语言"确立为存在之基，并在此基础上通过对话、言语活动，以语言建构生活世界主体间性。哈贝马斯以语用学重构为核心的理解思想是以诠释学和分析哲学的融合为基础，以语言的社会、历史作用为视角，强调了语言的形式化与操作性，重新确立有效性条件的基础规范，以相互理解为目标，开启了传统以主体为中心的"意识哲学"，逐步向以主体间性为核心的理解范式的变革。

哈贝马斯的理解思想，实质指向的是一种语用语境整体论的程序合理性。这种语用语境整体论的程序合理性是指，言语行为在进行交往过程中通过交往共识的前提性，如交往性资质、有效性要求、语用语境条件和规范过程等，从而达成理解的过程。因而，基于哈贝马斯理解思想的研究，论证其是关于一般性交往前提条件、有效性要求及其兑

---

① 哈贝马斯：《交往与社会进化》，张博树译，重庆：重庆出版社，1989 年，第 3 页。
② 哈贝马斯：《交往与社会进化》，张博树译，重庆：重庆出版社，1989 年，第 2 页。

现之间的一种结构性交往关系和程序性的总体。它强调了在交往语用过程中建立的语用结构，即个体、社会、文化、语言等一致性结构之间的语用语境整体过程论，如个体交往性资质、语言运用、语境情境、有效性要求、交往过程、生活世界前理论知识和历史性特征等结合了的程序性过程。

第二章

理解思想的理论范式演进过程

　　哈贝马斯理解思想，从理论范式演进的维度来看，哈贝马斯在借鉴社会哲学、语言哲学的理论资源的基础上，其理论范式为理性主体间社会互动范式、形式语用范式和语用语境整体论的理解范式三个发展阶段。

第一节　行动合理性：社会行为主义互动范式

哈贝马斯在探究理解的达成过程中，首先吸收借鉴了米德的社会符号互动理论，在吸收米德的社会行为主义和沟通理性范式的基础上，重视语言沟通的重要媒介作用，并且实现了从自我意识到社会互动交往范式的转变，进而尝试构建理性的主体间性行动交往范式。

一、对米德社会行为主义沟通理性范式的借鉴

哈贝马斯批判吸收了米德社会心理学的社会行为主义和沟通理性范式，借鉴了米德以社会的交互行动考察自我问题的研究路径，通过以语言为媒介的沟通行动，进而引入"交往"概念，使传统意识哲学的"自我意识主体"走向了"交互主体"，因而走出了传统意识哲学的困境。哈贝马斯认为，要彻底革新意识哲学研究关于理性内涵的局限，需要进行哲学范式的变革。在哈贝马斯看来，米德的社会心理学研究，有助于哲学实现从传统理性问题研究到现代生活世界的主体间性哲学的转变。在米德的自我研究中，米德把实用主义思想与华生的行为主义心理学结合了起来，并且把自我作为研究的基础，运用社会行为主义范式对自我问题进行考察。米德剖析了自我与社会的关系，进而拓展了自我的社会性和互构性问题。除此之外，米德还延续了洪堡和克尔凯郭尔的哲学思想，他认为自我的个体化是一个以语言为媒介的社会化互构过程，这是一种生活历史的生成过程。对此，哈贝马斯强调，"用概念把握社会个体化的完整意义的唯一希望的尝试肇始于米德的社会心理学"[1]。哈贝马斯曾经进一步指出，"米德最先深入考察了这种作为社会产物的自我的主体间性模式"[2]，也就是说，在哈贝马斯看来，米德是在自我研究中，实现了从主客体二元对立中的目的活动到社会维度的交往行动的转变。因而，借助于米德的自我研究，传统意识哲学中的自我意识的内涵发生了转变。一方面，自我可以被理解为在社会中自我与他人的关系，另一方面，自我还可以被理解为社会群体与个人的关系。同时，借助于米德的研究，自我是在社会化的过程中通过语言符号建构形成的，是在个

---

① 哈贝马斯：《后形而上学思想 》，曹卫东，付德根译，南京：译林出版社，2012 年，第 172 页。
② 哈贝马斯：《后形而上学思想 》，曹卫东，付德根译，南京：译林出版社，2012 年，第 191 页。

体与他人的言语交往的过程中逐步被确立起来的。除了自我的社会性建构外，米德还提出了在自我建构形成过程中，语言在交往互动中扮演的重要作用。

米德在对"自我"的研究 ① 过程中，指认了语言媒介对于个体意识形成的关键作用，并提出了个体是通过语言在交往互动中的建构而成。米德进而提出人类的交流从姿态会话到语言沟通的发展历程，以及提出从自我意识到角色认同的发展过程构想。米德提出以语言为媒介的沟通范式，是从客观性的意义理论步入社会性的交互主体理论的发展历程。米德借此论证了人类是通过语言沟通从而达成意义理解，进而实现个人社会化以及社会的整合。米德的沟通理性范式认为语言媒介在自我的交互主体性构成中起着关键作用，并进一步推动社会合理化过程的持续进行。因此，按照米德的沟通理性范式，即通过类似语言、角色游戏和相关的竞赛等环节，进而推演出人类是从姿态会话、相关符号互动和角色扮演等方式，逐步发展到制度性的规范建构过程。这样一种"沟通理性范式"为哈贝马斯在理解思想的探寻过程中，带来了交往范式的转变力量。但是，米德的沟通理性范式主要集中于"自我"和社会的关系内容，实际研究中存在着"内在主体性缺失"和"种系发生学缺失" ② 的不足。因此，面对米德研究中存在的问题，追求共识同意与相互承认之沟通行动理论的重构成了哈贝马斯的目标。换言之，从个体与社会的互构，进一步到姿态、角色、社会制度规范等，这样一种共识和互动规范是如何达成，并且从身体姿态发展到命题符号，以及如何实现社会范畴的角色认同和社会制度规范等，这些都是哈贝马斯需要思考的问题。

二、理性"主体间性"行动交往范式的重构

哈贝马斯认为，米德的社会心理学研究存在着论证逻辑的跳跃和不连贯问题。米德从以声音姿势为主导的姿态会话向以表意符号为主导的交流方式转变，忽视了由动物性的象征意义符号向人的命题式语言转变的过程。另外，米德还从言语交流中语义的意义理解的连贯性所形成的言语行为规范化，转向以角色游戏和比赛中的角色扮演来构建共同体组织的制度化规范，却忽视了对语言使用中内在规律的依循，以及对社会活动规范的服从过程。可见，米德沟通理性范式的逻辑推论，不管是从符号化的语言到命题性语言，还是从语言规则的使用到社会规范的服从，都缺乏了必要的逻辑论证 ③。其根本原因

---

① 周晓虹：《学术传统的延续与断裂——以社会学中的符号互动论为例》，《社会科学》，2004 年第 12 期。
② 林远泽：《姿态、符号与角色互动——论米德社会心理学的沟通行动理论重构》，《哲学分析》，2017 年第 1 期。
③ 林远泽：《姿态、符号与角色互动——论米德社会心理学的沟通行动理论重构》，《哲学分析》，2017 年第 1 期。

在于米德将语言沟通的过程理解为内化的自我对话。然而，一个包含了"自我反身性"结构与具有主体性的自我意识有着截然不同的意义。米德在这里提出了"采取他人的角色"，以此来解释自我的社会性生成条件，这使得其全部的学说都处于一种循环证明的怪圈之中。哈贝马斯认为，米德的社会心理学主要是从个人的发生学角度进行分析，然而缺少了对人类社会行为的共识性内在主体的刻画，也缺少了从种系发生学角度出发，对于个体发生学所预设的发展阶段的论证说明。米德无法解释人类语言符号和规则构造的产生和发展问题，以及从语言沟通规则到社会规范制度的发展。因而，这成了哈贝马斯重构沟通理性范式的主要目标。

哈贝马斯在米德的沟通理性范式的基础上，进一步讨论了语言符号的功能，并在这个基础上，提出了对于理性"主体间性"行动交往范式的构建。米德的"自我"理论虽然注意到了言语交往在"自我"和"社会"两方面起到的重要的调节作用，但并未对此进行进一步探讨，也就是人们是怎样通过言语来达到彼此的理解的。哈贝马斯在探讨"自我统一性"与"沟通理性"等问题时，详细探讨了"语言符号"在交往过程中的中心位置及其有效性要求[1]，并尝试对米德的上述观点加以修订与完善，推动"交往"研究走向深入。哈贝马斯引入"交往行动"概念，试图把目的理性和价值理性、生活理性结合起来，实现韦伯实践合理性的重构。除此之外，哈贝马斯通过杜尔克海姆的宗教理论补充了米德在社会化内部活动方面所预设的结构。按照杜尔克海姆的观点，宗教整合了社会存在的本体论、实在论、知识论和伦理原理，为建立可持续的整体文明模式奠定了坚实的理论基础。哈贝马斯认为，从宗教世界观的内在规范性以及这样一种象征性和语言化趋势，进行内在规范性的研究，即可以通过宗教世界观和交往行动的联合，从教规行动转移到了交往的行动，从神圣事物的领域，转移到交往的日常实践，从而实现以交往的流动性实现内部集体意识的重建，即实现理解的合理化。

哈贝马斯认为，交往行为是指两个或更多具备言语和行动能力的人通过语言进行的交往互动，其目标是借助行动情境进行交流，以实现彼此的相互理解与认同。交往行为，本质是一种以语言媒介为前提的言语行动[2]。在沟通过程中，语言起着关键的媒介作用，它通过言语行动者的交往活动来调节主体间双方之间的关系。通过在交往活动中的参与人和观察者的角度和位置上的转变，交流行为者就成为了相互存在的主体而不是二元对立的主客体，同时第三人称消解了使用对象概念之中的对主体的逻辑预设。交往行动从语言沟通中的主体间理解关系取代了自我意识的实体原则，以言语的交往范式代替

[1] Jürgen Habermas: On the Pragmatics of Communication, Maeve Cook, ed., Cambridge: The MIT Press, 1998, p.334.
[2] 李佃来：《哈贝马斯与交往理性》，《湖北行政学院学报》，2002 年第 5 期。

了传统的意识哲学思维范式。哈贝马斯认为"社会"是一种由话语象征符号所构成的交流行为所联系起来的一种网状体系。不同的行为概念与各自所设定的世界相关，具有各自不同的合理性层面。目的行为、规范调节行为和戏剧行为都分别只涉及对应的客观世界、社会世界和主观世界某个单方面的维度。交往行为通过生活世界，来调节个体所面对的客观世界、社会世界和主体世界这三个虽不同但具有共性的世界。在交往行为模型中，交流者将三种不同的世界观念进行了有机结合，并将其作为一个能够进行交流的阐释架构。在交流期间，交流活动使个体与外界联系起来，相互间产生有效性要求，沟通作为一种协调行动的机制①。交往行为的合理性内涵通过与三种有效性要求的对话来实现。交往行为涉及生活世界结构的合理化，并且对文化知识的传统和更新产生作用，促进社会的进一步统一和联合的形成、个人同一性的形成。交往行动，实现个人、社会、生活世界合理化的结构统一。

从哲学角度看，这种理性的主体间性沟通范式是以语言为中介而相互作用，进而在言语互动中达成共识的过程。换言之，这种主体间性的交往范式把社会看作是一种由语言的方式进行交往行动联结的复杂的体系。因为，语言并不只是一个向我们显示客观世界和纯粹意识的中介，而是我们都参与其中的各种活动和生活形式的组成部分。借助于此，我们才能够实现主体间的合理性。据此，哈贝马斯相信交往行为可以促使人们在沟通过程中达成理解，进而实现历史的、具体的个人的共识和交往合理性的实现。

第二节　语言合理性：形式语用学的分析范式

哈贝马斯在借鉴了社会哲学的社会行为主义互动范式之后，吸收了语言哲学的形式语用学分析范式。哈贝马斯从哲学理性反思探索进一步深入对于理解问题的探究。在这一探究过程中，哈贝马斯在奥斯汀言语行为理论范式的影响下，进一步实现了从社会行为到言语行为的研究对象的转变，并且在奥斯汀以言行事的范式下进行深入贯彻。同时在重构言语双重结构的基础上，提出了理解的有效性要求，进而实现了对于形式语用学

---

① Jürgen Habermas : On the Pragmatics of Communication, Maeve Cook, ed., Cambridge: The MIT Press, 1998, p.334.

分析范式的构建。

一、对言语行为理论形式语用学范式的借鉴

哈贝马斯在进行哲学理性反思探索时，从社会哲学的行为概念推演到语言哲学的意义理解问题，进而探究"理解"如何实现[①]。因而，哈贝马斯强调"理解"与合理性之间的关系，探讨"理解的合理性"问题，即交往行为的内在合理性结构，从而在对于理解问题的研究中转向了语言分析的意义理解问题。20世纪初，随着哲学的语言学转向，语言代替了认识论，以语言为核心的哲学研究领域也从主体与客体、意识与存在之间的关系转变到了语言和世界之间的关系。"语言学转向"是指以"逻辑经验主义"为中心的一场大规模的"语言学运动"，旨在通过对语言形式、语言结构等进行逻辑上的剖析，来推崇科学主义的偏激理念以及形式理性至高无上的权威。自那以后，汉森、图尔敏、波普尔、费耶阿本德、库恩、拉卡托斯等人对逻辑经验主义进行了批判，使其走向没落。

哈贝马斯在对理解问题的探索中，考察研究了语言分析哲学中的传统意义理论[②]。哈贝马斯从格里斯、本内特到希福的意向性语义学，从弗雷格到早期维特根斯坦，再到达米特的形式语义学，再到后期由维特根斯坦建立的意义应用理论，并通过对后期维特根斯坦提出的"意义应用理论"的研究，突出强调语言和生活方式的相互关联，突出了语言游戏规则和生活方式对于语言的制约作用和内在联系，发现了语言使用具有的多种含义。维特根斯坦提到，"想象一种语言就意味着想象一种生活方式。"[③]哈贝马斯指出，维特根斯坦认为，语言表达的相关语言游戏在某种程度上，可以被认为是人类的一种共同行为，看到事物以及与它们的表达式的关系，但是其所依照的有效性所属于的语言游戏的标准，都是不可证明和无用的。对此，哈贝马斯指出，"这样，语言表达与世界的关系就又消失了，这次是被言语者与听众之间的关系遮盖了"。[④]因此，这种意义理论也是存在瑕疵的。此后，哈贝马斯展开对言语行为理论的研究，借鉴了以奥斯汀、塞尔为代表的言语行为理论的形式语用学范式。

奥斯汀提出的言语行为理论，是对维特根斯坦晚期思想的延续和发展，即把语言交流看作是一种生活方式和生活形式。按照奥斯汀的言语行为理论，他认为言语本质上是

---

① 傅永军：《交往行为的意义及其解释》，《武汉大学学报》，2011年第2期。
② 殷杰，郭贵春：《理性重建的新模式——哈贝马斯规范语用学的实质（上）》，《科学技术与辩证法》，2001年第3期。
③ 维特根斯坦：《哲学研究》，李步楼译，北京：商务印书馆，2019年，第18页。
④ 哈贝马斯：《后形而上学思想》，曹卫东，付德根译，南京：译林出版社，2012年，第112页。

一种行为，即他所提出的言语行为。奥斯汀主张，语言研究的对象不应该只是文字或语句，而应该是由词句表达所实现的一种活动。奥斯汀把言语活动看作是以言表意的单元，那么，完成行为方式的言语是主要的言语行为表现。奥斯汀将这样一种以以言行事和命题内容共同组成的行为称为言语行为。奥斯汀提出，言说者除了表征事态、表现意图以外，更多的是在进行相应施行动作，也就是说，说话人在说某事的时候，也在做事情，因此，言语行为是意义与沟通的最基本单元。在言语行为理论视域中，语言具有了一种新的功能，即行为功能。

哈贝马斯借鉴了奥斯汀的言语行为理论，认同他所提出的言语行为观点，并将此认作是交流沟通过程中的最小单元。在奥斯汀的言语行为理论的影响下，哈贝马斯也进一步实现了从米德的交往行动向言语行为的研究对象的转变。此后，哈贝马斯对行为和言语行为之间也做出了区别，进一步对言语行为的内涵进行了阐述。言语行为理论能够认识到形式语义学所关注的言说事物的域面和做某事的域面的不同。哈贝马斯指出："维特根斯坦和奥斯汀首先发现了语言所具有的这种集行事和命题于一身的双重结构。"[1] 哈贝马斯受言语行为理论的影响，十分重视言语的"双重结构论"。哈贝马斯认为，相较于陈述性内容的言语行为，以言行事成分更值得被重视。

除此之外，奥斯汀在意义的真值性基础上，找到了语用力量这一关键要素，从而将意义理解和语用力量整合统一，这加速了哈贝马斯对有效性要求的重建[2]。奥斯汀的言语行为理论认为，每个句子都具有特定的语义和用法，要阐明话语行为的意义，就需要明确其"适切条件"，也就是说，言语行为的内涵既与所涉及的言语活动自身有关，又与其所处的情境紧密相连。奥斯汀指出，虽然施为句没有对与错的问题，但是我们还是可以从一些角度来判定它是否可以被接纳。以言表意的行为使用陈述句，对一种事态进行描写（断定），从而能够区别其真伪。以言行事的行为一般使用执行性句子，实际上它并不表示具体的情况，却承担着一定的交往功能（例如打招呼、感谢、命令等），其作用是一定的，并且在完成其任务时可能会有失败。因此，第一个句子是叙事的，具有真实性和虚假性；后一种是执行式，没有对错之分，只有恰当和不恰当之分。

奥斯汀注重真值语义学中关于"语言与客观世界""命题与事态"之间的内在联系，将真值语义学与语言游戏，及语用学的深刻观点有机地融合在一起。奥斯汀为维特根斯坦的"不可言说"理论提供了一种新的可以言说的路径，即是否合理、恰当、准确和正当，从而使其在伦理和价值等方面的前期思考成为可能。奥斯汀认为，"真实性"只是作

---

① 哈贝马斯：《后形而上学思想》，曹卫东，付德根译，南京：译林出版社，2012年，第45页。
② 殷杰，郭贵春：《理性重建的新模式——哈贝马斯规范语用学的实质（下）》，《科学技术与辩证法》，2001年第4期。

为一种判断记叙式言语行为，是有所不妥的。奥斯汀对此进行了修改，认为"以言表意"和"以言行事"之间存在着一种关系，只要将这两者通过事实和结果两个层面就可以区分开来，而每一种言语行为都可以从其本身的合理性或者"合乎逻辑"上得到评判。但哈贝马斯也批判道，奥斯汀并没有对"真实性"作出全面而明确的有效性规定。

二、对形式语用分析理解范式的建构

哈贝马斯在借鉴了言语行为范式的基础上，实现了形式语用分析范式的重建，最突出的成就在于哈贝马斯实现了言语双重结构的重构。哈贝马斯认为，以言行事行为和以言表意行为是同一言语行为的不同侧面。哈贝马斯认为言语具有双重结构，这种双重特性具体是指言语行为内部关于以言表意的内容，以及以言行事的内容，这两个方面是同一种言语行为的不同方面。其中，以言表意是"陈述性的"，以言行事是"施行性的"。以言表意行为处于陈述性内容的层面，具有可传递性。它以认知为目的来对言说内容进行表达，为听者提供可以理解的言说内容。而以言行事行为则处于主体间性的层面，以交流为取向，处理人际关系层面的问题。由于主体间性理论的基本观点要求言说者和听者就某事达成共识，因此这一层面指言说者和听者之间要建立一种互相了解的关系。在言语行为的双重结构的发展和不断完善过程之中，参与对话的人同时在这两种层面上进行交往，这就"结合了内容的交往和角色的交往"。人们在这两个层次上都进行着交流，即包含着内容交往与角色交往。而奥斯汀将"以言表意行为"和"以言行事行为"视作完全对立的两个要素，哈贝马斯对此进行了批判。哈贝马斯认为，当一个句子成功地表达出某种意义时，它就会展现出一种语用力量。由于以言表意行为并不能够完全中立于以言行事力量，这种语用力量只能由以言行事行为体现出来。哈贝马斯认为对于意义与力量而言，在对以言行事行为的意义进行建构时，完全按照语言学构造陈述性语句意义所使用的形式化策略行事，这是不恰当的。哈贝马斯指出："我认为普遍语用学的任务乃在于言语双重结构的合理重建。以奥斯汀的言语行为理论为出发点，我想在意义与有效性等问题的关联中使这个任务更加精确化。"[1]

对此，哈贝马斯还实现了施行性言语行为的普遍性涵盖与新分类的确立。哈贝马斯同意奥斯汀把提出的言语行为理论，即把言语行为作为交往活动中最小单位来看待。然而，哈贝马斯却批评了奥斯汀关于"以言行事"与"以言取效"之间的区别。奥斯汀在对交往过程中的语言活动进行了研究，并没有发现它们之间存在着明显的不同。而哈贝

---

[1] 哈贝马斯:《交往与社会进化》，张博树译，重庆: 重庆出版社，1989 年，第44 页。

马斯却把两者区分开来。哈贝马斯指出，语言产生的影响就像目的行为的影响，它是在对这个世界进行干涉的时候被描述出来的，它是在这个世界之外，而以言行事的结果则是在人与人之间，也就是在交往对象的生活世界中。哈贝马斯把"以言取效"作为一种特定策略的交往类型。哈贝马斯把交往活动看作是一种以语言为媒介的互动过程，在这种沟通活动中，人们通过其言语活动来达到一个共同的、以言行事的目的。反之，若交往者试图通过言语行为影响他人，进而在他人身上得到以言取效的结果，这种交往互动便是以语言为媒介的策略行为。哈贝马斯把言语行为和策略行为进行了区别，并拓展了奥斯汀关于沟通导向与目标导取向之间的界限。哈贝马斯主张从沟通为导向的立场上，必须依赖于以言行事进行解释。哈贝马斯指出了奥斯汀言语行为理论中的二元论观点，他从奥斯汀的言语行为理论出发，提出了他关于以言行事和事实的确定的对立性，即通过以言行事来表达事情的情况，另一方面，他还认为"以言行事行为并不具有什么命题内容，甚至没有任何意义"①。

　　哈贝马斯在对研究对象的重新界定过程中，还研究了塞尔的言语行为理论。哈贝马斯指出，塞尔修正了奥斯汀一个理论上的错误。奥斯汀提出，一个人在讲话时，其实是在做三件事：讲话，施事，取得效果。说话行为是一种言语活动，它通过发声器官的运动来产生言语，并根据一定的规律使之成为符合要求的词语或语句，所讲的东西对说话人来说是有意思的，而且是听话人能明白的。施事行为是指说话者通过话语所要实现的某种目标，奥斯汀将这种行动称为"语力"，它是施事行为中最重要的一环，取得效果的行动是指说话之后的结果。"语力"这一概念旨在将施事性行为和说话行为加以区分。奥斯汀把言语行为分为"发声行为""发音行为""表意行为"三个不同的层次。说话首先要有发音（也就是发音的动作）；但是，它并不能产生任何的声音，它需要一种特定的语音（也就是发声的动作），还需要有意义（也就是意义上的动作）。如此，它的意义即为话语层面的语义。然而，他对这一点的划分还是比较模糊的，因为在某些情况下，意义就是语言的力量，但不会穷尽语言的力量。塞尔对这种划分表示怀疑。他主张，"表意行为"实质上是一种与施事行为相重合的现象。凡是能作为表意式动作的动词，均可作施事式动作之动词。塞尔由此将言语活动分解为"发话行为"与"命题行为"，而施事行为与取效行为保持不动。在此基础上，发话行为使奥斯汀的发声与发音行为保持了一致；命题成分由指称与陈述构成，两者并不完全相同，但它们的话语功能则是"陈述""提问""要求""祝愿"。

　　塞尔对奥斯汀的分类方法的缺陷进行了归纳：将施事式动词与施事行为搞混了。不

---

① 哈贝马斯：《后形而上学思想》，曹卫东，付德根译，南京：译林出版社，2012年，第103页。

是每一个动词都是施事动词，三部分的划分之间有重合之处，每个类别的内容都很复杂，很多动词并不符合分类的要求，分类也没有一个统一的准则。由此，我们可以看到，塞尔与奥斯汀对句子意义与话语力量的相互联系的理解存在着明显的差异。奥斯汀主张"语句意义"与"语言力量"之间有着本质上的差异，而塞尔却主张根本不存在没有语言力量的语句。塞尔指出，语言交流是人类行为的一门科学，它是人们进行交流的最基本的单元，它必须遵循语言的构成规则。塞尔把规则区分为两类，一类是制约规则，另一类是构成规则。塞尔提出的"生成规则"，即"生成"的话语动作，而非进行结构分析的"语法规则"，以及"转换生成规则"。塞尔还分别阐述了命题内容规则、预设规则、真诚负责、本质规则，以及施事行为的分类原则。塞尔批判了奥斯汀关于施事行为的划分，并创立了一套新的分类法。

奥斯汀将言语行为区分为判定式、执行式、承诺式、行为式、阐释式五大类。塞尔主张，有必要发展一个明确的和始终一致的分类准则。塞尔清楚地指出，施事性的类别应该是施事行为的范畴，而非施事动词的范畴。据此，塞尔分为施事行为的目的，适切力的方向和所表现的精神状况，将施事行为划分为五个主要类别。可见，塞尔的分类依据是以言行事的意图乃至目的：记述式言语行为、承诺式、指令式、宣告式、表现式。这一区分的背后反映的是塞尔与奥斯汀对于言语行为概念理解的不同。塞尔进一步完善了命题的内容和施事行为之间的互相关系，提出了一套更加明晰的关于言语行为类型和相关描述准则，由此提出了更加贴近现实交往过程的间接言语行为。

哈贝马斯批评塞尔不能从言语者的角度出发，忽视了在对话中言语者对于有效性要求的商讨及相互承认发挥的作用，忽视了作为协商一致共识的生成。正如哈贝马斯批判的，塞尔并未完全抛弃意向主义的诠释潜能，实现了一次意向主义转型。塞尔不放弃一种认识意图，它既能在先前的言语活动中维持自身的独立性，又能脱离交往情境的限制。这是一种心灵主义的意义概念，这种表达的意义源于对事态的表现。在哈贝马斯看来，言语者的实际行动是指一种意图、一种事态和一种人际关系。哈贝马斯指出，对于以有效性要求的确认而对以言行事类型的研究，必须从主体间性的语言范式出发才能达成。哈贝马斯对塞尔的分类进行了修订，按言语行为进行划分：命令式言语行为、记述式言语行为、调节式言语行为、表现式言语行为、交往式言语行为和操作式言语行为。哈贝马斯认为，单纯交流的语言可以被用作一个主要的类别，用以区分语言的交互作用。记述式、调节式，以及表现式言语行为构成了对应的言语行为种类。其中，记述式和调节式言语行为，则各自确立了规范行为和戏剧行为的标准。

哈贝马斯让纯粹的言语互动交往逐渐融入复杂的自然环境之中：除了基本样态，还存在多种以言行事的特定动力，从而形成特定的社会交往网络；在非规范情境下，既存在直接的言语行为，又存在着间接言语行为，既要依赖于规范形式的言语行为，又要依赖于特定情境下的言语行为。还有比较模式的，需要依靠对非规范语境调节认知的言语行为，这就要求将个体的话语行为由单个的话语行为拓展到一系列的话语行为或文本，还有丰富的生活世界可作为互动参与者的解释。哈贝马斯通过从纯粹的语言相互作用中，指出了各种形式的"社会行动"所表现出来的仅仅是种类的不同。记述式行为表现和包含了知识，是一种会话表现形式。规范行为表现为一种实际的道德实践认识。戏剧行为是表演者对自己的主体认识的一种表现形式。

此外，哈贝马斯从"以言行事"角度对有效性要求进行了修正。哈贝马斯指出，奥斯汀以"以言行事"，试图把言语活动和生活方式的实践活动维度建立起联系，将真值语义学理论和"语言游戏语用学"有机地融合在一起，形成了一种二元论视角。此后，奥斯汀又作了修正，认为"以言表意"和"以言行事"之间存在着一种关系，认为这两个方面可以通过分析进行区分，即真值和效果，而每一种言语行动都根据是否被认为是对的还是"合乎逻辑"来进行判定。哈贝马斯批判道，奥斯汀并没有在真实性这一层次上，呈现出一套清晰的明确的标准和具体要求。真实性代表的是记述式的言语行为符合客观存在普遍化条件，这一要求应该作为有效性要求为言语行为的确认提供一个相对完善的规范和内容，比如真实性具体要求，良善的主观意向和真诚性，以及规范的符合和正当性。

哈贝马斯批判奥斯汀的言语行为理论，指出它忽略一种语言的普遍性特征的构筑，认为话语的意义只取决于其所处的具体情境和语用经验。哈贝马斯对奥斯汀和舍勒等人的言语行为理论进行了批评，认为言语行为可以划分为"认识导向"的叙事式言语行为和"沟通导向"的施行式言语行为两大类。然而，该研究所涉及的言语双重结构并没有实现，未能将言语行为与有效性主张的多元域面联系起来，而是将许多具体的施行模式纳入一个单一的"真实性"的有效性要求之中，从而牺牲了与外界的其他联系和其他语言功能，只片面肯定了对世界的客观认知关系。为此，哈贝马斯提出了通过建立一种恰当的人际关系来检验"以言行事"的力量。在符合任何一种有效性要求的基础上，言说者都有提出理由的力量，也就是说，只有这些有效性要求才能让"以言行事"力量得以落实。哈贝马斯认为，语言在交往过程中，并不总是只涉及一方面的关系，而往往是两个或三个层面的相互联系，因此仅从语言和外部环境中某个侧面的联系来评价言语活动的正确性是不够的。

意向语义学只在语言与主观意向的关系方面考察语言，形式语义学仅从语言和客观世界之间的对应联系来研究，语言的用法理论仅从语言和社会规范或法则之间的联系来研究，因此都具有片面性。要使语言的有效性（真诚性，真实性和正当性）规范得到充分的统一，必须将三者有机地结合起来，从三个方面来研究语言的有效性（真诚性、真实性和正当性），才能确保有效的言语交往。按照哈贝马斯的观点，奥斯汀等人的一个缺点就是忽视了施行语力的理性依据，即说话人通过言语行为的方式促使听话人按照自己的承诺去行动。因此，有效性要求并不局限于命题的部分，而应包括真实性、适当性和真诚性的断言。因此，在任何一种有效性要求的条件下，言语行为都存在着命题、施行和表达三种不同的构成要素，并形成了认知、交互和表述三种沟通方式。这三种沟通方式即表示客观世界、社会世界和主观世界。这三种要素并存于各种语言活动之中，使得交流的语用功能得以充分发挥。

哈贝马斯认为，有效性要求应按照"以言行事"的角度进行多维度构建。由此，哈贝马斯正式将以相互理解为取向的行动和有效性要求结合起来。哈贝马斯提出了真实性、规范性与真诚性这三种言语有效性要求，将其作为落实"以言行事"力量的必要条件。由此，在重建言语的双重结构过程中所提出来的话语的有效性要求的兑现构成了哈贝马斯理解思想的主要内容之一。除此之外，哈贝马斯还提出以生活世界作为形式语用语境的分析要求。哈贝马斯借鉴奥斯汀的言语行为理论，在各种"以言行事"的相关言语行为的基础上，进一步推进对于言语行为与生活方式的实践活动的内在联系与关联。哈贝马斯主张语言及意义的研究应逐渐从对语言的语义－逻辑的结构进行剖析，逐渐过渡到与语言运用相关的各种要素，如人的行为、环境、说话人的意图。言语行为是由特定的情境中与交往双方有关的个人、社会和文化等要素构成的，因此，任何言语、思想和文本都是特定的语言结构机能的产物。因此，传统意义上的主体都被解构了，由特定的上下文或者是对话者共同构建的语言情境来代替。

哈贝马斯指出，言语行为通过沟通活动将行动主体连接在一起，形成了一张社交时空网，它突破了传统意义上将沟通的过程看作是发送方与接受方的交流的客观性概念。哈贝马斯从纯粹的类型出发，指出了由人的语言互动中的社会行为所表现出来的各种知识。言语者可以与多个世界建立联系，外部世界划分为客观世界、社会世界、主观世界，从而证明了这一语言运用的各种形态及其所发挥的作用。归根结底取决于特定的情境，而这种情境自身就是人们所处的生活世界。生活世界这三种元素之间则是互相联系，构成了一张复杂的意义网络。哈贝马斯认为，"生活世界"[①]是言语行为在这个领域中持续进行的一种状态，即"交往行动者总是在他们的生活世界的视野内运动；他们不能脱离这种视野。作为解释者，他们本身与他们的语言行动同属于生活世界"。[②]同时，他还认为，"生活世界"既是人们交流行为的基本前提，也是人们互相了解的"信念储蓄库，它反映

---

① 强乃社：《论当代社会哲学的语言学转向》，《华中科技大学学报（社会科学版）》，2009 年第 1 期。
② 哈贝马斯：《交往行为理论》第一卷，曹卫东译，上海：上海人民出版社，2018 年，第 174 页。

了人类社会的交流功能。从生活世界的视角审视理性，就是要求从其结构和功能两个方面考察。

这是因为，生活世界包容了文化、社会和个性三个方面的理性内涵，又与交往行为密切相关，由此得出的"理性"观念更为完备。它立足于人类的实践活动，从生活世界的角度来把握人的理性，从而打破单纯地从思维角度来把握理性的单一性。传统的形而上学将理性置于纯粹的思想范畴内，由此产生的"理性"观念承载着本体论和绝对论的两种含义。这意味着，传统的理性被认为是一种宇宙的普遍规律，或是一种主体的本性。它或者被看作是一种世界本源内在的法则，具有包容一切的统一承诺。或者说，是人类的一种先天的超验性力量，将自己融入自然界和历史之中，并为其提供理性的构造；或者说，作为一种与这个世界共同存在的本性，这种本性是由这个理性构造出来的。人的规定性，一切事物的存在，都是从这一原理出发的。

第三节　理解合理性：语用语境的情境理解范式

哈贝马斯重构交往性资质，提出理解的有效性要求及其语用语境性，并进一步提出达成理解的语用语境的整体性，进而实现了语用语境的情境理解范式的建构，这是一种规范语用的程序主义理解范式。

一、交往性资质

哈贝马斯在对理解的分析过程中，通过一种重建程序的规范分析，提出了交往性资质的重建。在哈贝马斯看来，与经验主义语言学相对应的重建语言学，旨在澄清一个科学的重构过程：将已经被有能力的主体实践习得并精通的前理论知识转变成一定的客观明确的知识。在哈贝马斯看来，这种重建语言学即可被称为经验－解释的语言科学。哈贝马斯在构建交往性资质的过程中，乔姆斯基起到了重要作用。乔姆斯基的语法理论拓展了哈贝马斯的交往性资质的构建设想。哈贝马斯提出，"重建计划呈示出规则系统，规则系统使潜在的言说者至少在一种语言中获得该种语言资质，使他能构造并理解合乎语言语法规范的语句，以及能将语言中完美构成的句子从不合语法的句子中区别出来。"[①] 乔

---

① 哈贝马斯：《交往与社会进化》，张博树译，重庆：重庆出版社，1989年，第15页。

姆斯基认为，言语的能力是与生俱来的，它是一种具备语言规则的生成能力。乔姆斯基语法理论呈现了成年演说者的语言资质，为哈贝马斯语用交流行为的普遍预设提供了思路，催生出哈贝马斯对于"交往性资质"的预设。

乔姆斯基认为，人类所掌握的语法知识可以分成两大块：一种是整个人类与生俱来的普遍语法，另一种是个体语法。因为普遍语法赋予人类一种通用的言语功能，所以个体语法的使命就是要为每一个言语主体构建一个通用的规则体系，使得交流双方都可以用同一种语言来表达和理解对方的句子。乔姆斯基主张，语言学主要研究语言能力，而非使用方法。乔姆斯基把语言能力看成是一种创造与再生语言的能力。这样的一种创造与生成性是人类与生俱来的。由于人们天生就具有一种普遍语法结构，它是从祖先那里遗传下来的。一个人天生就有的一种通用的语法结构，经过长时间的学习，就会发展出一种可以按照语法规律来构建语句的语言能力。可以说，人类重构言语的能力既有天生的，也有后天的。哈贝马斯基本接受了乔姆斯基语言能力的先验天赋论观点，指出他的语法理论"精确地呈现出内在的意向性性质"[1]。每个成年言说者都拥有某种内在的重建性知识，在语言学中，言说者构造语句的语言能力得到表征，即每个成年言说者都具有一种内在的重建的知识，这种知识反映了他的构筑语言语句等语言能力。

哈贝马斯吸收借鉴了乔姆斯基提出的关于"语言资质"的重要思想，以及"语言能力"和"行为能力"域面的区别，进而提出了"交往资质论"的普遍性预设。随着乔姆斯基创立的语言资质论，"有能力言说者之直觉性知识的性质与可靠性和语言学意义上的语法与心灵语法间的关系"[2]的问题产生了。哈贝马斯指出，乔姆斯基提出的语言能力概念是把"理想个体"作为研究目标，假设该个体拥有完善的内部语言知识，并不受诸如记忆力、注意力、兴趣以及动机等社会文化和心理方面的制约。哈贝马斯指出，在现实社会中，这样抽象的人是不存在的。哈贝马斯批判乔姆斯基的语法理论具有抽象性、独白性，脱离具体现实生活，它是不可能被重构的。

哈贝马斯通过乔姆斯基对"语言能力"与"行为能力"领域的区分，阐明了奥斯汀等人经验语用学在"语言能力"这一概念上存在的歧义，并在此基础上，为建构"交往能力"的一般假设提供了理论依据。哈贝马斯指出，语言研究的是句子的构成，而语用研究的却是语言的使用过程。拥有构造语言的能力，也就是具有语言资质并不等于拥有了恰当地使用语言进行交流的行为。因此，从语用研究的角度来看，应该探讨言语活动者在不同的情境下，怎样才能够以合理的态度进行沟通。这个问题应该归结到交往行为

---

[1] 哈贝马斯：《交往与社会进化》，张博树译，重庆：重庆出版社，1989年，第21页。

[2] 哈贝马斯：《交往与社会进化》，张博树译，重庆：重庆出版社，1989年，第15页。

的言说者是否具备"交往性资质",也就是"具备言语能力和行为能力"的问题。基于这个原因,哈贝马斯也就乔姆斯基关于"语言资质"的概念,提出了一个关于"交往性资质"的问题。哈贝马斯提出的"交往性资质",内含在语用交往环境中,言说者具备的语言资质和语言能力、对语言的运用能力和实施言语行为的能力。"交往性资质"的提出,显示了哈贝马斯对于达成理解的规范语用的普遍条件的建构。这种交往性资质作为实现交互主体间达成理解的一般前提预设,具有一定的先验性,但并不是形而上学的先验性,而是一种基于语用情境的交往先验性。

二、有效性要求的语用语境性

哈贝马斯在对于理解的研究过程中,对于交往性资质和有效性要求的语用维度进行相应的探索。在哈贝马斯看来,"交往性资质"是理解达成的整体情境中个体所具备的先验资质和交往能力。同时,理解的达成过程是与有效性要求相关的。这两个方面都是基于语用情境进行的普遍前提预设。哈贝马斯在理解的有效性要求的探索过程中,完成了从语用维度探索有效性的不同维度的要求后,对有效性要求的语用性进一步展开了研究。哈贝马斯指出,对于理解的达成,有效性要求是趋向语境的一种语用性条件。哈贝马斯借鉴了达米特对"认识断言条件来"的解释,即根据认识断定条件而不是断定本身来解释意义。哈贝马斯进而提出了"可接受条件",实现了有效性要求语境化"条件转向论"。

在哈贝马斯看来,对于意义理解的达成,这种倾向就是语用条件的设置。具体来说,理解的达成过程是与有效性的层面内在地相关的[1]。因此,实现认知的进程与达成有效性要求有着重要联系。因此,由对真值条件的逻辑性剖析转向对真值条件逻辑性的言语行动的有效性剖析,这才是哈贝马斯语用理论真正的内涵所在。哈贝马斯吸收了达米特对认知的判断,以关于用认识断言条件作为对意义的解释,以填补传统的语义分析理论的不足。哈贝马斯批判了戴维森对于弗雷格与维特根斯坦所持的"客观性"的看法,并指出他们是基于经验主义的角度,把可观测的、可预见的语句视为根本性存在,从而导致达米特的"认识转向"。达米特从语义角度出发,建立了一种有别于传统的真值条件的反实在论的意义理论,其根源在于达米特对于哲学的不同看法。

达米特认为,哲学的作用就是让人们对言语活动有一个明确的概念,因此,他将语义学与认识论相结合。达米特着重于"意义"这个哲学命题:(1)最好能被诠释为一个

---

① 王晓升:《从实践理性到交往理性——哈贝马斯的社会整合方案》,《云南大学学报(社会科学版)》,2008年第6期。

关于"理解"的问题，即一个语句的含义，一定要通过对其含义的了解才能得到诠释；（2）阐明我们所了解的是一种语言，要将其与认知相关联，将其与行动相关联；（3）建立一个明确的语言作用的理论框架。达米特所关心的问题是如何构成语言意义，也就是构造问题。达米特首先从说话人的语用出发，进入理论自身，并对含义与指称之间的区别进行了解释。这让我们意识到，指称和真值不再是意义理论的根基。也就是说，想要理解语言语句，我们就需要先了解这个语言的结构，然后再从这个词句的结构中去理解它。达米特主张体系性，认为在语句的意义和形式之间的关系中，"组合"和"系统"才是最主要的。哈贝马斯跟随达米特的原因在于，达米特提出替代真实性条件，突出了在真实性被满足的情况下，说话人究竟需要知道什么。在此方面，哈贝马斯认为，达米特朝向对有效性问题的语用的重新解释走出了第一步。[①]

根据哈贝马斯的观点，达米特关于可断定性条件仍有两大缺陷：（1）其可断定性条件概念的存在前提是建立在断语的基础上，因此，它的先在性已经超出了其他类型的有效性要求；（2）他提出的可断定性条件这一观念并没有足够的语用价值，因为其与有效性要求的实际相分离，所以在语法层面上还处于一个不足够的语用层面。要使不确定的话语，例如承诺、祈祷、承认等，保持同样的距离，哈贝马斯提出"可接受性条件"（Acceptability Condition），认为"我们理解了一个言语行为的意义，当我们懂得什么使它可接受时。我们懂得了什么使它可接受，我们懂得了一个讲话者能够提供的为了达到与听者就主张之有效性达成理解的理由种类时"。[②]在用规范的正确与主观的真诚性两个方面对命题的真实度加以补足之后，达米特的这一解释便得以展开。在特定的场合，言语者可能会引用某些理由，使观众确信自己能够对自己所说的话提出有效性要求的主张。假如我们了解了他所引用的原因，换句话说，假如我们懂得怎样才能让他的话语得以被接纳，那么，我们便可以了解一种语言行动。

哈贝马斯在这一过程中实现了从分析的语义层次到语用层面的转换，其有效性要求表现在言语行动的动机和听者对"是"和"否"这两者之间采取的不同态度，进而起到的语用作用上[③]。这里，说话人的焦点不再是"语句"，而是"言说"，"言说"是"语用"的一个重要组成部分。由此，哈贝马斯一方面实现了"言说含义"与超情境的"有效性要求"的统一。在此基础上，我们不仅要重视言语表达的多元化，要重视话语的含义与社会实践的联系，还要注重在交往中产生的生活形式的确立与约定。在这个意义上讲，

---

① 哈贝马斯：《后形而上学思想》，曹卫东，付德根译，南京：译林出版社，2012 年，第 68 页。

② J. Habermas. On the Pragmatics of Communication. Edited by Maeve Cooke. The MIT Press. 1998,11.

③ Jürgen Habermas: Philosophische Texte, Bd.5. Kritik der Vernunft, Frankfurt am Main: Suhrkamp, 2009, S.192.

哈贝马斯对言说意义的语用分析可被视为是"奥斯汀、舍勒和弗雷格及达米特的幸福联姻"。[①] 由此，有效性的条件不再局限于命题的构成，而在于言说意义和超语境的有效性主张间的理性构造，一种理性的可接受性条件。因而命题和行事的有效性主张成为了理性的轨道或场所，由此，哈贝马斯的规范语用理论便是以语境化的"条件转向论"为中心。

　　从理解达成的具体过程来看，交往过程必然是情境的、具体的、实践的。而在这个理解的达成过程中，达成理解的有效性条件是朝向言说的可能性条件，是一种语用条件的设置，因此需要对达成理解的有效主张的内在语用性进行研究分析。哈贝马斯进一步对于理解有效性要求的语用语境性进行了研究。为了确保有效性要求能够同时得到满足，以及在交往实践过程中通过对话得以评判，哈贝马斯提出理想的言谈情境，因此保证了他所预想的理解得以达成。但是，这种完美的会话情景并没有从本质上克服现实交往实践对其有效性的制约。理想的言谈情境，力图创建一种超越经验的"在场"，这就是哈贝马斯对有效性要求研究的迫切需要。为了确保有效性要求能够同时得到满足，以及在交往实践过程中通过对话得以评判，哈贝马斯认为需要假设一个检验有效性要求的理想的言谈情境，从而确保他所设想的理解达成的形式化结构得以满足。哈贝马斯通过批判语境主义，提出了他的有效性要求的语用语境性观点。在哈贝马斯建构沟通理性、理解共识的过程中，有效性要求扮演了一个重要的角色，然而，言说的语用场域并非全然依赖于有效性要求，也并非全然等同于语境主义的观点。这些语用语境的结构化存在，为其有效性要求提供了一种语用阐释。因此，这种语用语境结构也内在于有效性主张，在经验与先验主体间的对话情境中保持一种张力。哈贝马斯坚持在理解共识和证实之间保持着内在张力，提出没有语用就没有语境，语用是构成语境的前提，没有语境就没有现实的语用，语境是现实语用实践的条件。有效性要求是语用和语境的结构性统一。

三、建构规范语用程序主义范式：语用语境整体论的理解合理性

　　哈贝马斯在早期对于哲学理性的反思构建中，基于对认识兴趣的社会实践性和解放性的探索，在韦伯的社会合理化理论的影响下，借鉴社会合理化理论的实践合理性的概念并加以重建。同时在米德社会符号互动理性范式的作用下，哈贝马斯进一步提出了对生活世界概念的重构。这一系列理论借鉴和理论重构的过程为哈贝马斯对于理解思想的互动过程性提供了理论基础。哈贝马斯在受到米德社会互动范式影响后，实现了走向生活世界视域实践过程的范式转变。

---

① J.Habermas. On the Pragmatics of Communication. Edited by Maeve Cooke. The MIT Press. 1998,7.

理解的社会互动论维度具有符号交互性。符号交互性主要是指理解的过程具有社会交互性内涵。具体来说，这种社会交互性内涵包括达成理解的交往行为本质是一种言语行动，这个社会交互性的本质是以语言为基础的交往合理性结构，以及符号交互性的本质在于哈贝马斯所主张的对意识哲学的拒斥和作为符号交互性的交往哲学范式的革新。哈贝马斯反对意识哲学的自我意识范式，肯定语言的主体间性理解范式。哈贝马斯受到了米德社会符号互动论的影响，肯定语言符号对于达成理解的媒介条件。哈贝马斯赞同米德的观点，认为个体是在通过语言沟通的社会互动过程中被建构出来。哈贝马斯提出的交往行为概念，本质上是从社会的个人出发，而这种社会的个人就是具有言语和行为能力的言语行动者，通过以语言为媒介而进行交往互动的人。因此，个人的社会行动不是主体对于客观世界的行动，而是至少两个有机体之间的互动，从个人所处的社会整体中来理解个人行动。哈贝马斯提出的交往行为，从其本质上说，是言语者和行为者通过语言媒介实现的个体互动。按照哈贝马斯的思路，交往行为作为一种言语行为，把语言设定为个体和社会双向互动建构的媒介，人们通过语言交往的反思方式的互动达成理解。这种交往行为的本质是一种言语行动。

哈贝马斯把交往行为看作是一种以语言作为媒介的实践互动，在这种交往互动中，人们通过其言语活动来达到一个共同的、唯一的目标——"以言行事"。哈贝马斯主张以沟通为取向，因而自然依赖于"以言行事"的阐释。交往活动既具有一个命题的含义，又具有一种人际关系，而且还具有言语者的意图，以进入一个共同沟通语境。哈贝马斯的交往行为理论借鉴了米德的社会理性沟通范式，主张不应仅限于从外在的目的理性行为加以研究，而应重构出由语言媒介互动形成的普遍沟通结构。哈贝马斯认为，正是以语言为基础的内在合理性结构才是实现个人、文化、社会和制度规范统一性的关键。这样的交往合理性结构便是根据有效主张的预设基础最终达成理解。人类的认识，正是在这样一种"一致"的不断论证的过程中，不断地进行着突破与超越。哈贝马斯的语用理论是基于规范语用前提而进行的合理重构[1]，其目的在于寻求连贯的有效性要求，即将语用语境作为一个整体，通过对语用语境的语境直觉、情境化的互动理解，将语用语境的命题、目的性和有效性的要求有机地结合起来。

哈贝马斯倡导由意识哲学研究范式转变为交往研究的范式，取代了过去"先验意识"建立社会关系的方式，即确立以沟通为取向的行为模式。在这个意义上，人们对于主体和自身之间的联系，有一种区别于观察者对于现实事物的完全客观性的态度。哈贝马斯认为，一种语言或者人类的交往性资质内在地存在是使主体之间的和谐得以实现的前提。

---

[1] 郭贵春：《哈贝马斯的规范语用学》，《哲学研究》，2001 年第 5 期。

哈贝马斯提出，主体间范式是交往理性的关键。这种主体间关系就是通过语言符号达成的主体间的有效性要求和程序过程的总体性规范。可见，哈贝马斯对于理解的研究，就是对交往合理性的建构。在哈贝马斯看来，"交流理性就是一种语用理性"，交往合理性是一种达成理解的语用前提和程序的总体性规范。合理性成为关于交互主体间通过语言达成理解过程中的有效性要求及其兑现之间的一种结构性交往关系的规范总体。

理解的社会互动论维度具有情境性，这种情境性体现了理解概念的后形而上学的实践特征。首先，这种情境性反映了哈贝马斯在受到米德社会互动范式影响后，实现了走向生活世界视域实践过程的范式转变。其次，生活世界也是作为理解交往行动的背景和实践场域，最后，理解的互动过程也具有语用语境的特点。生活世界的结构，影响着言语参与者的内在主观性世界的结构。生活世界的共同性是以成员参与的意见一致性加以理解，同时又是以某种可能的不一致意见为前提的。在哈贝马斯看来，生活世界是先于认识的背景，是人类言语行为和交往的背景。除此之外，对于达成理解的互动过程来说，交往行动的本质是言语互动，实现言语行为作为一种相互沟通实现理解的达成，有效性要求与世界之间关联的多种潜藏的合理性力量被动员起来，都是一个具体的、情境的互动过程，从而实现共同追求的沟通目标。

哈贝马斯建构的规范合理性范式，是一种语用语境结构整体论，是处于先验与经验之间的程序合理性。哈贝马斯通过提出"可接受性条件"，实现了言说意义与某种不完全依赖具体语境的有效性要求间的融合统一，实现了有效性主张的语境条件论转向，但是达成意义的有效性条件还向经验敞开，受具体言说语境的限制。哈贝马斯对罗蒂在语境理论和语用理论间的相互融合上的忽视，给予了批判。哈贝马斯提出，在规范语用学理论中，有效性要求发挥了重要的地位。然而，话语的语用场域并非完全依靠有效性要求，而是语用语境自身也为有效性要求提出了一种语用阐释，因而也包含了有效性要求，即在先验和经验的主体间，在具体的对话语境中呈现着一种张力。"有效性要求有其两面性：作为要求，它们超越了任何一个局部语境；但是，如果它们想要让互动参与者通过协调达成共识的话，它们又必须在一定的时空范围内提出来，并切实得到承认。"①

普遍有效性的突破意义在于超越了所有的限制，而对其有效性要求的接纳也存在着某种约束，从而使有效性要求与相关联语境的日常生活实践联系在一起。这些有效性要求都内含于具体的生活世界和语言情境，往往在沟通需求下经由具体的人在特定的社会、文化、历史情境中生成，但又具有先天的超验性语境力量，是构建交流日常活动的理性可能，是一种高度理想的一般性假设与行动准则，用以调节个人行动意图，覆盖一切交

① 哈贝马斯：《现代性的哲学话语》，曹卫东译，南京：译林出版社，2011年，第374页。

往活动，因而把"规范"与"语言使用"有机结合在一起。

理解的社会互动论维度具有重构性，即不断走向一种语用语境的规范程序主义。具体来看，理解的互动过程十分重视经验，经验的反馈不断重构理解过程。此外，理解的互动过程是一种基于先验与经验之间的一种程序合理性的重构过程，这个过程是基于语用语境整体论的，一种不断走向规范语用的程序主义。哈贝马斯坚持维护真理与确证间的内在关系，将"无条件的瞬间"视为真理的一部分。换言之，真理应该是"内在的语用的"。哈贝马斯认为，在日常交流中，言语者要想了解说话，就必须了解支撑说话正确性的根据，虽然它在原则上是无穷无尽的，但却始终受制于特定的语言环境。因此，这种说法的正确性永远不能被一次性地确定，只能可错地加以诠释，也就是说，根据新的证据和直觉，对其加以不断修正。哈贝马斯提出，所谓的"规范合理性"，是指一种在语用语境基础上，能够承受各种拒绝其任何尝试的复杂过程。这种规范的程序合理性过程为合理性提出了一种关于行为、社会实践相关的，在面向诸多交往性语用条件下实现的共识合理性的理论框架，这是一个具体的交往实践过程，而非纯粹的理论假设。

第三章

理解思想的语言哲学维度：
交往性资质

　　哈贝马斯在对理解的分析过程中，通过一种重建程序的规范分析，提出了理解思想的语言哲学维度，即对于达成理解的前提，即对于"类资质"的重建——交往性资质。哈贝马斯提出的"交往性资质"，内含在语用交往环境中，言说者具备的语言资质和语言能力、对语言的运用能力和实施言语行为的能力。"交往性资质"的提出，显示了哈贝马斯对于达成理解的规范语用普遍条件的建构。这种交往性资质作为实现交互主体间达成理解的一般前提预设，具有一定的先验性，但并不是形而上学的先验性，而是一种基于语用情境的交往先验性。这种交往先验性，是一种达成交往理解的理性潜势，存在于个体对于语言资质和语言能力的习得、个体表达的真诚性，以及交往过程中关于有效性要求的评价互动过程。因此，这种交往性资质的先验性和理性，存在于通过言语行为达成理解的实践过程和不断的重构过程中，具有后形而上学色彩。

第一节　交往性资质的理论基础

一、理解的普遍先决条件：对前理论知识的思考

　　哈贝马斯通过对交往行动的内在合理性内涵的分析，发现合理性的层面不仅包括主导行为概括的合理性内涵这一元理论问题，还包括意义理解问题。在解释行动时，解释者（例如社会学的诠释者）的理性也是一种结构上的合理。在对人的认识过程中，人们通过对"意义"的了解，必然会遭遇合理性难题。哈贝马斯对合理性概念进行了剖析，提出了合理性概念的三个层次：第一，它支配着行为概念的"理性"含义；第二，在理解意义之后，如何才能在客观领域中找到一个合理的含义；第三个方面是经验主义的理论问题。从何种意义上讲，社会现代化堪称合理化？我们可以看出，社会行动的基础观念和对社会行动的认识方式之间存在着密切的关系。哈贝马斯将合理性问题从行为概念推进到意义理解问题，强调"理解"与合理性之间的关系，探讨"理解的合理性"问题，即交往行动的内在合理性结构，即"理解何以可能"。在哈贝马斯看来，交往行动是言语者在对话中进行的"相互理解"[①]，以"达成赞同"为终极目标，在现实生活中进行意见与行动以及在现实生活中构建伦理与道德准则。因此，哈贝马斯认为，理解的达成要整合认识论合理性（哲学意义上的理性批评与重建），需基于社会学维度的行动层面、目的论合理性层面、生活方式与现实实践层面上的伦理与道德的合理性这三个维度。

　　哈贝马斯把交往活动看作是一种认识行为的活动，它以互相了解为导向，指两个以上具备一定言语和行动能力的个体，为了实现彼此的了解而进行的交往，在平等的基础上开展沟通，实现互相了解和共同协作。根据理解和商讨的原则，对事物做出相对的表达，从而与客观世界、社会世界及主观世界进行合理互动。交往行动是以语言为中介的交流活动，即通过语言，根据有效规范，达成相互理解，实现共同协作的活动。哈贝马斯主张唯有交往活动，通过交往手段，把人们对语言活动中的各种作用，以交流理性的方式加以整合，从而达到对言语活动所产生的认同和共识。因而，通过哈贝马斯的分析，合理性的核心就是沟通，沟通的目的就是要达成一种共识，理解构成主观世界

---

① 王晓升：《从实践理性到交往理性——哈贝马斯的社会整合方案》，《云南大学学报（社会科学版）》，2008年第 6 期。

的核心要素。

哈贝马斯在对米德的研究过程中，批判了将自我看作先验存在的意识哲学观念，认可米德所提出的个人是社会关系的产物。在米德看来，个人与社会相互建构，个体正是通过社会角色结构的分化及其在语境中的期待内化而成的[①]。哈贝马斯赞同米德的观点，即个人化并非独立的行动者在独处与自在状态下所达成的自我实现，它是经由言语媒介之社会化与生命史意识建构之历程。哈贝马斯继承了米德的沟通理性范式，但是为了弥补其论证上的缺陷，就必须从种系发生学的角度，说明语言所具有的沟通结构的特性。说清楚语言在从姿态、符号到角色扮演等规则建构过程中，一方面可以成为个体的认知和社会构建的理解中介，另一方面为个体的社会化和社会的划分和融合，以及在这种交互作用下，人们是怎样通过语言的传播和社会融合来实现自我的社会化和社会交往的制度化。哈贝马斯指出，米德忽视了对语言的理解成果及其内在的构造，有必要对其进行进一步的剖析，并阐明其如何贯穿于语义学与语言活动的关系之中。通过对社会科学的意义理解难题的批判分析，哈贝马斯认为要解决理解难题，就要分析交往行为的内在合理性结构，从而把握理解的内在结构与过程。

哈贝马斯理解思想的先验主义特质，与在康德的哲学中关于"先天综合判断如何可能"的问题相关联。哈贝马斯在语言哲学的研究中，实质上引进了康德"先验逻辑"。康德认为，理性是一种把综合感性和形式统一在一起的力量，通过时间和知性诸范畴的概念，把纯粹的逻辑法则和感觉对象联系在一起，建立了一个经验的自然界。它是人的思想行为的一种与生俱来的素质。哈贝马斯把康德的"理性统觉能力"转化为人的"交往性资质"，力图把意识的先天综合能力转化为这两方面的总和。正如哈贝马斯所言："一般性话语的先验概念使我们在正确的话语中运用句子。"[②]哈贝马斯把语言学的转向看作是对所有哲学研究提供了一种有力的方法论基础，它避免了对语言的固有看法。现代哲学的重心开始从"语言"以及它对世界的阐释作用这一角度出发[③]，力图揭示由这种转变而导致的哲学命题与研究方法的本质变化，从而走出近代哲学的主客关系视角，从"意义辨识"与"言语表达"两个层面去探索哲学问题。在弗洛伊德、皮亚杰、索绪尔等人的理论中，"第三种"的范畴应运而生，使我们避开了对意识哲学的"二元论"的主客体认识。现象学、解释学和存在主义哲学都把语言研究作为哲学研究的重点。

胡塞尔力图建立一套以语言符号及语言表达为主要研究内容的纯逻辑语法。胡塞尔从意识活动的角度对语言进行了研究，认为意识活动与言语表达有着密切的关系，言语

① 周晓虹：《学术传统的延续与断裂——以社会学中的符号互动论为例》，《社会科学》，2004 年第 12 期。
② 哈贝马斯：《交往与社会进化》，张博树译，重庆：重庆出版社，1989 年，第 24 页。
③ 强乃社：《论当代社会哲学的语言学转向》，《华中科技大学学报（社会科学版）》，2009 年第 1 期。

行为是以"意向性行为"[①]为基础。到了后期，胡塞尔又将目光投向了生活世界和人类的现实互动，将其置于人类普遍存在的社会中去审视其话语的含义，将其看作是一种现实的存在，从而在此基础上探讨人类的意识问题。海德格尔将语言作为一种哲学问题来看待，他主张，语言不仅作为沟通思维的一种手段，同时也是生存之所。伽达默尔认为，作为一种语言现象的哲学解释学建立在对"语言"的认识之上。其后，从20世纪末开始，数学逻辑开始兴起，成为一种准确而严谨的语言分析方法。弗雷格建立了数学逻辑体系[②]，这一体系被后世的分析哲学家们所使用。逻辑与语义学自弗雷格以来，给那些单纯地从观念上提取客体的学说带来了极大的冲击。哈贝马斯分析道，从哲学的角度来看，所有的哲学问题都可以归之于语言，而语言则是哲学研究的首要目标，而哲学的工作就是要从语言的角度来理解科学语言、哲学语言以及普通语言的含义。

哈贝马斯指出，无论是内部的经验、知性的直观，还是直接的自明性，都无法从概念的领域或经验的潮流中解脱出来。观测在主体间的有效性可以通过在经验面上的实践操作来检验，也就是将知觉转换成数值来进行检验。如果我们按照表达观念与想法的语法结构来进行剖析，那么看起来也能获得相同的客观性。语法在表达某些公共事物时，不需要完全主观地去思考它的构造。另外，数理与逻辑学的范例也帮助我们把哲学引入一个公开的、客观的语法表达领域。弗雷格和皮尔斯，都是转折的关键人物。哈贝马斯提出，为了破解理解难题，必须借助形式语义学和言语行为理论，对沟通导向下的言语行为普遍规律与必备条件进行理性重建。正是通过语言的内在合理性结构，自身与社会、文化的主体间性自我认同达成了。同时，它还体现在主体间性的互相认可以及主体间性的自我理解。因此个体便具有主体间性的前理论规则意识，即交往性资质，这是达成理解的前提条件。

二、"语言资质"与"语言能力"的规则意识借鉴

哈贝马斯认为，乔姆斯基的语法理论在重构交往前提方面提供了重要思路。乔姆斯基提出了一套关于普遍语法的相关理论。在该理论中，乔姆斯基把"语言能力"与"语言运用"区别开来，并在此基础上，建立起一套统一的语法学说。索绪尔区分了"语言"与"言语"，索绪尔的"语言"涉及社会的共同部分，即作为符合和语法规则的语言[③]。与之对应，乔姆斯基提出的"语言能力"是对自己所掌握的言语的理想化理解，而"语

---

① 于林龙：《融入交往范式的意向主义意义理论——从胡塞尔到哈贝马斯》，载《学习与探索》，2010年第2期。
② 陈波：《弗雷格的思想理论》，《哲学分析》，2012年第5期。
③ 索绪尔：《普通语言学教程》，高明凯译，北京：商务印书馆，2004年，第35页。

言运用"则是在特定情境下的真实应用，"必须把说某种语言的人对这种语言的内在知识（不妨称为语言能力〈competence〉）和他具体使用语言的行为（不妨称为语言运用〈performance〉）区别开来"①。因而，乔姆斯基认为，在交谈中人们对于能够听懂的一种语言中的任何一种语句，总是能在各种情况下说出恰当的语句，这是因为人们天生就拥有一种通用的语法构造。

"普遍语法"是一种语言的学习者在一定程度上"初始状态"所必须具备的特征、条件等，这一概念为以后的语言知识得以发展奠定了良好的理论基础。从婴儿诞生起，他们就开始接受特定的语言资料，并将这些资料中的规律内化为"个别语法"，这类个体的语法就是乔姆斯基所说的"语言能力"。按照乔姆斯基的观点，人类通过一种特殊的学习方式（也就是从语言学习过程中产生的一种新的表达方式）来构建一种日常交往所需的表达方式，其所谓的"语言能力"就是指人们按照一定的语法规律构建自己的句子。人们必须经过不断努力，才能够形成与文法标准一致的句子，这就是所谓的"语言资质"，即能够按照一定的语法规律说话。乔姆斯基的语言学理论假定是以此为基础的，那就是：每个言语活动的对象都具有一定的语言规则性，也就是所谓的"语言资质"。这一前提规则资质的提出对于哈贝马斯构建交往性资质起到了重要启发作用，哈贝马斯接受了乔姆斯基关于"语言资质"的思想。

乔姆斯基在其晚年的作品中又提出了"语言能力"与"行为能力"这两种不同的概念，用以表述"语言资质"的观点。乔姆斯基认为，人类所掌握的语法知识可以分成两大块，一种是人类与生俱来的共性，即普遍语法，另一种是一种通过学习获得的个人文法。因为普遍语法赋予人类一种通用的言语功能，所以普遍语法理论的使命就是要为每一个交流主体构建一个通用的规则体系，使得交流双方都可以用同一种语言来表达和理解任何一种语言。乔姆斯基主张，语言学主要研究语言能力，而非研究如何使用语言。儿童能听得懂别人的话，能明白很多以前从没听说过的词，而且能根据那门语言的语法，造出很多新的，他们以前从没听说过或见过的词。乔姆斯基把它看成是一种创造与再生的语言。这种创造与再生性是人类与生俱来的。由于人天生就有一种通用的普遍语法结构，经过长时间的学习，人类就会养成一种可以按照语法规则来构建语句的语言能力。可以说，人类重构言语的能力既有天生的，也有后天的。可以看出，乔姆斯基晚期更是将普遍语法结构与语言能力、"语言能力"与"行为能力"相融合，将先验与后天经验性相结合。这一思路进一步帮助哈贝马斯辨明了奥斯汀、塞尔等经验语用学关于"语言能力"问题上的模糊性。

---

① 乔姆斯基：《乔姆斯基语言哲学文选》，徐烈炯译，北京：商务印书馆，1992 年，第 1 页。

　　乔姆斯基的语法理论拓展了哈贝马斯对交往前提一般预设的重建，为哈贝马斯重建类资质的规则意识和规则系统，提供了思想支撑和理论借鉴。哈贝马斯的重建计划力图实现达成理解的交往条件和过程的规范性建设，而乔姆斯基提出的语言理论恰好从语言能力这一维度论证了这一规范性存在的可能性。乔姆斯基的语言能力理论可以说明潜在的言语者在一种语言中获得某种语言资质，从而能够构造并理解合乎语言语法规范的语句。乔姆斯基语法理论呈现了交往行为的言语者所具备的语言资质，为哈贝马斯对于"交往性资质"的普遍预设提供了思路。然而，哈贝马斯还指出，乔姆斯基的语言能力理论并不适合于人们的日常交往。在哈贝马斯看来，乔姆斯基的语言能力是脱离于语用环境，基于主体语言能力的分析。哈贝马斯认为，乔姆斯基所研究和提出的是抽象的独白式的语言能力。在哈贝马斯看来，拥有构建句子的能力，也就是拥有了说话的能力，但与能够恰当地使用言语进行交往的行为是不同的。哈贝马斯提出，交往性资质必须建立在与之对应的交往能力（也就是在语言活动中运用话语的能力）基础上，也就是要研究交往主体在不同情境下怎样才能以可接受的方式进行交往，并将该问题归纳为"交往行为者有无言语能力和行动能力"这一问题。

三、从"语言能力"到"交往能力"的域面发展

　　乔姆斯基的"语言能力"概念以"理想化"的个体为研究目标，假设该个体拥有完善的内部语言学知识，并不受诸如记忆力、注意力、兴趣和动机等的制约，并且不会出现任何语法失误。哈贝马斯认为，这种抽象的人，并不存在于真实的世界中。哈贝马斯批判乔姆斯基的语法理论具有抽象性、独白性，脱离具体现实生活，不可能被重构，因为它是直接形成言说和理解语言的根据。社会语言学派主要代表人物戴尔·海姆斯批判道，这种单纯注重语法规则的认识，忽略了语境的适切性，实际上只不过是一种语法能力而已。按照海姆斯的说法，乔姆斯基必须具有一定的语法能力。但是，只有语法能力是不行的，他必须要学会与人相处，知道什么时间应该说，什么时间不应该说，说什么、对谁说。换言之，要说明的是，一个正常的孩子，他所学到的语句知识，并不只是语法，还包括一种适应性。

　　海姆斯针对乔姆斯基语言能力研究的局限性，提出了他的"交往能力"理论。海姆斯通过对乔姆斯基"语言运用"这一概念的研究，将二者区别开来。与语言能力相比，语言运用更注重的是对"真实的语言材料"的控制，而语言能力则更容易受到规则的限制，交往活动是人们按照一定的语言运用规律来进行的。为此，海姆斯认为"交往能力"是一种既有语法能力又有恰当运用的社会文化规律，与乔姆斯基关于语言能力的理论相

区别，海姆斯认为交往能力既包含了这些内在的语法知识，也包含了运用这些内在知识的能力。海姆斯"交往能力"理论进一步推进了哈贝马斯对于达成理解的交往性前提的建设。哈贝马斯指出，"戴尔·海姆斯用'交往能力'一词取代了对语言符号的掌握。"哈贝马斯赞成"交往能力"这个词，用来形容重新构建语言体系的重建资质。哈贝马斯认为，交流双方在交流中必须具备海姆斯所说的"交流能力"。哈贝马斯认为，交往对象有没有"交往能力"，这就决定了交往双方在不同的情境中是否都能够顺利地进行交往。

哈贝马斯肯定了海姆斯提出交往能力的积极作用，但是对海姆斯的经验主义观点却持否定态度。海姆斯提出的沟通交往能力概念是建立在经验的基础上，而哈贝马斯则力图实现交往前提的规范性预设，即达成交互主体间理解的规则系统建设。哈贝马斯指出，海姆斯等几位学者将交往能力这一观念从社会语言学角度加以运用，但是他却不同意这种做法。奥斯汀提出了一种言语活动的理论，将话语视为一种行动模式。奥斯汀主张，语言的研究不应局限于文字或语句，而应着眼于文字与语句的运用。他主张，以言表意的语言作为一个有意义的单元，以实现动作的话语作为言语行为的主要形式。奥斯汀把这样一种以以言行事和命题内容共同组成的行为称为言语行为。哈贝马斯认为，奥斯汀对"交往能力"的认识与应用，与乔姆斯基所说的"语言才能"的含义相似，也就是从"先验"与"经验"相联系的情况出发，"交往能力"应当建立在互动对象之间了解的基础上，而不仅仅是将语言和具体现实联系起来进行系统概括。哈贝马斯提出他对交往能力的定义是身处具体现实中，言说者随心所欲地参加一个对话过程，言语者所具备的能够进行言语交往进而达成理解的规范资质，即交往性资质。

四、交往性资质："类资质"的重建

哈贝马斯提出，"普遍语用学的任务确定并重建关于可能理解的普遍条件"[①]，即提出探究"理解何以可能？"的语用交流行为的一般预设条件。为了实现对于理解的前提研究，哈贝马斯借鉴了康德的"先验逻辑"，把康德的理性统觉能力转化为先验交往资质。在哈贝马斯看来，这种先验资质的重建活动是指向前理论认识领域的直觉性先见。这种先验资质是潜在于言说者的规则意识，进而通过言说者的参与达成了交往合理性的规范过程。哈贝马斯指出，这种普遍能力"表达出某种一般认知的、语言的、相互作用的资质（或子资质）时，那种以意义解释为起始的工作，就将以类资质（species

---

[①] 哈贝马斯：《交往与社会进化》，张博树译，重庆：重庆出版社，1989年，第1页。

competences）的重建为目标了"①。哈贝马斯试图把意识哲学的主客体二元结构思想的自我趋向和行为过程，纳入主体间共同交往的语言结构之中，而先验的交往性资质就是实现交互主体间达成理解的交往前提。

在批判借鉴语言学研究和言语行为理论的基础上，哈贝马斯提出了交往性资质理论。针对这一理论，哈贝马斯认为，交往性资质理论的含义是："以相互理解为指向的言说者把完美构成的语句运用于现实之中，并使二者相吻合的能力。"②哈贝马斯从言语行为理论中发现了一些与实践能力相关的语用准则。言语行为理论基于交往的规则资格（也就是言语活动中说话人的资格），假定交往性资质和乔姆斯基的语言资质一样具有普遍性规则。哈贝马斯指出，乔姆斯基试图构造普遍的语法规则，但却在语言学资质框架内进行研究，而言语行为理论在某种程度上则从语用交往的角度提出了交往性能力。

哈贝马斯认为，语言的规则和交往性规则都是交往性资质的两个层面，而乔姆斯基仅涉及其中一个层面。尽管乔姆斯基对多种语法性句子进行了大量的分析，但是他仍须将这些功能嵌入特定的交往情境之中，也就是运用这种语言的能力去进行交往。哈贝马斯指出，在逻辑经验主义看来，为了构建一个句子，言说者必须先了解其对应的语法规则体系，满足可领会性要求，但在哈贝马斯看来，言说者构造一个句子去交往，需要从语用学角度进行分析，因为这是一个语用交往过程的反映。哈贝马斯批判道，因为过去总是将构建一句话看作一种语法成分，而不考虑言说者和他所处的言语情境，致使语用学分析的缺席。因而，哈贝马斯认为需要在资质理论下研究这种兼具语言学规则和交往性规则的交往性资质。③

哈贝马斯认为，"交往性资质"包含三个层面：一是对选择表述性方式的筛选，也就是说，通过这个选择，或者被陈述命题的真实条件，或者被提到的命题存在前提，都被假定为符合，这样，听众就可以共享说话人的知识；二是将说话者自己的意图传达出来，通过语言表述来传达意图，从而让听者信任说话者；三是进行言语行为的能力，这种行动符合公认的准则或被承认的自我形象，从而使得听者在共有的价值观中对讲话者产生共鸣。因此，哈贝马斯意识到，从事沟通活动的人，若要取得沟通的顺利，就必须执行所有旨在达到了解的主要方向的交流活动，具备这种"交往性资质"。

哈贝马斯提出的"交往性资质"，是达成理解的前理论规则意识。首先，"交往性资质"前提条件是交流双方必须具备把握某一种语言的潜在资质，也就是说，交流双方是具备某种象征体系的、对语法规则已有所了解的人。其次，言语者具备在特定情境下进

---

① 哈贝马斯：《交往与社会进化》，张博树译，重庆：重庆出版社，1989 年，第 15 页。
② 哈贝马斯：《交往与社会进化》，张博树译，重庆：重庆出版社，1989 年，第 29 页。
③ 徐闻：《哈贝马斯论交往资质》，《理论视野》，2011 年第 4 期。

行表达、理解的交往能力。最后，言语者能够在不同的情境中理解对方、进行表达和进行反馈，而这个过程是生成的、重构的和情境的。正是在这一交往性资质的前理论规则意识下，言语者在满足可理解性主张的前提之下，呈现事态，表达意向，以及建立相关人际关系等。

第二节 语言资质与语言能力

哈贝马斯提出的"交往性资质"，首先是指言说者的"语言能力"，是对表述性语句选择的能力，既符合所述命题的事实，又符合被提及命题内容的存在前提，使得听话人可以与言说人共享自己的知识。其目标是让听话者与受话者共享其所学到的知识与信息。也就是说，言说者具备先验的语言资质和语言能力，可以通过学习掌握语法规则的符号系统。这种交往性资质包括从语言学角度，具备天赋及后天学习的选择表述性语句的能力，即具备在交往过程中，根据互动和根据不同的情境进行语言的使用。

一、人是语言符号的建构

哈贝马斯极为赞赏米德提出了作为合理性潜力的语言具有理解的职能，哈贝马斯指出，"米德最先深入考察了这种作为社会产物的自我的主体间性模式"[1]。米德的社会符号互动理论对哈贝马斯关于理解问题的解决提供了重要启发。米德的社会心理学受美国两个主要的思维传统——德国的实用主义和德国古典语言哲学影响，使得哲学发展能在从康德到黑格尔的德国观念论，从认识论自我到互动实践的自我，用社会互动理性范式代替意识哲学范式。米德的社会心理学融合了语言分析哲学和心理行为主义两个方面的思路，转化了意识哲学的自我先验性预设的反思问题，变成了社会交往的行动实践问题。米德的灵感来自冯特的"语言、神话与习俗的发展法则"[2]。冯特认为，人类的认知、想象和意志等精神功能，不仅依赖于个体的意识行为，还受制于其所处的语言、神话和风俗

---

[1] 哈贝马斯：《后形而上学思想》，曹卫东，付德根译，南京：译林出版社，2012年，第191页。
[2] 林远泽：《姿态、符号与角色互动——论米德社会心理学的沟通行动理论重构》，《哲学分析》，2017年第1期。

习惯。在这三种方式中，语言是人们进行交流的重要中介。

　　米德说明了作为主体的自我意识是个人寻求自我认同的，通过语言沟通的社会互动过程，是在社会化过程中被建构出来。米德认为，自我意识是社会互动建构过程的产物，这一逻辑发展需要借助语言的传播作用得以完成。米德认为，言语的生成使得个体从孤立的原子性中解脱出来，并通过言语进行社会交往，从而达到个体的社会化，也就是个体构建的进程。个性化并非孤立行动者在独处与自由状态下所进行的自我实现，它是一种借助言语媒介进行的"社会化"与"生活历史"的构建。米德认为，在自我意识中，社交交往的进程构成了交互主体性。哈贝马斯指出，使人类超出于自然的就是语言。哈贝马斯说道："米德把意识哲学中的主格自我降低为'宾格自我'，降低为首先出现在他者眼前的互动语境中的自我，这样，他就继承了上述这些思想，并把哲学的所有基本概念从意识的基础转移到语言的基础上。"[①]哈贝马斯认为，米德的社会语言交往互动模式，解决了形而上学中关于经验主义和先验主义间如何实现沟通的问题。因而，语言在人类行为活动中起到中介作用，使得语言分析代替了原本意识哲学中的意识分析。米德自我理论中对于"语言"的分析理解[②]，强调了语言在个人的社会化和社会整合过程中的根本作用。在米德看来，正是在沟通交往互动中，语言在建构符号自我和社会文化符号系统中，促使个人的社会化与社会整合的形成。可见，只有通过社会化的学习过程，自我才能在社会合作中产生出来，那么人类的语言沟通就使得社会整合成为可能。

　　哈贝马斯提出的交往行为，从其本质上说，是言语者和行为者通过语言媒介实现的交往互动。哈贝马斯指出，目的行为、规范行为，以及戏剧行为都是以语言为中介，并且在交往行动过程中存在着某种意义上的共识结构。第一，目的行为模式将语言理解为一种工具媒介，通过语言工具从而实现自身的利益或意图。这种对语言的理解与意向性的语义学理论相似。按照哈贝马斯的观点，目的行为模式属于一种间接交流，行动者只是为了他们自己的目标而进行交流。第二，规范行为模型认为语言是一种具有文化继承与规范含义的符号，是人们在使用语言时，通过使用某种共同的方式来达到或传达某种共同的意思。因此，规范行为就是共识行为，行为者通过规范行为能实现个人的社会化和社会的整合。第三，戏剧行为模式则认为语言的主要功能是自我呈现，也就是说，语言也是一种自我呈现的媒介。哈贝马斯批判道："它们都只是分别揭示了语言的一种功能，即或发挥'以言表意'效果，或建立人际关系，或表达经验。"[③]这三种行为模式代表交往行为的不同的交往类型，都是交往行为的临界状态，可见交往行为也是充分注意到

---

① 哈贝马斯：《后形而上学思想》，曹卫东，付德根译，南京：译林出版社，2012 年，第 183 页。

② 周晓虹：《学术传统的延续与断裂——以社会学中的符号互动论为例》，《社会科学》，2004 年第 12 期。

③ 哈贝马斯：《交往行为理论》第一卷，上海人民出版社，2018 年，第 126 页。

了语言的各种不同功能。哈贝马斯指出："只有交往行为模式把语言看作是一种达成全面沟通的媒介。"①哈贝马斯把语言设定为个体和社会双向互动建构的媒介，人们通过语言交往的反思方式进行互动。

二、学习语言知识和语法规则的能力

交往性资质中的语言资质和语言能力，包括对于语言知识和语法规则的学习、掌握。人类通过本身具备的先验交往性资质，通过学习和掌握语言，从而能够掌握语言知识和语法规则。

乔姆斯基晚年以"语言能力""行为能力"等对"语言资质"理论进行了阐述。乔姆斯基认为，人类所掌握的语法知识可以分成两大块，一种是人类与生俱来的普遍语法，另一种是通过学习获得的个体语法。因为普遍语法赋予人类一种通用的、普遍的语言能力，所以普遍语法的使命就是要为每一个交往主体构建一个普遍通用的规则系统，使得交往双方都可以用同一种语言来表达和理解对方的句子。哈贝马斯指出，根据乔姆斯基提出的普遍语法理论，索绪尔的"语言"是指社会中的共同部分，即那些作为语言符号和语言规则的系统。乔姆斯基提出的"语言能力"是一种理想状态，认为说话者或受话者所掌握的有关其所使用的语言。也就是说，在对话过程中，人们能够明白一种语言中的任意一句话，并且总是能够在各种情况下讲出恰当的语句，这就是人与生俱来的一种通用的语法结构。哈贝马斯指出，交往性资质中言说者天生地具有这种语言能力，即具备这样的"普遍语法"。言说者具备语言学习的基本可能、环境及其他因素，这是语言知识得以发展的基础。正如乔姆斯基所说，一个儿童从出生起，就开始接受特定的语言资料，内化其中的规律，从而产生了"个别语法"，而这就是乔姆斯基所说的"语言能力"。

哈贝马斯的交往性资质指向前理论认识领域的直觉性先见，即对于一般前理论认知②。在这个前理论的认知范围内，有一种共同的功能，就是认知、语言、相互作用的资质。哈贝马斯认同乔姆斯基的语法理论，认为人生来就具有某种交往性资质，而这种资质包括乔姆斯基所讲的语言能力。乔姆斯基的语法理论赋予哈贝马斯交往性资质一种先验与经验的统一，即这种资质是学习过程的结果，在哈贝马斯看来，类似于皮亚杰认知主义的认知发展的学习过程。哈贝马斯认为，"主体的理性交往能力，说到底是主体的学

---

① 哈贝马斯：《交往行为理论》第一卷，上海人民出版社，2018年，第126页。
② 李佃来：《语言哲学的转向和普遍语用学——试析哈贝马斯的语言哲学》，《武汉大学学报（人文科学版）》，2003年第4期。

习能力"①，这种学习能力指的是从个体发生学的角度，在自我的社会化过程中，对于规范结构的认知和学习改进能力。在哈贝马斯看来，语言是实现自我与社会互构的媒介，语言使自我与社会的互构成为了可能。在这个过程中，个体通过学习，能够掌握语言知识和语法规则。而语言是具有相对独立性的，它具有一定的规则体系和语法结构，言语者在学习过程中，具有掌握语言知识和语法规则的能力。

三、创造并理解合乎语法的语句的能力

交往性资质中具有的语言资质和语言能力，包括人创造并理解合乎语法的语句的能力。人所具有的先验性交往性资质，不仅具备学习和掌握语法知识和语法规则的能力，还具备对于语言知识和语法规则使用的能力。也就是创造出一种用于日常交往的表达方式，而这一种语言的创造也是一种"语言能力"，它是一种根据一定的语法规则来构建自己语句的语言能力。乔姆斯基提出，儿童能听得懂他人说话，仅凭几个字就能明白很多以前不曾听过的字词，而且能根据那门语言的语法构造出很多新的语句，而这些新语句是他们以前从没听说过或见过的。乔姆斯基把它看成是一种语言创造与再生。这样的一种语言创造与再生性是人类与生俱来的。由于人天生就有一种通用的普遍语法结构，经过长时间的学习，就会养成一种可以按照语普遍语法结构来构建语句的语言能力。可以说，人类重构言语的能力既有天生的，也有后天的，构建出与普遍语法结构相一致的句子，进而可以创造性地使用语言知识进而合乎语法规则地说出语句。因此，哈贝马斯认为，交往性资质中语言资质和语言能力，包括每一位言语者都具有语言学的知识和语法规则资质，以及使用语言知识和语法规则的能力。

语言资质和语言能力是在情境中具备的资质。在语言资质和语言能力内涵设定中，哈贝马斯虽然受到了乔姆斯基的启发②，但是却与乔姆斯基的观点不同。哈贝马斯受到米德的影响，按照米德的观点，试图把意识哲学的主客体二元结构思想的自我趋向和行为过程，纳入主体间共同交往的语言结构之中。换言之，语言资质和语言能力不仅仅是主体本身具有的先验的语言资质和语言使用能力，而是在认知与行为、个体的先验性天赋与社会性经验场域的互动过程中呈现的。这种语言资质和语言能力并不完全是天生的，

---

① 童世骏：《"学习"与"批判"——为哈贝马斯诞辰 80 周年而作》，《哲学动态》，2009 年第 6 期。

② 韩晓：《言语行为的双重结构与译本研究——一个交往行为理论的视角》，《广州大学学报（社会科学版）》，2011 年第 10 期。

而是具有个体性、情境性。

同时，除了肯定情境中个体意向存在的重要性之外，哈贝马斯指出，这种语言资质和语言能力不能脱离具体的情境，因为个体之间的交往以语言为媒介具有内在交互性。哈贝马斯在针对意向主义语义学的批判过程中提出了这一观点。哈贝马斯批判意向主义语义学的绝对主体性立场。哈贝马斯指出，实际上在意向主义语义学的理论中，交往者所面向的便是哈贝马斯指认的"客观世界"，交往者作为目的性行为主体以因果方式认识客观世界。因而，言说主体和世界之间是一种单向的独白式的认识关系。由此，言说主体只是以单一维度的认知视角去看待客观世界，同时，也就是把其他对象当作客体来认识。这是一种意识哲学的主客体认知范式，即把自己和世界作为纯粹的客观存在。按照哈贝马斯的观点，语言资质和语言能力不是先验的、独立的存在。而是在交往过程中，根据不同的情境，在经验场域与他人进行交往过程中具有的语言能力和语言使用的资质。这种语言资质不能脱离对话场域和他人，独立地赋予个人。

第三节　对语言的运用能力

交往性资质还包括言说者对语言的运用能力，具体指呈现言语主体的内在意向（真诚性），命题与事态符合为真（真实性），符合社会文化和语用规则（恰当性）。呈现言语主体的内在意向，是指听话人能够相信说者，即言说者在交往语用视域下能够表达个人的意向，是否具有真诚性，具体的个人的看法、观点和态度等。命题与事态符合为真，是一种真实的命题（和适当的实际情况），从而使听者能够接收并共享其所掌握的知识。符合社会文化和语用规则，是指顺应社会文化，言语者在一定的环境下对自己的行动（甚至是对规范自身）的正当性需求。

一、呈现言语主体的内在意向

哈贝马斯认为，只有通过"交往性资质"这个概念，言说者在互相理解的导向下，将构成的句子应用到实际生活中，从而达到两者的统一。乔姆斯基的语言能力理论为哈贝马斯构建"交往能力"的普遍性预设提供了思想基础[①]。然而，乔姆斯基的语法理论仅能重构规制语言功能的某些特定部位，却无法重构其自身作为理解语言认知的基本功能。戴尔·海姆斯用"交往能力"一词取代了对语言符号的把握，与乔姆斯基的狭义概念相比，"交往能力"包含了语法能力以及恰当地运用该语言所涉及的社会文化知识。既包含了内在的语法知识，也包含了运用该内在知识的能力。这进一步加深了哈贝马斯对一种交流主体的普遍预设的思考，也就是"具有言语与行动的能力"这一问题。

哈贝马斯批判道，因为总是将句子看作是某种语法性构成物，而不是将句子看作是一种表达出来的言语情境，这就导致了普通的语用功能没有得到应有的地位。从逻辑经验主义的观点来看，为了构建一种语法性句子，言说者必须要符合可领会性要求。也就是说，必须要把握好对应的语法规则体系。但实际上，从语用学角度看来，运用这种能力去交往则必须进行语用学分析。哈贝马斯认为，语用研究的是使用语言的活动行为，即拥有构建句子的能力。也就是说，拥有语言资质并不等于拥有适当使用语言进行交流的行为能力，因此从语用研究的角度来看，语言行动者是怎样在不同的情境中，以合适的方式进行交往行为的。哈贝马斯认为，语言表述是为了传达说话者自己的意图，也就是使用语言表述来表现意图，从而使得听者可以信任讲话者。

对于语言的运用能力，哈贝马斯认为首先要具有呈现言语主体的内在意向，即确保言语表达于主体内在意向的真诚性。哈贝马斯在对意向主义理论的研究过程中表达了呈现言语主体的重要性。格莱斯是意向主义理论的典型代表之一在意义的指称论视野中，言语意义是独立于语境的说话人所运用的词语或语句，通过简单的翻译可以得到句子意义。格莱斯的意向性理论认为，话语主体的意图就是话语主体的意思，交往的成败不仅依赖于对言语符号的接收，还依赖于对交往意图的识别[②]。哈贝马斯肯定了这一观点对于传统的意义指称论具有进步性，肯定言语者个体的意向和意图的重要性。哈贝马斯认为，倾听者不仅要接收一个想法，还要了解说话人的意思，从而做出正确的回应。哈贝马斯在对形式语义学进行批评的同时，也对其进行了重新表述。哈贝马斯注意到"它所注重的是语言表达的语法形式，它赋予语言一种独立的地位，使语言不受言语主体的意图和观念的影响"[③]。在哈贝马斯看来，形式语义学对语言媒介的独立性及其内部构造给予了足够的关注，而这一点被意向性主义理论所忽略。与此对应的是，形式语义学认为语言表达是可以脱离语境独立出来进行逻辑语义学分析。哈贝马斯进而批判道："意义理论从行

① 李佃来：《语言哲学的转向和普遍语用学——试析哈贝马斯的语言哲学》，《武汉大学学报（人文科学版）》，2003 年 第 4 期。
② 于林龙：《融入交往范式的意向主义意义理论——从胡塞尔到哈贝马斯》，《学习与探索》，2010 年第 2 期。
③ 哈贝马斯：《后形而上学思想》，曹卫东，付德根译，南京：译林出版社，2012 年，第 93-94 页。

为理论的语境中分离了出来，并且保持为严格意义上的语言分析。"① 形式语义学把语言作为一种相对独立的存在来看待，而忽视了说话人的主观意图和感受。哈贝马斯指出，言语实践与了解言语的内在心理意向，是正确地运用和准确地理解一种表达的必要条件。

二、命题与事态符合为真

交往性资质中对语言的运用能力，具体还包括命题与事态符合为真（真实性），也就是要给出一个事实（适当的现实条件），这样观众才能对说话人所掌握的信息进行接收并共享。哈贝马斯在批判意象主义意义理论的过程中，指出语言具有相对独立性，要重视语言形式的句法结构和规则系统，语言的运用能力必须确保命题与事态符合的真实性。

哈贝马斯肯定了语言运用能力包含语言表达功能，即意义语义学中积极肯定的——呈现某些东西，即对于参与者来说，命题与事态符合为真，就是呈现某些东西。哈贝马斯在批判意向主义意义理论过程中指出，意向主义语义学仅抓住了语言的意谓作用，而未注意到其内部结构的自主性并且偏离了言语者在交往过程中的行为。哈贝马斯认为，语言形式的句法结构和规则系统，确实是语言运用过程中不可忽视的一个部分。以弗雷格、维特根斯坦、达米特等为代表的形式语义学派，提倡从命题的真实性条件出发，从形式上去分析语言表达的字面意义，重视语言的表达功能。哈贝马斯指出，形式语义学的基本立场是对言语进行形态上的剖析，强调表现的作用。哈贝马斯认为，命题的含义即其所再现的情况，是一个陈述的含义，而该陈述只能表示该陈述的事实。从交往性资质的维度出发，使用一种语言，要求其具备实现一种语言表达的功能，也就是一种反映命题与事态的真实性符合联系。哈贝马斯认为，只有把握了命题的成真条件，才能理解这个命题的意义。

此后，语言哲学发展到奥斯汀言语行为理论，实现了有效性要求的语用转向，即从表达的语用学角度出发，彻底把语言哲学中的范式转型推向语用学的真正变革。奥斯汀的言语行为理论，在意义的真假之外发现了意义的语用力量，从而把话语意义看作是"意义"与语用力量的统一。奥斯汀的言语行为理论，主张每个句子都具有特定的语义和用法，要阐明其语义，就需要明确其"适切条件"②。也就是说，话语的语义既与所涉及的语言活动自身有关，又与其所处的情境紧密相连。奥斯汀由此实现了语言意义和语境的密切融合。"以言行事"的行为使用的是执行式的语句，即不说明情况，但是执行一些交

---

① 哈贝马斯：《后形而上学思想》，曹卫东，付德根译，南京：译林出版社，2012 年，第 94 页。
② 吴苑华：《"规范语用学"与哈贝马斯》，《华侨大学学报（哲学社会科学版）》，2005 年第 1 期。

往的工作（例如问候、感谢、命令），施行句，无真假，只有适当与不适当。奥斯汀高度评价了语言与客观世界、命题与事态之间的相互联系，并进一步从语用角度发展了真实性的有效性要求，即把形式语义学和语言游戏语用学的精辟见解结合起来[①]。哈贝马斯认识到了意义和有效性之间的内在联系，即把语言的意义还原为语言本身的成真条件，强调用语言本身的真实情况对意义进行解释。

哈贝马斯积极肯定了奥斯汀从语用角度对于真实性有效性要求的肯定。亦即，要真正实现语言表达的特定位置，就要从言语行为的"以言行事"角度发展真实性的有效性要求。但是，奥斯丁把"真实性"当作判断记述式言语行为有效性的一个指标，这一点值得商榷。奥斯汀对此进行了进一步的修改，认为"以言表意"与"以言行事"行为之间存在着一种关系，认为这两种方式只需要通过分析就能将其区分出来，即真值和结果两个层面，而每一种言语行为都可以被认为是对的还是"合乎逻辑"的。但哈贝马斯批判道，奥斯汀并没有对"真实性"提出一整套全面且清晰的具体规定[②]。基于言语的双重结构，哈贝马斯把言语行为划分为三种形式："断言性""调整性"和"表白性"，讨论了会话中参与人所使用的言语行为类型。哈贝马斯以互动交往模式为基础，从言语的双重结构出发，对产生于言语的双重结构中的有效性要求进行了重新界定。哈贝马斯依据真实性要求，提出类似于真实性的有效性要求。哈贝马斯相信，如果了解了记述式言语行为中所蕴含的陈述的含义，就可以了解什么是真实性要求，而真实性并非像真理符合论所提倡的那样的类似关系。当我们在做出一个陈述时，真理就是与这个陈述相关联的有效性要求。"真实性"是指在言语表达过程中所表现出来的一种效力的需要。而"真实性"则与客观世界相对应，建立在经验基础之上，因为只有在客观世界中，才存在真理的真与假。

所谓真实性，就是指站在一个客观的角度上，对现实生活中发生的事情做出真实的描述，从而与他人共享自己的知识。言语一定要能反应外部的客观环境中的情况，交往者用言语向同样处于客观环境中的其他者展示外部的情况，也就是说，语言的有效性依赖于语言能否反应和被另一方理解。

---

① 殷杰，郭贵春：《理性重建的新模式——哈贝马斯规范语用学的实质（下）》，《科学技术与辩证法》2001年第4期。

② 殷杰，郭贵春：《理性重建的新模式——哈贝马斯规范语用学的实质（下）》，《科学技术与辩证法》2001年第4期。

三、符合社会文化和语用规则

交往性资质中对语言的运用能力，具体还包括符合社会文化和语用规则，是指言语者在标准规范语境场景中对其行为（甚至是对规则自身），所提出的正当性的要求。

哈贝马斯在批判性研究维特根斯坦意义语用论后，强调必须从语用角度来理解意义。只有这样，才能真正实现对语言的运用，从而避免只从对应的语言功能的视角来看。维特根斯坦在其后期著作《哲学研究》中倡导语言的应用理论，从而开创了一个崭新的意义应用理论。按照维特根斯坦的观点，语言不应该被看作是挂在物品上面的一个标记，而可以是一个工具的盒子。维特根斯坦曾经告诫我们，考虑一下工具箱里的那些工具，如有锤子、钳子、锯子、胶水、钉子、螺丝等。词语的作用，正如其作用那样，是多种多样的。因此，语言成分的含义，不是附属于某物，而是其功能。维特根斯坦认为，言语形式的含义与原因只能立足于人类话语的论述，而非超越语言的独立实体的存在。维特根斯坦提到，"想象一种语言就意味着想象一种生活方式。"[1]哈贝马斯肯定了维特根斯坦对于语言表达的行为特征的揭示，语言这种媒介不仅仅是用来描述事实或者判断事实，一个语词的意义既有表现功能，又有具体的使用方式。维特根斯坦认为，对一种语言的了解就像对一门技术的掌握一样，但是如同人们常常被语法形式误导一样，实际上不同语法形式具有不同的用法，而其如何理解这种语法形式却在于它在交往过程中的实际应用方法。换言之，维特根斯坦认为语词是一种无价值的象征，其含义只有在其运用中才能获得。这样看来，每种语言的生命力都来自如何在情境中使用它。这一思路对哈贝马斯起到了重要启示作用，语言的运用是一种社会实践，具有其共同实践的先验理解和规则。

根据意义应用论，一个词的意义在于其用法，即语言游戏行为[2]。这种语言游戏从其内涵上理解，是一种生活方式。维特根斯坦提出，行动与话语行动的情境，由两个人所共有的生活方式的先验性调和，由体制与风俗所约束的社会交往实践的先验性理解组成。精通一种语言，或学会理解一种特定的语言，需要我们去调整自己的生活方式。这样的生活方式先天地规定了不同的意图和不同的行动。对此，哈贝马斯指出，语言的运用，应该包括符合社会文化和语用规则，要重视语言和体现生活方式的具体实践之间的关系，重视语用交往过程中言语交往者的这种对于生活世界先验理解，以及具体语用语境的重

---

① 维特根斯坦：《哲学研究》，李步楼译，北京：商务印书馆，2019 年，第 18 页。

② 张庆熊：《交往行为与语言游戏：论哈贝马斯对维特根斯坦语言哲学的接纳与批评》，《马克思主义与现实》，2008 年第 4 期。

要作用。

　　哈贝马斯指出，交往性资质包括在运用语言过程中的行为特征，即符合语言与生活实践的内在关系。通过对社会规范（即生活形式与言语活动规律）的研究，我们可以发现各种不同意义模式的语言运用方式。哈贝马斯认为，只有借鉴毕勒的语言图式功能，从三个角度来审视语言的有效性（真诚性、真实性和正确性）①，才能形成一套完整的语言理论，以保证言语交往的有效性。哈贝马斯认为，在对有效性要求进行检验的过程中，需要参照社会世界。社会世界涉及规范存在，是从合理的人际关系出发组成的关系世界，在言语相互交往中，达成理解的有效性要求要符合社会文化和生活方式规范。哈贝马斯指出，有效性要求必须重视言语与再现生活方式的交往实践之间的关系。奥斯汀沿着维特根斯坦的这一思路继续研究，但奥斯汀没能够将整个交往中所用的话语和其原理上的超语境的有效性主张联系在一起，仅仅将一切有效性主张指向一个真实性的要求。

　　哈贝马斯继而从言语双重结构重建的基础上提出，从言语相互交往的过程来看，有效性要求的规范性是一个不可或缺的有效条件。奥斯汀指出，在真值条件语义学中，话语与客观世界、句子与事态的联系是建立起来的，但没有建立起与有效性概念的联系。换句话说，在哈贝马斯看来，奥斯汀的双重结构理论还只是一种意义上的分析，而没有深入语用学的层面，特别是忽略了施行语言、生活方式，以及社会世界之间的联系。哈贝马斯指出，奥斯汀把一个关于命题的真理的有效性的论断与一个可以从表述与事实之间的一致的规范的正当性的判断相结合，而一个规范的正当性却不能用真理的相应的理论去说明。

　　从规范的角度来看，交往者在其所处的社会世界中，都要遵循一定的交往准则，并遵循一定的规则，从而使交往双方的交往活动获得对方的认同。哈贝马斯强调，在对有效性要求进行检验的过程中，需要参照社会世界。社会世界涉及规范存在，是由从合理的人际关系出发而组成的关系世界，在言语相互交往中，达成理解的有效性要求要符合社会文化和生活方式规范。

---

① 傅永军：《交往行为的意义及其解释》，《武汉大学学报》，2011 年第 2 期。

第四节　实施言语行为的能力

　　交往性资质还包括能够根据对方的有效性要求进行互动和建立联系，认同、批判对方等实践互动，即具有实施言语行为的能力，通过言语行动建立起社会联系和实践重构过程。实施言语行为，是执行一种语言行动。也就是说，这种行动符合公认的规范或公认的"自己形象"，从而让听话人在共有的价值观上对说话人产生共鸣。交往性资质意味着在交往过程中，言语者依靠有效性要求进行交互主体间的交往。但有效性要求不能只从单个言语者的视角加以确定，而是取决于交往过程中建立起来的主体间性的承认关系，并且对有效性要求进行评价和反馈的实践生成与重构过程。交往性资质借鉴了康德的先天综合能力，进而将"先天语言能力""后天的世界知识""交往能力""施行性言语行为"等进行组合，但是作为哈贝马斯提出的构造关于理解的前提条件，这种先验规范性是服务于话语实践的，这个交往性资质具有实践的生成性和重构性。

　　"交往性资质"的提出，显示了哈贝马斯对于达成理解的普遍条件的建构[1]。这种交往性资质作为实现交互主体间达成理解的一般前提预设，具有一定的先验性。但并不是形而上学的先验性，而是一种基于语用情境的交往先验性。这种交往先验性，是一种达成交往理解的理性潜势，存在于个体对于语言资质和语言能力的习得、个体表达的真诚性，以及交往过程中的有效性要求的评价互动过程。可见，这种交往性资质的先验性和理性，存在于通过言语行为达成理解的实践过程和不断的重构过程中，具有后形而上学色彩。

一、施行言语行为

　　交往性资质包括能够根据对方的有效性要求进行互动和建立联系，认同、批判对方等实践互动。实施言语行为的能力，首先包括施行言语行为。哈贝马斯在对维特根斯坦晚期所开创的意义应用理论的研究过程中，指出并肯定了意义应用理论揭示了语言言说的行为特征。按照维特根斯坦的语言学观点，语言与生活实践有着内在关联[2]。哈贝马斯受此启发，进一步展开对言语行为理论的研究，借鉴了以奥斯汀、塞尔为代表的言语

---

[1] 张云龙：《理性的批判与重建——从普遍语用学的角度》，《浙江社会科学》，2009 年第 8 期。
[2] 张庆熊：《交往行为与语言游戏：论哈贝马斯对维特根斯坦语言哲学的接纳与批评》，《马克思主义与现实》，2008 年第 4 期。

行为理论。哈贝马斯认同奥斯汀的言语行为理论观点，将言语行为看作是交往的最基础单位。

奥斯汀的言语行为理论，是对维特根斯坦晚期思路的延续和发展，即把语言视为一种行动模式的理论。由卡尔纳普发端的语言逻辑分析，研究的是语言形成中的句法和语义学的特性。语言的逻辑分析将研究对象界定为一种为表达建立的语言规则系统。莫里斯将语言学行为主义的模型和信息传递模型综合到自己理论中，将言说过程概念化，意义的主观际性并没有被重视。维特根斯坦在晚期的《哲学研究》中反对这一思潮，提出"意义就是使用"，认为话语必须与人类的日常生活行为或言语游戏相结合，方能得到清晰的阐释。奥斯汀在1955年首次提出了言语行为理论，以此来对抗逻辑实证主义的思潮。奥斯汀追随维特根斯坦的思想，建立了一套"言语行动"的理论，认为话语是一种行动手段。奥斯汀把语言作为一种行动来看待，这是一种重要思想，并把它称为言语行为。

哈贝马斯对奥斯汀的这种区分给予了高度评价，他认为这种区分明显地牵涉到人们的交往活动，包括了各种社会关系以及各种社会规范。奥斯汀的言语行为可以概括为一句话：说话就是做事，说话本身就是一种行为。奥斯汀主张，语言的研究不应局限于文字或语句，而应着眼于词和语句的运用。他主张，言语行为是"以言表意"的有意义的单位，以实现完成行为方式的话语为主体的言语活动。哈贝马斯认为，语言所具备的集行事和命题为一体的双重结构，是维特根斯坦与奥斯汀最先找到的。奥斯汀把语言看作是一种行为，也就是一种言语行为 [①]。奥斯汀把语言研究看作是语言活动中的一个有意义的单元，它是由词语和语句构成的动作。奥斯汀把这样一种以"以言行事"和命题内容共同组成的行为称为言语行为。哈贝马斯指出，这个研究结果是将语用学部分引进到形式分析中去的首要步骤。哈贝马斯认同奥斯汀的观点，他指出说话人除了表现事件、表现意图外，还表现出相应的行动。也就是说，说话人在施行相关的行为，言语行为是交往的最基本单位。

哈贝马斯将言语行为视为交流的最小单元，并进一步对行为和言语行为之间进行区别，进而对言语行为的内涵进行了阐述。行为，是指如奔跑、递交、敲打等单纯的非语言行为，也就是一个目的行为。行为者借由这个行动，选取并采用适当的方法，以达到预先设定的目的。"言语"可以通过命令、忏悔、判断等方式来表现，也可以用来与他人就现实生活中存在的问题取得一致意见。言语和行为之间视角的差别，行为是从第一人称的叙述出发，并与从第三人称出发的叙述进行对比。由于建立了一个普遍意义的语境

---

① 杨玉成：《奥斯汀论言和行》，《哲学研究》，2004 年第 1 期。

来决定对这样一个意向的推测，因此，一个观察者不可能推测出行动者的目的，但是在实践中，这个行动的意向必须进行特定的分析。从一个观察者的角度看，我们能确认一个动作，但不能确定其行为意图，要确定其意图则必须从参与者视角出发。可见，非言语行为绝不会让人主动意识到它是一个有意识的行动。

哈贝马斯认为，在言语行为活动中，言语者的意向是可以被识别出来的，而这一点正是由这个命题所决定的使用方式。这些自我解释的行为具有一种反思结构，因而，言语行为是一种与自我相关联的结构。其目的在于"以言行事"，并非直接目的的实现，需要在交互主体间才能实现。哈贝马斯认为，语言具有了一种新的功能，即行为功能。因而，从交往性资质内容来看，必然从以单句为中心转向以语言使用者、社团以及语言环境等交互中心和交往情境为中心，促使从以语言知识为中心转向以交往情境为中心。正是言语者在施行言语行为过程中，语言开始作为一种行为，不仅是表征思想、描述世界、评判事态，更是作为言语行为参与到交往情境与世界的建构实践之中。

二、建立人际关系

交往性资质的实施言语行为的能力，是一种融合了行事和命题这两重结构的实施言语行为能力[①]。这种双重结构的核心内涵在于建立人际关系。

奥斯汀的言语行为理论促使哈贝马斯实现了对象领域从米德的交往行动向言语行为的转变。哈贝马斯认为，语言中的双重结构，是由维特根斯坦与奥斯汀共同发掘出来的。这个研究结果是将语用成分引进到形式分析中去的一个重要步骤。哈贝马斯同意奥斯汀的看法，他指出说话人除了表现情况、表现意图外，还表现出相应的行动，也就是说，说话的人在说话的时候，也正在做某事。

奥斯汀将言语行为区分为"以言表意"，"以言行事"，和"以言取效"三个部分。具体而言，"以言表意"的意思表示，说话人已经表示了情况，说话人也表示了自己的意思；"以言行事"作为一种行为，是指说话人在说话时已经做了某种动作，以言行动的方式来确定其命题的方式，例如断言、命令、承诺等；"以言取效"是说话人对听者的一种发挥效果。奥斯汀表达了他的语言观点，即言语行为是指言语者通过表达，有所行动，进而生效。奥斯汀将这样一种以"以言行事"和命题内容共同组成的行为称为言语行为。因此，言语行为是意义和交流的最基本单元。

---

① 殷杰，郭贵春：《理性重建的新模式——哈贝马斯规范语用学的实质（下）》，《科学技术与辩证法》，2001年第4期。

哈贝马斯强调奥斯汀言语行为中"双重结构论"的重要启示作用。对于言语行为的内涵，奥斯汀最初提出表述句和施为句的言语行为的二分[1]，这样一种命题／施行的言语双重结构对哈贝马斯具有启发作用[2]。奥斯汀提出，陈述语句出于认识目标，对话语的命题进行显示。而施为语句则是为了沟通，显化地构建了关系，赋予了话语一种带有允诺限制特性的能力，从而实现了面向世界的语言的认识运用，通过言语活动来构建人与人之间的关系。从语言本身来看，它的主要功能不在于阐明主张的具体内容，而在于通过行动来确立人与人之间的关系。言语行为理论力图建立二者的联系，突破了以判断与描写为主的局限，将承诺、请求、警示等多种用法纳入其中。因此，言语行为理论把说某事的领域（即形式语义学意义上的）与行动领域（语言运用论）联系起来。

哈贝马斯指出，从发生学的观点来看，与恒定陈述的内容相关的话语，由于说话动作要素与陈述要素的独立，从而在语言的生成与变化过程中产生。为了同时达到了解（假如他们要表达自己的意图），将两种交流水平区别开来，这就是区别说话人和听话人之间的一种前提。区别的途径：（1）主体间的层次，在这种层次上，说话人与听话人通过言语行为来达成彼此的了解；（2）陈述性内容层次，这是可以交流的，就每一句话所能被分析的关系与内容而言，即有一种语言行动要素（即规范的）与陈述要素。

此外，奥斯汀对如何将"以言行事"与"以言取效"行为相区别，一直存在着争议[3]。基于这四种划分准则，奥斯汀认为，"以言行事"目的和言语行为是一种规范的、内部的联系，这种联系与语言表现出来的意思并无直接联系。奥斯汀对交往过程中的语言活动进行了研究，并没有发现它们之间存在着明显的不同。"以言取效"的结果显示，在交往过程中通过不同的言语行为之间的相互影响而获得了统一。它们是预期之外行动的结果，或者是行动的一个结果。"以言取效"是策略互动的一种类型。哈贝马斯认为这是有区别的。哈贝马斯指出，交往行为就像"以言行事"的影响，它是在对这个世界展开行动的时候被描述出来的，它是参与者通过他们的言语行为，而行动的结果是在人与人之间，也就是在交往对象的生活世界中。这是由于哈贝马斯把以沟通为取向的言语行为作为一种特定的唤起"以言取效"的效果的策略行为[4]。哈贝马斯把交往活动看作是一种以语言作为媒介的交往活动。在这种交往活动中，人们通过其言语活动来达到一个共同的、唯一的目标——"说话"。反之，若交往双方企图通过言语活动来达到"以言行事"

---

[1] 杨玉成：《奥斯汀论言和行》，《哲学研究》，2004 年第 1 期。

[2] 哈贝马斯：《交往行为理论》第一卷，曹卫东译，上海：上海人民出版社，2018 年，第 364 页。

[3] 杨玉成：《奥斯汀论言和行》，《哲学研究》，2004 年第 1 期。

[4] 殷杰，郭贵春：《理性重建的新模式——哈贝马斯规范语用学的实质（下）》，《科学技术与辩证法》，2001年第 4 期。

的目的，那么，双方之间的交往就被称为"言语行为"。奥斯汀并未区分这两种交互方式。哈贝马斯把交往导向的话语行为与策略语境中的话语活动进行了区分，并拓展了奥斯汀关于沟通导向与目标导向之间的界限。哈贝马斯主张交往行为，必然依赖于"以言行事"和对"以言行事"的阐释。"以言行事"的影响体现在人际关系的层次上，在交往参与者的生活世界中表现出来，这是由于生活世界是交往参与者的沟通背景。

三、对有效性要求进行评判

交往性资质中实施言语行为的能力还包括言语者对有效性要求进行评判及重构对话。言语行为理论对于有效性要求的重建启发了哈贝马斯。

奥斯汀重视"真值语义学"，将真值语义学中"语言与客观世界、命题与事态"有机地融合在了一起。奥斯汀为维特根斯坦的"不可言说"理论提供了一种新的评判尺度：合理、恰当、准确，从而使其在伦理和价值等方面的思考成为可能。奥斯汀从意义的真假之外，发现了影响意义的最主要的要素——语用力量，将"意义"与语用力量统一，认为每个句子都具有特定的意义和用法。要阐明话语的意义，就需要明确其"适切条件"，也就是，话语的意义既与所涉及的语言活动自身有关，又与其所处的情境紧密相连。哈贝马斯肯定了奥斯汀对于有效性要求的发展，但他批判奥斯汀在"真实性"这一维度上缺乏一套明晰的有效性要求，并且过去的语言学家对于有效性要求的看法总是片面的。

哈贝马斯认为，交往性资质包括言说者互相之间对有效性要求进行评判[1]。具体来看，这种对于有效性要求的判定在交往行为关系中，包括三个维度：第一，积极或消极：说话人在规范语境中对自己的行动（甚至是对规范自身）的正确性要求；第二，说话人为了表现其独特的主体体验而提出的真诚性要求；第三，说话人对陈述命题的真实性要求。话语活动是一种传播中介，它构建并更新了人与人之间的关系。说话人以关注现实生活中的现实情况为出发点，提出或设置各种状况或事件；言说体验，也就是自我表现，通过这种方式，说话者关心自己在主体世界里拥有的事物。"以言行事"是社会交往网络中最重要的一环，使语言与社会制度得以互相渗透。不管是对话语中的命题（和它所包含的事实假设）所支持的真实与否，或者对话语在语言的规范性表述中的正确性产生疑问，或者对说话人的表述意图（意思与话语的一致）的真诚性产生怀疑，都会使听者对说话

---

[1] 韩红：《交往行为理论视野中的普遍语用学——"哈贝马斯语言哲学思想探幽"之一》，《外语学刊》，2006年第 1 期。

人的话语产生普遍的否认。

　　哈贝马斯克服了把语言功能仅仅局限于反映事实的做法，从三个方面对每一种言语活动进行了全面的研究。除此之外，对于有效性要求的判定总是属于当下交往情境的，具有情境性、交互性和重构性。一方面，对于有效性要求的判定具有情境性、交互性，哈贝马斯提出了有效性要求的双重性：一是超出某一特定的情境，他们若要使交互的参加者经由协作而取得一致意见，就必须在特定的时间和空间中提出，并获得实际的认可。主张规范的正确性，不仅跨越时空，而且始终在特定的时空尺度上，始终在特定的情境中提出，而且必须被现实行为的结果所接纳或排斥。另一方面，对于有效性要求的判定又具有重构性，哈贝马斯重视具体语境和经验科学的参与。哈贝马斯提出，理解是一个语用理性的实践论证"过程"，而不是理想假设构造了它的"结果"。哈贝马斯突出强调生活实践中经验的地位，而这种经验则是基于语用语境基础上，通过实践活动的各种相互作用的总体性存在。在这个过程中，有效性要求超出了所有纯粹的局部范畴。在这种有效性要求的推动下，这种张力关系也逐渐深入生活世界本身的实际情况。在交流实践本身的中心范围内，存在着先天的理想化，理想化从超验的范畴下降到了生活世界之中，利用自然语言起到一种有效的中介作用，来实现对其有效性要求的批评验证。

第四章

理解思想的实践哲学维度：
理解的有效性要求

　　本章对哈贝马斯理解思想的实践哲学维度，即对于理解的有效性要求展开了研究。该部分，首先对哈贝马斯进行理解有效性要求重建的理论基础进行了阐发。语言哲学中一系列意义理论的有效性要求，为哈贝马斯重构理解的有效性要求提供了理论前提。具体来说，哈贝马斯理解的有效性要求研究，包括哈贝马斯基于言语双重结构的有效性要求重建，从而提出言语交往中有效性要求的真实性、规范性和真诚性要求。此后，哈贝马斯进一步发展了有效性要求的语用维度，提出"可接受条件"，实现有效性要求的语境化"条件转向论"。最后，哈贝马斯还对有效性要求的语用语境性进行了研究。哈贝马斯认为，作为检验场所的"理想的言谈情境"是一种语用的理想设计，应当根据有效性要求的条件和履行这种条件的可能潜在原因，来研究有效性要求的先决条件。有效性要求具有现实语境条件，以及语境和语用的统一。

第一节　理解的有效性要求的理论基础

哈贝马斯对于理解的有效性要求的探索具有一定的理论基础。具体来说，这相关的理论基础包括传统意义理论的有效性要求、维特根斯坦意义应用理论的有效性要求、奥斯汀的语用"适切条件"对有效性要求的修正和哈贝马斯对奥斯汀有效性要求的批判。

一、传统意义理论的有效性要求

传统意义理论中，意向主义语义学，形式语义学等都提出过相关有效性要求，哈贝马斯对于传统意义理论的有效性要求的研究与批判，为其提出理解的有效性要求提供了理论基础。

首先，哈贝马斯对以格莱斯为代表的意向主义语义学的有效性要求进行了批判性研究。[1] 格莱斯是意向主义理论的典型代表之一，其意向性理论与传统意义的指称理论是有区别的。在意义的指称论的视野中，话语的语义是独立于语境外说话人所运用的词语或语句，通过简单的翻译可以得到语义。而格莱斯的意向性论则不同，他指出，说话者的目的与说话人的含义是一致的，交往的成败不仅依赖于对言语符号的接收，还依赖于对交往意图的识别。可见，对于意向主义语义学，意义的有效性要求是主体的真诚性。

在这种意向主义理论视域中，听者不仅要接收到某种思想，还要了解说话人的意思，从而对说话人的意思做出正确的回应。根据意向主义理论，只有说话人在具体情况下所表现的话语是基本含义，主体的意向是其达成意义的有效性要求。这一观点对于传统的意义指称论来说具有进步性，但也具有其局限性。哈贝马斯指出，意向主义语义学从根本上讲是一种语言工具论观点[2]。它认为语言只是一种传递话语主体意愿的手段，所有由话语主体构成的符号与象征，都只是一种表达其观点与意图的手段，而不具有语言自身的独立性和内在结构。哈贝马斯在探讨形式语义学的有效性要求时提到。形式语义学强调语言的句法结构和规则系统，强调语言的表现方式，强调语言具有一种不受言语主体思想影响的相对独立的存在[3]。可见，形式语义学的有效性要求是真实性，是语言表达符

---

① 哈贝马斯：《交往行为理论》第一卷，曹卫东译，上海：上海人民出版社，2018年，第348页。

② 刘志丹：《哈贝马斯语言哲学思想研究》，《吉林大学》，2012年。

③ 殷杰，郭贵春：《理性重建的新模式——哈贝马斯规范语用学的实质（上）》，《科学技术与辩证法》2001年03期。

合句法结构和规则系统，语法规则和语言表达符合客观事实的真实性。按照形式语义学的观点，对一种表述是否能够恰当地使用并精确地把握，其核心并不是取决于说话人的意愿，也不是人们普遍认同的惯例，而是它本身所具有的形式特征与产生规律。哈贝马斯指出，形式语义学这种命题语义学意义理论的研究范式，是对长期占据主导位置的指称语义学的一次革命。

指称语义学认为，语言与现实的直接联系是一种"个体"和"一般"、"特殊"与"普遍"的统一。它的意义就是要填补指称语义学的这一缺陷，即要用一种不同于语言与对象之间关系的方式来说明语言和世界的联系：只有这样，才能证明某一命题是真实的。形式语义理论的一个根本观点是：断言命题的含义即所再现的事态形式语义学认识到了意义和有效性之间的内在联系。也就是说，把句子的意思归为陈述的成真条件，注重用陈述的成真条件对意思进行解释。形式语义学认为意义理论的主要对象是语言表达，并且这种语言表达是可以脱离语境独立出来进行逻辑语义学分析。对此，哈贝马斯批判道，意义理论已经脱离了行动理论的语境，它仍然是一种严谨的语言学分析。形式语义学只注重研究语句本身，而忽视了说话人的主观意图、主观意识和感受。对此，哈贝马斯批判形式语义学只重视语言本身的规则系统，而忽视言语实践和理解语言的心理意向，以及在交往过程中交互主体间的语用学关系。换句话说，形式语义学的有效性要求具有单一维度的局限性，具体针对的研究对象是语言的表达，并非在交往过程中的交互主体间的语用学关系。针对形式语义学有效性要求的片面性，哈贝马斯指出，形式语义学对语言的分析集中在表现功能上，即集中在命题和事态之间的关系上。哈贝马斯肯定了形式语义学对意义和有效性之间的内部联系的深刻理解，但批评它把有效性要求限定在了语言与外界世界的一致性之上，并没有注意到有效性要求的多元争论。哈贝马斯认为，从弗雷格到维特根斯坦，从意识哲学向语言分析的转换仅仅是一个开始。

二、维特根斯坦意义应用理论的有效性要求

在批判研究了传统意义理论的有效性要求之后，哈贝马斯继续研究了维特根斯坦意义应用理论的有效性要求，进一步深入了对于理解有效性要求的探索。维特根斯坦在其后期著作《哲学研究》中倡导语言的应用理论，针对自己在早期阶段所提出的意义的真值条件理论，以及意义的指称论观点，从一种全新的视角提出了意义的应用理论。从维特根斯坦意义应用理论的角度来看，有效性要求是从语用学角度考虑语言与生活方式的

互动实践之间的符合关系①，即语言与社会文化和生活方式的规范性、正确性要求之间的关系。

　　由卡尔纳普发端的语言逻辑分析，研究的是语言形成中的句法的和语义学的特性。语言的逻辑分析将研究对象界定为，语言是一种为表达建立的规则系统。莫里斯将语言学行为主义的模型和信息传递模型综合到自己的理论中，将言说过程概念化，意义的主观际性并没有被重视。维特根斯坦在晚期的《哲学研究》中反对这一思潮，提出"意义就是使用"，同时认为话语只有经过各种相互联系的活动和语言对话才能被理解清楚。维特根斯坦意义应用理论是在对卡尔纳普以"命名法"为基点的语义学模式和其原子主义思维的批判中产生的，是对这种传统语言思维方式的革新。维特根斯坦认为，不应该把语言看作是挂在物品上面的一个标记，而是一个工具盒。维特根斯坦曾告诫我们，考虑一下工具箱里的各种工具有锤子、钳子、锯子、螺丝刀、尺子等。词语的作用，正如其工具箱作用那样，是变化无穷的。由此可见，词语的含义，不是某物的附属品，而是其功能。维特根斯坦认为，语言的含义与内涵只能立足于人的论述，而非超越语言独立实体的单独存在。哈贝马斯肯定了维特根斯坦对于语言表达的行为特征的揭示②，语言媒介不仅仅是用来描述事实或者判断事实，某个词句的含义不只在于它的表现功能，也表现为在语言中的使用方法。因此，有效性要求不在于语言的表达功能，而在于语言的应用过程是否符合行为特征。

　　具体来说，根据意义应用论，一个词的意义在于其用法，即语言游戏行为。这种语言游戏从其内涵上理解，是一种生活方式。维特根斯坦提出作为行动与话语行动的情境，由主体间所共有的生活方式的先验性和谐，与由制度与风俗所约束的社会交往的先验性认识组成。维特根斯坦提到，"想象一种语言就意味着想象一种生活方式。"③换言之，维特根斯坦认为，理解某种语言，类似于对一种技术的掌握，但是如同人们常常被语法形式误导一样。实际上不同语法形式具有不同的用法，而其如何理解这种语法形式却在于它在交往过程中的实际应用方法。换言之，维特根斯坦认为词汇本身是一种无价值的象征和符号，其含义只有在其运用中才能获得。按照这一思路，每个语言符号的生命在于如何在情境中使用它。对此，哈贝马斯认为，意义应用理论，是一种注重语言和复现生活方式的交互实践活动的内部关系。在这个意义上，我们并没有按照说话人的观点来诠

---

① 张庆熊：《交往行为与语言游戏：论哈贝马斯对维特根斯坦语言哲学的接纳与批评》，《马克思主义与现实》，2008 年第 4 期。

② 张庆熊：《交往行为与语言游戏：论哈贝马斯对维特根斯坦语言哲学的接纳与批评》，《马克思主义与现实》，2008 年第 4 期。

③ 维特根斯坦：《哲学研究》，李步楼译，北京：商务印书馆，2019 年，第 18 页。

释这种联系，相反地，我们将其解读为一种超越惯例的实践。

显然，学会和精通一种语言，或理解某种特定的语言，我们需要去适应一种生活方式。这样的生活方式先天地规定了不同的意图和不同的行动。语言游戏句法结构反映出了一种生活世界的背景知识，它既是一种语言的多重作用的基础，又是被主体所共有的。这种对于生活世界先验理解，源于康德"先验逻辑"对哈贝马斯的启示和重构。

哈贝马斯借鉴意义应用论的语言言说的行为特征，强调语言与生活实践的内在关系，将有效性要求链接到关注社会规范（生活形式和语言游戏的规则）制约的语言的用法，看到了语言使用的意义模式的多样性。哈贝马斯肯定了维特根斯坦晚期提出的意义和有效性要求的内部关系，把意义的有效性要求和实践、制度的社会作用相联系，把"语言游戏"的语法规则类比和理解为某种社会行为的规范。与此同时，哈贝马斯对于维特根斯坦意义应用理论的经验性、随机性和不确定性进行了批判。他指出，这种路径没有充分考虑关于普遍性的有效性要求的存在，仅仅根据语言游戏的标准，具有随机性和不确定性。

三、奥斯汀的语用"适切条件"对有效性要求的修正

哈贝马斯在对理解的有效性要求的研究过程中，通过批判研究一系列语言哲学意义理论，指出了它们分别抓住了理解的有效性要求的某个方面，根据意图、内容以及应用的角度，来解释语言表达的意义。意向主义语义学重视主体表达的真诚性、内在意向，形式语义学超越了意向主义语义学，重视有效性要求的真实性。它主张只有符合语法，并具备其本身的性质，方能把思想和意图相连接起来，并透过命题的真实性而得以体现。但维特根斯坦并未将词汇的意义规则和命题的真实性相关联，而是将意义的有效性与实践等同于制度的社会功能，将语言游戏的语法规则比喻成了一种社会行动准则，重视有效性要求的规范性、正确性。这一路径抛弃了所有在语言游戏之外存在的有效性要求的关系，而仅仅依据语言游戏的尺度来判定表述的正确性，具有随机性和不确定性。哈贝马斯沿着对于有效性要求的研究道路，进一步对奥斯汀的言语行为理论进行了研究。

1955 年，奥斯汀提出言语行为理论，他把自己的语言思想称为"日常语言哲学"或者"语言的现象学"①。沿着维特根斯坦的思路，奥斯汀继续在有效性要求的语用转向的道路继续探索意义问题的语用力量，通过"以言行事"继续研究语言如何与生活方式的互动实践联系起来，这进一步推进了哈贝马斯的有效性要求研究。奥斯汀强调，要将话语

---

① 奥斯汀：《语言现象学与哲学》，杨玉成译，北京：商务印书馆，2002 年，第 10-36 页。

视为一种行动模式的言语行为论。奥斯汀把言语作为一种活动来看待，并把它称为"言语行为"。哈贝马斯很重视奥斯汀的这一区分，奥斯汀的言语行为可以用一句话来总结：说话就是做事，说话本身就是一种行为。奥斯汀主张，语言的研究不应局限于文字或语句，而应着眼于文字与语句的运用的相关行为。

哈贝马斯通过研究，指出在言语行为理论中语言具有了一种新的功能——行为功能。从语言分析哲学发展史的角度看，从以语法或语言形式为主到以言语功能为主，从以单句为主转变到以篇章为主，从以语言自身为核心到以语言使用者、社团和语言情境为核心，以语言知识为核心的交际传播功能进一步得到确证。奥斯汀在维特根斯坦的基础上，继续推进了有效性要求的语用性维度。奥斯汀指出，虽然施为句没有对与错的问题，但我们还是可以从一些角度对"施为"评判它的可接受性。他指出说话人除了表现事态、表现意图外，还表现了行动。奥斯汀将真值语义学理论与语言游戏语用学有机地融合在一起，提出每个句子都具有特定意思和使用的言语活动，要阐明言语活动的内涵，首先要明确言语活动的"适切条件"[①]，也就是说，言语活动的内涵不但与所涉及的言语活动自身有关，还与其所处的情境紧密相连。

奥斯汀区分"以言表意""以言行事"和"以言取效"行为三个部分[②]。"以言表意"的意思是，即说话人已经表示了情况，说话人也表达了自己的意思；"以言行事"是一种行动，是指说话人在说话时已经做了某种动作，"以言行动"的方式来确定其陈述的方式，例如断言、命令、承诺等；"以言取效"是说话人对听者的一种效果的呈现。奥斯汀这一区分的意思是说，说话的人说了什么，做了什么事，从而产生效果。在此，奥斯汀把这种由"以言行事"和命题内容结合起来的动作叫作"言语行为"。"以言表意"的动作使用陈述句，对一种情况进行描写（断定），从而能够区别其真伪。"以言行事"的动作采取的是执行式的语句，这类语句不是对一种情况进行描写，而是在进行一种交往的工作（例如打招呼、感谢、命令等），其作用是一定的，并且在完成其使命时有成功和失败的可能。因此，采用陈述式的句子有真假，采用执行式的句子无真假，只有适当与不适当。可见，针对意义的有效性要求，奥斯汀在传统的评判话语的真假标准之外，又增加了一个新的评判尺度：合理性、合适、准确性，从而使维特根斯坦的"不可言说"在道德、价值等方面的观念成为可能，进而在有效性要求的语用维度上又向前迈进了一步。

---

① 吴苑华：《"规范语用学"与哈贝马斯》，《华侨大学学报（哲学社会科学版）》，2005 年第 1 期。
② 杨玉成：《奥斯汀论言和行》，《哲学研究》，2004 年第 1 期。

四、哈贝马斯对奥斯汀有效性要求的批判

传统意义理论和言语行为理论的有效性要求研究，给哈贝马斯从"以言行事"角度对有效性要求的重建，提供了重要的思路指引。传统意义理论针对理解过程的某个角度，根据意图、内容以及应用的角度，来解释语言表达的意义。真值语义学超越了意向主义语义学，它主张只有符合语法，并具备其本质特性，方能将思想与意向相连接，而事态只能透过主张而得以体现。真值语义学认为，将陈述和命令视为两种基本形态，真实的陈述是指现实存在的状态，命令指事态的实际情况。实际上这两者的有效性要求是一样的，但是实际上，命令型"服从"的含义无法通过语义学上的有效性条件来说明，而应从语用的观点出发。纯粹语义学分析在判断命题方面达到了顶峰。真值语义学理论主张，当一个命题的真实条件被满足的时候，它是可以被忽视的。

因为真值语义学认为，命题由于自身的真值性，在清晰的语境中，可以轻易地对其进行验证并加以检验。而断言命题跨越了许多层面，是无法观察出来的。由此，维特根斯坦确立了意义和有效性要求的内部关系：他不将词汇的意义规则与命题的真实性相关联，而是将意义的有效性要求与实践及制度的社会功能相关联，并将其比喻为一种社会行为准则。因此，这个途径抛弃了所有超出语言游戏的有效性关系，仅依据"语言游戏"的尺度来判定表述的合法性。奥斯汀在意义的真假之外又发现了另外一个意义因素，那就是语用力量[1]，从而把意义的理解看作是语义学中的"意义"和语用力量的统一，从而推动了哈贝马斯重构其有效性要求[2]。奥斯汀的言语行为理论主张每个句子都具有特定的语义和用法，要阐明其语义，就需要明确其"适切条件"。也就是说，话语的语义既与所涉及的语言活动自身有关，又与其所处的情境紧密相连。奥斯汀将语言意义和语境联系在一起，并吸收了一些行为主义语义学中有用的成分。

奥斯汀重视真值语义学所提供的关于语言与客观世界、命题与事态等之间的联系，也就是将真值语义学与语言游戏语用学的深刻观点相融合，因而被哈贝马斯称为在"言语行为理论方面迈出的第一步"[3]。但是，哈贝马斯将"真实性"视为记述式言语行为活动的真实效果的普遍化，应该在有效性层面的维度上开辟了一片天地，涵盖命题的真值、善与和谐、规范的正确等，而奥斯汀的"真实性"维度却没有一套明晰的有效性的具体

---

① 杨玉成：《奥斯汀论言和行》，《哲学研究》，2004 年第 1 期。
② 张斌峰：《从事实的世界到规范的世界——评哈贝马斯的"普遍语用学"对言语行为有效性范畴的超越与拓展》，《自然辩证法通讯》，2002 年第 4 期。
③ 哈贝马斯：《后形而上学思想》，曹卫东，付德根译，南京：译林出版社，2012 年，第 103 页。

要求。哈贝马斯指出："在交往行为关系中，言语行为永远都可以根据三个角度中的一个加以否定：言语者在规范语境中为他的行为（乃至直接为规范本身）所提出的正确性要求；言语者为表达他所特有的主观经历所提出的真诚性要求；还有，言语者在表达命题（以及唯名化命题内涵的现实条件）时所提出的真实性要求。"①哈贝马斯力图克服言语行为理论有效性要求的单一性和经验性。

哈贝马斯批判奥斯汀、舍勒等人将言语行为划分为以认知为取向的目的叙述式、以交流为取向的施行式两类。然而，该模型并没有将言语行为与有效性要求的诸多领域联系在一起，而是将许多实施方式合并到一个命题为真的有效性要求中，从而牺牲了与外界的其他联系和对应的语言作用的价值，从而片面地重视对这个世界的认识性和工具性的联系。奥斯汀认为，真实性只是一种判断记述式言语行为有效性要求的尺度，这一点是有问题的。奥斯汀后来又作了修正，认为"以言表意"和"以言行事"之间只需要通过分析就能将其区分出来，即真值与效果。而每一种语言行动都可以从其本身的正确性或者"合乎逻辑"上得到评判，但哈贝马斯批判道："奥斯汀并没有对'真实性'这一层次进行一套清晰而具体地规定，应该给真实性开辟出一片有效性要求的天地。"在哈贝马斯看来，要想与比勒所提出的交往思想具有同样的价值，奥斯汀就需要对其进行系统性的论述。

哈贝马斯推崇的卡尔·毕勒于 1934 年出版的《语言理论》一书中，提出了语言功能图式。这个图式以符号为中心，由说话人（发送人）、对象和情况以及听话人（接收人）三个方面构成。语言功能三个层面是：（1）说话人使用符号来表示自己的意图和经验；（2）说话人使用符号来描绘事物和情况；（3）说话人使用符号呼唤听话人（接收人）。根据哈贝马斯的阐释，这与主观世界（说话者自身的意图与经验）、客观世界（客体与情境）、社会世界（说话人与听话人之间的关系）有关。哈贝马斯指出，交往中所采用的表述方式，是为了传达说话人的意图（或者经验），描绘事件（或者说说话人在这个环境中所遭遇的一切），从而与接收方建立起联系。这里体现了言语者对事物和他人之间相互联系的三个层面。在语言的表达中，意义的三种维度彼此相连。换句话说，一种语言表述的含义是指说话人在使用符号时心里所想，也就是说话人在说话时所说的话，以及在言语活动中使用该词的方法。哈贝马斯从有效性理论的视角解读毕勒的"功能图式"，认为是走出言语行为理论难题的一种途径，它可以就言事者对某事物的认识，将其"真实"的含义纳入自己的视野，从而避免了意象主义语义学和形式语义学的局限性。哈贝马斯指出，这些观点中任何一个方面，都不能涵盖整个语言的所有含义。以往的语言学家往往只从某个角度讨论语言的含义，从而导致了他们的语言学理论的片面性。

---

① 哈贝马斯:《交往行为理论》第一卷，曹卫东译，上海：上海人民出版社，2018 年，第 385 页。

哈贝马斯指出，言语行为的特点是：既要表述某一命题的内涵，又要表示某种人际关系，还要体现说话人的意图。哈贝马斯认为，由于言语行为在交流中往往包含了主观世界、客观世界与社会世界，因此必须从三个角度来判断话语是否有效①。哈贝马斯认为，语言在交往过程中，并不总是只涉及一方面的关系，而是常常处于两种或三种状态之中。由此，仅从一种语言和外部环境之间的联系来评价言语活动的效力是不够的。意向语义学仅从语言和主体意图之间的联系来研究语言，形式语义学仅从语言和客观世界之间的联系来研究，语言的用法理论仅从语言和社会规范或法则之间的联系来研究，因此具有片面性。要使语言的有效性（真诚性、真实性和正当性）达到统一，就必须把三者有机地结合起来，从三个方面来研究语言的有效性。这样，我们就可以建立一个完整的语言理论体系，从而保证语言的有效交流。

第二节　基于言语双重结构的有效性要求重建

在基于对理解有效性要求的理论基础的研究上，哈贝马斯基于对维特根斯坦意义应用论的有效性要求的语用转向和言语行为理论"适切条件"的反思，力图通过对言语的双重结构的重构，以有效性主题化的方式展开对于有效性要求的重新建构。在此基础上，哈贝马斯进一步分析了对理解所应具备的整体性的三个要件：真实性、正确性、真诚性。

一、言语双重结构的合理重建

哈贝马斯在对于意义理论有效性要求的批判性研究的基础上，逐步展开了自己对于理解的有效性要求的建构。在一系列语言哲学的意义理论中，哈贝马斯着重借鉴和批判了奥斯汀的言语行为理论。哈贝马斯认同奥斯汀对于有效性要求的语用维度的探索，但同时批判奥斯汀言语行为理论有效性要求的单一性和经验性。奥斯汀的言语行为理论，把言语行为分为"以言表意""以言行事"，以及"以言取效"行为。"以言表意"是对某种事态进行说明，"以言行事"是指通过说明某件事情而去做，"以言取效"是指言语者

---

① 傅永军：《交往行为的意义及其解释》，《武汉大学学报》，2011 年第 2 期。

在说话之后仍然对自己、听者或其他人具有一定的影响，并带来相应的结果。

奥斯汀的言语行为理论把言语行为划分为"以认知为目的叙述式"和"以交流为取向的施行式"两种类型[①]。奥斯汀首先将叙述式与施为式两种话语行为区分开来。这种"叙述式"与"施为式"的话语二元论给了哈贝马斯以启示。奥斯汀提出，叙述语句出于认识目标，对话语中的命题进行显题，而施为语句则侧重沟通，将关系显现出来，赋予话语以一种带有允诺限制特性的执行语力，从而实现面向世界的语言的认识运用，从而通过言语活动来构建人与人之间的关系。可见，说话人除了表现事态、表现意图之外，还表现出了相应的行动，也就是说，说话人在说话的时候，也在做事。从言语本身来看，它的主要功能不在于阐明主张的具体内容，而在于通过行动来确立人与人之间的关系。言语行为理论力图建立二者的联系，突破了以判断与描写为主的局限，将承诺、请求、警示等多种用法纳入其中。通过这种方式，言语行为理论把说话的领域（即形式语义意义上的）与行动领域（语言运用论）联系起来。哈贝马斯指出："维特根斯坦和奥斯汀首先发现了语言所具有的这种集行事和命题于一身的双重结构。这一发现是把语用学部分引入形式分析的第一步。随着向形式语用学的过渡，语言分析才重新获得了主体哲学最初被迫放弃的维度和问题。"[②]

哈贝马斯认为，"以言行事"行为和"以言表意"行为是同一言语行为的不同侧面。基于对"以言行事"行为和"以言表意"行为的区分，哈贝马斯认为言语具有内在的双重结构。这种言语的双重结构[③]，一方面包含"以言表意"的内容，另一方面又具有"以言行事"的内容，可以说，这两个方面是同一言语行为存在的不同维度。其中，"以言表意"是"陈述性的"，"以言行事"是"施行性的"。"以言表意"行为处于陈述性内容的层面，具有可传递性，它以认知为目的来对言说内容进行表达，为听者提供可以理解的言说内容；而"以言行事"行为则处于主体间性的层面，以交流为取向，处理人际关系层面的问题。由于主体间性理论的基本观点要求言说者和听者就某事达成共识，因此这一层面指言说者和听者建立达到相互理解的关系。在言语双重结构这两个层次上进行交流，即"内容交流"和"角色"相融合，从而使这一双重结构不断地完善和丰满。哈贝马斯指出，奥斯汀和塞尔仍旧停留在经验语用学的层面上来进行分析，无法上升到"准先验"规则性和普遍性层面。但奥斯汀关于命题施行中的言语二重结构，并没有将言语

---

① 韩红：《交往行为理论视野中的普遍语用学——"哈贝马斯语言哲学思想探幽"之一》，《外语学刊》，2006年第1期。

② 哈贝马斯：《后形而上学思想》，曹卫东，付德根译，南京：译林出版社，2012年，第45页。

③ 韩晓：《言语行为的双重结构与译本研究——个交往行为理论的视角》，《广州大学学报（社会科学版）》，2011年第10期。

行为和有效性主张的多个领域联系在一起，而是仅仅将各种施行模式归纳在一个"命题为真"的有效性要求之中，并对其与这个世界的认识和工具之间的联系进行了片面强调。具体来说，奥斯汀将意义限定在陈述性内容的语句的意义中，将意义与力量分割开来。前者是含义，属于"以言表意"行为；后者是意图达到某种理解，属于"以言行事"行为。

奥斯汀将"以言表意行为"和"以言行事行为"视作完全对立的两个要素，哈贝马斯对此进行了批判。哈贝马斯认为，当一个句子成功地表达出某种意义时，它就会展现出一种语用力量。由于"以言表意"行为并不能够完全中立于"以言行事"力量，这种语用力量只能由"以言行事"行为体现出来。哈贝马斯认为对于意义与力量而言，在对"以言行事"行为的意义进行建构时，完全按照语言学构造陈述性语句意义所使用的形式化策略行事，这种做法是不恰当的。哈贝马斯十分重视言语的"双重结构论"。因此，哈贝马斯着手对言语行为理论的有效性要求进行反思性重构，试图在构建自身普遍性的同时，将经验真正地整合起来，试图凸显言语行为内部的双重结构。针对这一问题，哈贝马斯指出："我认为普遍语用学的任务乃在于言语双重结构的合理重建。以奥斯汀的言语行为理论为出发点，我想在与意义和有效性等问题的关联中使这个任务更加精确化。"[①]

按照哈贝马斯的思路，应从主体间性出发，以达到理解为目标，言语的双重结构以展现"以言行事"力量为核心。他说："从发生学的角度看，相对于恒定陈述性内容的言语行为，是在言语的形成和转化中，因'以言行事'成分和陈述性成分分离而出现的。这种分离对于言语双重结构的区分，对于言说者和听者必须立于其上、以同时达到理解（如果他们想把自己的意向传达给别人）的两种交往水平的区分来说，乃是一个条件。我要区分的是：（1）主观际性的水平。在这个水平上，言说者和听者通过'以言行事'建立起相互理解的关系；（2）陈述性内容的水平。它是可传达的。每个话语都在其分析的关系和内容方面，存在着（在标准形式中）言语行为的以言行事成分和陈述性成分。"[②]

对此，哈贝马斯提出，他的中心任务在于展开对言语行为双重结构的合理重建。具体来说，这就是要求以言语行为理论为基础，开展建立一种合法的人际关系，在此基础上，推进考察"以言行事"的力量。在符合任何一种有效性要求的基础上，言说者都有提出理由的力量，也就是说，只有这些有效性要求才能让"以言行事"力量得以落实。由此，哈贝马斯正式将以相互理解为取向的行动和有效性要求结合起来。事实上，许多言语行为在呈现之中，都会与有效性要求具有关联。哈贝马斯提出，在交往中任何人在

---

① 哈贝马斯：《交往与社会进化》，张博树译，重庆：重庆出版社，1989 年，第 44 页。
② 哈贝马斯：《交往与社会进化》，张博树译，重庆：重庆出版社，1989 年，第 42–43 页。

进行某种言语行动时，都要符合一些普遍的有效性要求 ①，并且假设这些要求是可以被证明（或者是实现）的。因此，如果同时符合这些条件时，"以言行事"的力量才能够展现出来。

这就回答了"为什么有效性要求是从言语的双重结构中提出来的"这一问题，因为哈贝马斯所谓的交往行为只追求言外的言语行动，而言外的言语行动是通过"以言行事"的力量而体现出来的，这就涉及"以言行事"的力量如何落实或展现的问题。对此，客观世界和社会世界属于外部世界，它是客观存在的，主观世界则属于内在世界，是关于主体的内心世界。从另一个维度看，也是对外部世界的一种补充。真实性、正确性，以及真诚性，这三种有效性要求实际上与客观世界、社会世界与主观世界分别对应。也就是说，如果言语者的话语行动是真实的、正确的，以及真诚的，如此便和这三个世界相符合。哈贝马斯在论述中提出了真实性、正确性和真诚性这三个必要条件，将其作为落实"以言行事"力量的必要条件。由此，在重建言语的双重结构过程中提出的言语的有效性要求，以及这三个有效性要求的兑现构成了哈贝马斯理解思想内容的主要组成部分。

二、有效性要求的真实性

哈贝马斯所主张的"有效性要求主题化"是对奥斯汀与塞尔思想进行批判的表现 ②。所谓"有效性要求主题化"，就是指在一定条件下，对各种有效性要求进行相应的言语行为与交往模式的选择。哈贝马斯由此提出了以言语双重结构的重建为基础，从"以言行事"得以落实的角度探索理解的有效性要求。哈贝马斯提出了从语言表达到言语交往的转变过程中，对有效性要求的检验需要考虑客观世界。客观世界具体包括事态的现实存在，也就是关于实际存在的自然世界，而对于真实性的有效性要求在语言哲学发展史中就曾经被提出过，而哈贝马斯的有效性要求的真实性却与传统真理符合论的真实性要求有着底层逻辑的不同。

形式语义学只在语言与客观世界对照的关系方面考察语言，重视语言形式的句法结构和规则系统，认为意义理论的主要对象是语言表达，仅仅从命题的意义学角度出发。对语言的分析集中在表现功能上，即集中在命题和事态之间的真实性的符合关系上。形式语义学的一个重要观点是，一种语言内容是否呈现了其表现功能，是根据真实性要求

---

① Jurgen Habermas, "What is Universal Pragmatics",in Communication and the Evolution of Society, Translated and with an introduction by Thomas McCarthy，p.2.

② 殷杰，郭贵春:《理性重建的新模式——哈贝马斯规范语用学的实质（下）》,《科学技术与辩证法》,2001年第 4 期。

来评判的。只要掌握了这个命题的真实性条件，也就理解了这个命题的意义。形式语义学认识到了意义和有效性之间的内在联系，即命题与有效性是相互关联的。也就是说，把句子的意义归为命题的成真条件，注重用命题的成真条件对命题进行解释。哈贝马斯肯定了形式语义学对意义和有效性之间内部联系的把握，但也批判了只是将有效性要求限定在语言和世界的客观性单向符合关系中。哈贝马斯力图摆脱形式语义学的狭隘本体论前提，对其有效性要求的命题的真实性要求进行超越。

此后，语言哲学发展到奥斯汀言语行为理论，实现了有效性要求的语用转向，即从表达的语用学角度出发，彻底把语言哲学中的范式转型推向语用学的真正变革。奥斯汀在意义的真实性的基础上寻求意义的语用力量，从而使得对"语用"的认识成为语义上"意义"和"语用"的统一。[①]奥斯汀的言语行为理论主张每个句子都具有特定的意义和用法，要阐明其意义，就需要明确其"适切条件"。也就是说，话语的意义既与所涉及的语言活动自身有关，又与其所处的情境紧密相连。因此，奥斯汀实现了对语言意义和语境的密切融合。"以言行事"是采用执行式的语句，即不说明情况，而在完成某些交往的工作（例如问候、感谢、命令），施行句，无真假，只有适当与不适当。奥斯汀重视形式语义学中提出的关于语言与客观世界、命题与事态之间的相互联系，并进一步从语用角度发展了真实性的有效性要求，即把形式语义学和语用学游戏论的精辟见解结合起来。哈贝马斯积极肯定了奥斯汀从语用角度对于真实性有效性要求的肯定，也就是说，真正做到放弃语言表现功能的特殊地位，从言语行为的"以言行事"角度发展真实性的有效性要求。但是，奥斯汀却认为，"真实性"只是一种判断记述式言语行为有效性的尺度，这一点存在问题。

奥斯汀对此进行了进一步修改，认为"以言表意"和"以言行事"之间存在着一种关系，认为这两种方式只需要通过分析就能区分出来，即真值与效果，而每一种言语行为都可以从其本身的合理性或者"合乎逻辑"的角度进行评判。但是哈贝马斯批判道，奥斯汀并没有对"真实性"这一维度展开，并没有建构出一套清晰而全面的规定。哈贝马斯认为奥斯汀关于真实性有效性要求来自于记述式言语行为的真实效果普遍化，这依然是一种形式语义学思路。奥斯汀对于有效性要求依然是片面地强调了与世界的认知符合关系，这是从形式语义学角度对世界单一、片面的工具性认识。哈贝马斯认为，要从对语言的运用转换成对于言语者之间交往过程中来确认有效性的真实性要求。

哈贝马斯从言语的双重结构入手，把言语行为划分为三种形式："断言性""调整性"和"表白性"，讨论了会话中参与人所使用的言语行为类型。任何一种言语行为都不可能

---

① 杨玉成：《奥斯汀论言和行》，《哲学研究》，2004 年第 1 期。

仅与一条有效性要求相一致，其核心在于在不同的交往情境下，对某种有效性要求的侧重程度各不相同。与此对应，不同交往模型的侧重点不同：认知性交往模式侧重于叙述的具体内容，互动沟通模式关注说话人与听话人之间形成的警告、承诺或命令等各种关系，表达交往模式关注说话人意图的主题化。这三种交往模式，是以三种不同的"世界"形式为依据进行划分的。因为哈贝马斯是用现象学的方法来解读"世界"这一概念，所以这里所说的"世界"与广义存在的本体论中的"世界"是有区别的。

因此，哈贝马斯依据相互作用式交往模型，从言语的双重结构中生成的有效性要求进行了重新界定。哈贝马斯指出，"真实是一个普遍的有效性要求，它的普遍性在言语的双重结构中得到了反映。"[①]哈贝马斯在批评了"真理符合论"的基础上，提出了"真实性"的要求，即"真实性"不是在原本真值语义学中客观世界与表达单一维度符合的认知关系。在我们作出一个陈述的时候，"真实性"是对该陈述的有效性要求的必要条件。"真实性"是指在言语表达过程中所表现出来的一种有效性要求。与"真实性"对照的是"客观世界"，而"真实性"需要建立在经验基础之上，因为只有在客观世界中，才存在真理的真与假。基于这一立场，哈贝马斯围绕"真实性"展开了对有效性要求的阐述。所谓"真实性"，就是指站在一个客观的角度上，对现实生活中所发生的事情做出真实的描述，从而与他人共享自己的知识，确认某一言论行动所述主张之事实。言语一定要能反映外部的客观环境中的情况，交往参与者使用语言向同样处于客观环境中的其他者展示外部的情况。也就是说，言语的有效性依赖于语言能否反应客观世界中的真实情况，以及是否能被他人理解。

三、有效性要求的规范性

哈贝马斯依据相互作用式交往模型和从言语的双重结构中生成的有效性要求，对规范性要求进行了重新界定。哈贝马斯认为，在对有效性要求进行检验的过程中，需要参照社会世界。关于社会世界，主要涉及规范的存在，也就是说要求从合理的人际关系出发，进而考察由此组成的关系世界。在言语相互交往中，达成理解的有效性要求要符合社会文化和生活方式规范。

关于有效性要求的规范性，维特根斯坦在晚期的意义语用论中曾经指出，言语形式的意义和理由必须建立在人类话语世界之中，而不是超语言的独立实体中。这一思路对哈贝马斯起到了重要启示作用。根据意义应用论，一个词的意义在于其用法，即语言游

[①] 哈贝马斯：《交往与社会进化》，张博树译，重庆：重庆出版社，1989年，第53页。

戏行为，涉及某种生活方式。维特根斯坦提出，言语形态的意义和理由只能立足于人的话语，而非超越言语的单独存在。这种思维方式为哈贝马斯提供了一个很大的启发。维特根斯坦认为，词句的意义在于其用法，即语言游戏行为，这是一种生活方式和基于体制与风俗习惯的共同实践的先验性认识，从而形成了行动与言语活动的情境。学会、精通一种语言，或是理解一种特定的语言，需要我们去调整自己的生活方式。①这样一种生活方式先天地规定了不同的意图和不同的行动将怎样去表达。哈贝马斯肯定了维特根斯坦对于语言表达的行为特征的揭示，语言这种媒介不仅仅是用来描述事实或者判断事实。词句的相关意义，可以体现为它的表现功能，也体现为它的语言用法。然而，实际上不同语法形式具有不同的用法，对于如何理解这种语法形式却在于对它在交往过程中的实际应用方法。因此，按照维特根斯坦的意义使用论，我们必须重视使用语言交往的情境中社会文化和社会活动方式内涵。对此，哈贝马斯指出，有效性要求必须重视关于语言和复现其相关生活方式与之交往互动和实践之间的关系。奥斯汀沿着维特根斯坦的这一思路继续研究，但是奥斯汀将整个交流中所用到的言说同其原则上属于超越情境的有效性主张联系在一起，仅仅是将一切有效性主张归成一个真理命题。

　　哈贝马斯继而从言语双重结构重建的基础上提出，从言语相互交往的过程来看，有效性要求的规范性，也是言语交往中一个不可或缺的有效性条件。奥斯汀指出，在真值条件语义学中，话语与客观世界、句子与事态的联系建立起来了，但没有建立起与超情境有效性要求的关系。换句话说，在哈贝马斯看来，奥斯汀的双重结构理论还只是一种语义分析的观点，而没有深入语用空间中去，特别是忽略了所有交往的语言是一切沟通的理性基础，忽略了它与生活方式和社会世界之间的联系。哈贝马斯提出在组织社会生活中，社会文化、生活方式都是以规范性背景的有效性要求预先存在的，因而在进行言语行为过程中，暗含的有效性要求就是"这些规范是正确的"②。哈贝马斯认为，规范性的有效性要求也应得到强调。"它们表征着言说者和听者都可以采纳的、与行为规范或评价规范之间的特定联系。"③从规范立场的角度看，交往参与者在其所处的社会世界中都要遵循一定的交往规范，从而使交往活动获得对方的认同，认同某一特定的言语行为具有符合规范的正确性。也就是说，说话人和听话人对共同认可的社会准则的价值观达成共识。某人是否正确地遵循了规则，他是否有意图地偏离规则和犯系统的错误，或者他的行为是不是非正规的，需要通过正确性来进行判定。因此，哈贝马斯强调，在对有效性要求

① 张庆熊：《交往行为与语言游戏：论哈贝马斯对维特根斯坦语言哲学的接纳与批评》，《马克思主义与现实》，2008 年第 4 期。
② 哈贝马斯：《交往与社会进化》，张博树译，重庆：重庆出版社，1989 年，第 55 页。
③ 哈贝马斯：《交往与社会进化》，张博树译，重庆：重庆出版社，1989 年，第 55 页。

进行检验的过程中，需要参照社会世界。实际上，社会世界具体来说涉及相关规范的存在，涉及从合理的人际关系出发，进而组成的关系世界。因此，在言语相互交往中，达成理解的有效性要求要符合社会文化和生活方式的规范性。

四、有效性要求的真诚性

哈贝马斯依据相互作用式交往模型和从言语的双重结构中生成的有效性要求对有效性要求的真诚性进行了重新界定。

从语言哲学发展史的角度看，真诚性的有效性要求曾经被提出，根据意向主义理论，说话者的意图就是说话者的意义。交往活动的顺利进行，并不只是单纯地通过对言语符号的接收来实现，而是通过对交往目的的识别来实现。听话人不仅要接收一种想法，还要懂得说话人的意思，并做出适当回应。意向主义语义学理论主张，仅由言语者在具体情况下所表述的话语，才具备其基本的含义。哈贝马斯肯定了意向主义语义学对于言语主体的意图和观念的重视，他认为，在注意言语者对句子的理解时，也就是在对言语者的主观意向和思想方面进行考量。在意向主义语义学中，言语者面临着一个主客二分的"客观世界"①。因而，言说主体和世界之间是一种单向的、独白式的认识关系。由此，言说者对客观世界的理解是一种单向的认识，也将其他的事物视为对象。这是一种意识哲学的主客体认知范式，即把自己和世界作为一个纯粹的客观存在。意向主义语义学被困在一种"主体 – 客体"之间的"二元"思维模式的藩篱之中。

此后，言语行为理论聚焦于"以言行事"的重要力量，以及关注其涉及的人际关系包括言语的行为特征等。哈贝马斯批判了社会学的相关行为理论建立在实体世界这样一种刻板本体论前提基础之上，在这样的世界观前提中建构的行为概念，是一种孤立的原子论的行为模式。行为被理解为对客观世界的"目的 – 手段"关系，忽略了行为者与世界的交往互动关系。言语行为理论的内容，具体包括指明的言语行为，既表达了相关的命题内容，又提供了某种人际关系，此外还呈现了相关言语者的意向。按照这种观点，言语者在特定情境达成理解过程中发挥着一定作用，但是言语行为理论最终又回到了形式语义学的真实性的单一维度中去，遮蔽了言语者的内在意向维度。然而，哈贝马斯认为，语言在交往过程中，不只涉及一方面的关系，往往是两个或三个层面的关系，因此仅从语言和外部环境中的某种联系来评价言语活动的全部有效性是不够的。哈贝马斯认为，意向主义语义学本质上是一种语言工具论立场，把语言仅仅视为一种传达言语者意

① 于林龙：《融入交往范式的意向主义意义理论——从胡塞尔到哈贝马斯》，《学习与探索》，2010 年第 2 期。

向的手段，所有由言语者创作的各种象征或符号群，都不过是一种表达自身观点与目的的手段。哈贝马斯认为，需要从言语交往的角度来丰富有效性角度的完整性。

哈贝马斯提出，必须实现从意识哲学范式到交往范式的革新，以"内在的真理有效性"，代替了以往用以建构社会关系的"先验意识"，以沟通为取向的行为模式。因为言语是在特定的情境中进行的，涉及与交往双方有关的个体、社会和文化等方面的因素。我们要想对言语的意义有一个完整的认识，就需要运用社会语言学、民族交际学、语用学和跨文化交际学等多学科的知识。由于任何话语、思想、文本，都是特定的语言构造的产物，因此，在过去，所有的主题都被分解，代之以特定的文本背景结构——情境或对话双方联合构建言说场域。个人作为社会符号互动建构的产物，这种社会的个人的内涵至少包含两个，同时由具备言语能力与行为能力的主体之间以语言为媒介交往互动而形成。因此，个人的社会行动不是主体对于客观世界的行动，而是至少两个有机体之间的互动。按照哈贝马斯的思路，交往行为作为一种言语行为，把语言设定为个体和社会双向互动建构的媒介，是人际交往沟通的媒介。从语言分析哲学发展史来看，从以语法或语言形式为主到以言语功能为主，从以单句为主转变到以篇章为主，从以语言自身为核心到以语言知识、社团和语言情境为核心，促进以语言知识为核心的交际功能。这种对语言本质的认识，使其与外界的联系发生了改变。如果将语言看作一种活动，那么，其不但可以表达思想、描述世界、判断事态，而且还可以通过行动的形式，介入世界的构建活动中去。

哈贝马斯认为，由于言语行为在交往过程中常常与主观世界、客观世界和社会世界相联系，从言语者角度来看，这方面是主观态度上的真诚性。哈贝马斯指出，言语行为的交往都需要可理解的先前预设，这种预设就是要基于"一个言说者用以言说其意向的真诚性"[1]。真诚性是指言说者的理性程度，当言说者不能自欺欺人时，才能表现出诚意。真诚性，指的是从表象角度来说，自我表示的对象在互动中真诚地表达了自己独特的内在世界，来自于主观世界的真挚意志和思想能够让交往的参与者相互信赖。哈贝马斯认为，真诚性保障了主体以其语言本身的透明度，"揭示了言说者的愿望、感觉、意向等等"[2]，因此，在交往过程中，意向的真诚性便是达成理解的一个必要条件。哈贝马斯认为，从主体的意向性活动入手，将这个世界看作是一个相应于意向性活动的存在。哈贝马斯主张，为了验证有效性要求，必须参考主观世界，而主观世界与主体的内在存在有关，也就是言说者的内在表现所组成的内在世界。主观世界是指"主体经验的总体性"[3]，

---

① 哈贝马斯：《交往与社会进化》，张博树译，重庆：重庆出版社，1989年，第58页。
② 哈贝马斯：《交往与社会进化》，张博树译，重庆：重庆出版社，1989年，第59页。
③ 哈贝马斯：《交往行为理论》第一卷，曹卫东译，上海：上海人民出版社，2018年，第121页。

它是言语者的心灵，是言语者自己的人生体验、愿望、情绪等。主观世界无法独立于外界和人的行动而独立生存，但是，因为每个人的经历和愿望的差异，每个人都有着自己独一无二的内在世界，并且试图将其主体性的一面展现出来。

第三节　有效性要求语境化"条件转向论"

哈贝马斯在理解的有效性要求的探索过程中，对有效性要求的语用性进一步展开了研究。哈贝马斯指出，对于理解的达成，有效性要求是一种趋向语境的语用性条件。哈贝马斯在借鉴达米特关于通过使用认识断言条件，来理解意义的路径，即根据认识断定条件而不是断定本身来解释意义。哈贝马斯进而提出了"可接受条件"，进而实现了有效性要求语境化"条件转向论"。

一、有效性问题的语用的重新解释

哈贝马斯在对于理解的达成研究过程中，对于交往性资质和有效性要求的语用维度进行相应的探索。在哈贝马斯看来，"交往性资质"[①]是理解达成的整体情境中个体所具备的先验资质和交往能力。同时，理解的达成过程是与有效性要求相关的。这两个方面都是基于语用情境进行的前提普遍预设。从理解达成的具体过程来看，交往过程必然是情境的、具体的、实践的，而在这个理解的达成过程中，达成理解的有效性条件是朝向言说的可能性条件，是一种语用条件的设置。由此，需要对达成理解的有效性要求的内在语用性进行研究分析。

对于有效性要求的内在语用性和朝向语境的潜在理性趋向，言语行为理论除了强调"以言行事"力量之外，还研究了人际关系和语言的行动特点。这是由于有了现实条件这一概念，言语行为力量就把语言和世界、命题与事态的关系联系起来了。然而，哈贝马斯却将有效性仅仅界定为对命题真实性条件的满足，哈贝马斯认为这是需要克服的。奥斯汀虽然关注到了真值条件语义学在言语与客观世界、语句与事态间的联系，但并没有建立起言语表达的含义与超情境有效性的联系。在认识论上，它们要么被忽视，要么被

---

① 韩晓：《言语行为的双重结构与译本研究——一个交往行为理论的视角》，《广州大学学报（社会科学版）》，2011 年第 10 期。

过于狭隘地理解。例如，维特根斯坦晚期所提出的"意义使用论"，抛弃了超语境的有效概念，而把它归之于"言语活动"与特定生活形式的普遍性。同时，为规避这种语用上的还原方式，舍勒的"讲话——行为"说再次屈从于认识论的抽象，将有效性要求单纯地视为一个命题真理，没有将整个交往中的言说与原则上的超语境的有效性主张联系在一起，而是将一切有效性主张都归于单一的真实性。因而哈贝马斯认为沿着奥斯汀的双重结构路径的有效性要求仍然停留于语义分析层面而未进入语用空间。

哈贝马斯提出进一步重建双重结构，他指出从"以言行事"角度对于有效性要求的三个语用维度的探索还是不够，依然没有完全摆脱奥斯汀的主客体二元对立的世界观。对此，哈贝马斯指出："我认为普遍语用学的任务乃在于言语双重结构的合理重建。以奥斯汀的言语行为理论为出发点，我想在意义与有效性等问题的关联中使这个任务更加精确化。"①

哈贝马斯批判了戴维森关于弗雷格与维特根斯坦的客观论态度，并把"可观测的可预见的语句"视为基本事物，这是基于经验主义的立场。哈贝马斯吸收了达米特提出的用认识断言条件②来理解意义，用来弥补奥斯汀形式语义学有效性要求语用维度的不足。在此基础上，哈贝马斯进而采取了达米特的"认识转向"。达米特在意义问题上，建立了一种有别于传统的真实条件意义理论的反实在论的意义理论，其根源在于其对"真实"的理解。达米特认为，哲学的作用就是让人们对语言行为有一个明确的概念。因此，他就将语义学与认识论相结合。达米特着重于"意义"这个哲学命题：（1）最好诠释为关于"理解"这个问题，即一个语句的含义一定要通过对其含义的了解才能得到诠释；（2）阐明我们所了解的是一种语言，要将其与认知相关联，将其与行动相关联；（3）建立一个明确的语言作用的理论框架。达米特所关心的问题是如何构成意义，也就是意义的建构问题。达米特首先从言语者的语用出发，进而进入话语理论自身，并对含义与指称间区异进行了再诠释。这让我们意识到，指称和真值已经不再是意义理论的基础。也就是说，想要理解某个句子，我们就需要先了解这个语言的结构，然后再从这个语言的结构中去理解它。达米特主张体系性，认为语句意义与语句形式之间的联系，"组合性"和"体系性"才是最主要的。

哈贝马斯跟随达米特的原因在于，达米特替代了真实的条件，突出了在真值条件被满足的情况下，言语者必须了解的东西。在此方面，哈贝马斯认为，达米特朝向对有效

---

① 哈贝马斯：《交往与社会进化》，张博树译，重庆：重庆出版社，1989年，第44页。
② 殷杰，郭贵春：《理性重建的新模式——哈贝马斯规范语用学的实质（下）》，《科学技术与辩证法》，2001年第4期。

性问题的语用的重新解释走出了第一步。①达米特首先区分了一种断言命题属实的前提条件和要求，认为某一命题是成立相关的真实性条件的认识。他利用语用区分命题是否为真或假的原因，以一种非直接的认识代替了有关真值的认识。所谓的"间接认识"，就是说话人为了说服观众相信他可以对一个论点提供一个有效的规定，而需要引用什么原因。以"真"为基础的"可断定性"与以语句为判断权的"可断定性"在语用上存在差异，达米特以认知判断条件为基础②，而非以判断自身为依据来诠释语义。正统的真值语义学旨在通过了解真实性条件来说明对命题含义的理解，其基础是一个非实在论的概念，即所有的命题，或者说所有的断言命题，都有一定的用途。利用这种方法，我们可以很好地判断一个事实的成立与否。该理论基于一种经验主义认识论的前提假设，其理论依据是：观察性语言中的一个简单谓语命题，其基本含义就是说话人始终能按照一个独白的应用程式给出一个合理的推理，并通过证明的真实性要求对真实的条件进行阐释，从而不必将命题的语义层次转换到交往视角下的语用层次。

　　但这从来都不是一个决定程序构成的。很多时候，人们对于断言命题的真实性的理解是有困难的。因此，达米特认为有必要区别出一个命题是成立的，还是言说者提出条件认为这个命题是正确的。达米特坚持认为，言语者永远不能在逻辑推理和演绎的基础上，来证明自己所需要的东西。有许多合理的解释，都是被一种语言结构的内部联系所决定的，这种联系只有通过论证才能确定。达米特对此进行了深入研究，并最后完全抛弃了验证论的基础概念。在哈贝马斯看来，达米特在语言实践中表现出证伪的特点，即以语言实现其效力需求。言语者为了证明命题的有效性而对"以言行事"的要求，基本上是可以被批评检验的。修改后的真值语义学，若不懂得实现其真实性要求，就不能对其进行合理地说明，而对其进行解读，则需要了解说话者在什么时候能够给出足够的原因，以确保其符合断言命题的真实性条件。正如判断命题的含义，在表现命题与规范命题之间，也存在着超越本身范畴的语义分析。这一论述是以维特根斯坦对经验命题的剖析为基础而进行的，即意识到与表达功能有关的规定，从一开始就被针对其他人。表达功能的含义表明，它们最初是为了交往而存在的。它把说话人应该知道的东西换成了"可断定性条件"，它与交往者自己的认识相联系。因此，我们不能把语句的有效性问题，看作是从交流活动中独立出来的语言和世界的相互关系。达米特将真值条件演化为某种"理解的条件"。这一现象被称为"真值条件语义学的认识论转向"，它重新发挥了一种语用功能。

---

① 哈贝马斯：《后形而上学思想》，曹卫东，付德根译，南京：译林出版社，2012年，第68页。
② 郭贵春：《哈贝马斯的规范语用学》，《哲学研究》，2001年第5期。

二、哈贝马斯:"可接受性条件"

从有效性要求的语用性发展角度出发,有效性要求为参加者提供互相认可的主体间焦点。在对真值语义学进行认知转变以后,命题的有效性问题已不能简单地从交往活动中分离出来,而仅仅关注语言和社会的客观关系。因此,真实性要求不再是从意义上和从说话人的视角来界定。这是一种语用功能,它促使语言行动的实施,而接受人持赞成或不赞成的态度进行互动。真值语义学的语用转型需要对"以言行事力量"进行新的评估。从语用理论来看,情态能力是指在一般情境中,说话人使用完整行动命题时,是否符合有效性要求。因此,"以言行事"成分成为了合理性的中心。这样的合理性体现在"有效"的先决条件、相应的有效性要求和兑现这些有效性要求的逻辑基础上。因此,有效性前提已经不是被限定在一个陈述部分中,它有自己的位置来引进更多的有效性要求。由于从语义学角度转向语用角度,命题有效性要求问题已经不仅仅是关于语言和外界之间的客观关系的问题。说话人依赖有效性要求,给出了其表述的有效性要求,但是有效性要求也不能仅仅从"说话人"的角度来界定。

有效性要求旨在通过言语者和听众之间构建一种主体间性的确认关系,双方仅靠自己的言语行为,来实现承诺,而观众却以一种理性的方式做出回应。语言理解的最小个体单元,其组成要素包括:1.S 通过表达进行一种有效性要求;2. 确定 H 能否了解并接收 S 提出的言语行为的支持或不支持的态度,了解是为了取得一致意见。S 试图用 H 来了解这个世界上的事情,其目的是要在两者间取得共识,而认同可听懂的语言行动又能确保这个共识。因此,对语言行动的了解,就其自身而言,也包含着对说话对象达成共识的不同情况。有效性主张构成了主体际间认同的"收敛点"[①],但是哈贝马斯并没有因此而感到满意,他看起来还想再走一步。哈贝马斯从达米特的知识论转变中获得了启发,他依据认知判断的前提,而非判断自身,他指出,达米特的可认识判断的前提依然是把真理要求放在优先地位,而不依赖于对有效性要求的实践,因而被限制在语法分析的层面。

在哈贝马斯看来,达米特提出的"可断定性条件"存在着两个方面的不足:(1)他的可断定性条件的概念先在于断定性言说,从而真理性主张的先在性超越了其他种类的有效性主张;(2)他的可断定性条件的概念是不充分的语用,它仍然停留于分析的语义层次上,因为它概念地独立于有效性主张的实践。[②] 哈贝马斯为保证承诺、祈使和承认等

---

① 郭贵春:《哈贝马斯的规范语用学》,《哲学研究》,2001 年第 5 期。

② J. Habermas. On the Pragmatics of Communication.Edited by Maeve Cooke. The MIT Press. 1998,9.

不确定的非断定性言说，提出了"可接受性条件"（Acceptability Condition）。他认为："我们理解了一个言语行为的意义，就是当我们懂得什么使它可被接受时。我们懂得了什么使它可被接受，就是当我们懂得了一个讲话者能够提供的为了达到与听者就主张之有效性达成理解的理由种类时。"[①] 在用规范的正确与主体真诚性两个方面对命题的真实度加以补足之后，达米特的这一诠释便得以展开。在特定的场合，说话人可能会引用某些原因，使观众确信自己能够对自己所说的话进行有效性要求的判定。假如我们了解了他所引用的原因，换句话说，假如我们懂得怎样才能让他的话语得以被接纳，那么，我们便可以了解一种言语行为。

哈贝马斯在这一过程中实现了从语法层面到语用层面的转换，其有效性主张表现在话语行动的动机和听话人对"是"和"否"两种不同的态度上。这里，说话人的焦点不再是"语句"，而是"言说"，而"言说"是"语用"的一个重要组成部分。由此，哈贝马斯一方面实现了言说意义和超语境的有效性要求的统一，把语言的意谓、表征，以及使用功能结合起来。在此基础上，不仅要重视言语表现的多元化，还要重视言说的含义与社会实践的联系，也要注重在交往中产生的生活形式的确立与规约。从这一角度来看，哈贝马斯的言说含义可以看作是"奥斯汀、舍勒和弗雷格及达米特的幸福联姻"[②]。

哈贝马斯受到以弗雷格为起点，经过维特根斯坦、戴维森、杜密特等人发展而成的形式语义学的影响。哈贝马斯认为，交流双方之间的相互配合，其语用层次与经验层次上的含义相互联系，并在这一共同的语境基础上得到了发展。虽然形式语义学把说话人的意义和说话人的意义分开，但是它并没有扩展到对语句意义进行正式地分析和说话人对意义的经验的研究。由于一句话的字面含义绝不能与交流上下文中的方法论相分离。哈贝马斯对规范语用进行研究的目的，在于使两者在方法论层面上相结合。由此，"规范语用"不再局限于字面意思，而应以"规范"为前提，在行为与语境层面上达成一致性，实现两种意义的统一。此处的重点是将陈述式、经验的、强迫式和意向性语句的语用分析层次与确认的、表述式和规范式言语行为的语用分析层次相融合。因此，有效性的条件并不只限于由一个命题组成，而在于言说意义和超语境的有效性主张间的理性构造，一种理性的可接受性条件，因而命题和行事的有效性主张成为了理性的轨道或场所。由此，哈贝马斯的语境化的"条件转向论"成为其理解思想的重要构成。

---

① J. Habermas. On the Pragmatics of Communication . Edited by Maeve Cooke. The MIT Press. 1998,11.

② J. Habermas. On the Pragmatics of Communication. Edited by Maeve Cooke. The MIT Press. 1998,7.

三、"可接受性条件"的三个层面

哈贝马斯通过对达米特有效性要求的认识论的批判性借鉴，从而提出"可接受性条件"，这是一种达成理解的语用理性的重建。哈贝马斯从语用的视角来解释有效性要求，需要对言语活动的"以言行事力量"这一原始含义进行综合评估。"不能从孤立的角度，而应从与有效性要求以及兑现这些要求的潜在理由之间的实际关系出发，来考察有效性的前提。"[①]哈贝马斯认为，在语用转型过程中，有效性要求是一个理性的整体，体现在有效性要求、与有效性要求相关的兑现要求、履行有效性要求的原因等诸多方面。理解的达成过程，就是实现作为个体运用交往性资质，在交往过程中，运用可接受性条件达成共识。而实现这种结合的根本之点，就是能够有意义地创造实现这种结合的条件，并在这种条件下，交流者达到预设的理解。

哈贝马斯认为，沟通是由两个以上具备语言和行为能力的人对一种语言表达的相互理解而形成。要了解言语者，听者就得先了解对方的意图。这种可接受性条件是言语者之间的一种共识，这个共识涉及三个层面：第一，在特定的标准语境下，为了在言语者与听众之间构建正当的人与人的关系；第二，提出一个真实的命题（和适当的实际情况），使听者能够接收并共享说话人的知识；第三，真诚地表达观点、目的、情绪、愿望等，使听者对讲话者所讲的话深信不疑。这些行为的共同特征表现为：规范的一致性、命题知识的共享和彼此的真诚性。哈贝马斯对有效性要求的语境化条件转向论的推进，实现了有效性要求的语用学拓展。不管是对话语中的命题（和它所包含的事实假设）所支持的真实与否，或者对话语在语言的规范性语境中的正确性（和先前的上下文本身是否存在合理性）产生疑问，或者对说话人的表述意图（意思与话语的一致）的真诚性产生怀疑，都会使听者对说话人的话语产生普遍的否认。这样，意义和有效性的内部关系就包含了语言整体的含义，而不只是那些可以作为判断命题的表达含义。

哈贝马斯认为，在交往活动中，言语行为总是被三个维度的有效性要求判定[②]：一种是言语者对自己的行动（甚至是对规范自身）的正确性的需求；言语者为了表现其独特的主体体验而对真诚性的需求；第三，言语者对陈述命题的真实性需求（和匿名命题隐含的实际情况）。从交往的全过程来分析，"以言行事"是交往网络的中心，使语言与社会制度能够互相渗透。作为一种基本的社会结构，语言自身处于一种社会基础和持续发

[①] 哈贝马斯：《后形而上学思想》，曹卫东，付德根译，南京：译林出版社，2012年，第132页。

[②] 傅永军：《交往行为的意义及其解释》，《武汉大学学报》，2011年第2期。

展的状态，而这种变革又离不开体制与生活模式。言语行为是一种传播中介，1. 它一方面关注正当秩序的社会事务，一方面构建并更新人与人之间的关系；2. 提出或设置一种言语者所关心的真实的现实状况；3. 表达体验，也就是"自我表述"，在这个过程中，言语者关心自己在主体世界里所拥有的事物。

哈贝马斯认为，在特定的场合，言语者可能会引用某些理由，使观众确信自己能够对自己所说的话提出有效性要求的主张。假如了解所引用的原因，换句话说，假如懂得怎样才能让话语被接纳，那么也就理解一种言语行为。哈贝马斯在这一过程中实现了从语义层面到语用层面的转换，其有效性主张表现在话语行动的动机和听话人对"是"和"否"两种不同的态度上。[①] 这里，讲话者的焦点不再是言说或者句子，而是言说是"语用"的一个重要组成部分。由此，哈贝马斯一方面实现了言说意义与"超情境"的有效性要求的统一，既把语用分析当作对语义分析的补充，考虑到了各种表达方法的多样性运用，也强调言说的意义和社会实践的联系，以及在交往中产生的生活形式的确立与惯例。从这一角度来看，哈贝马斯对言说意义的语用分析可以看作是"奥斯汀、舍勒和弗雷格及达米特的幸福联姻"。因此，有效性要求的前提并不限于陈述的命题，而是和超语境的有效性主张间的理性构造，一种理性的可接受性条件。因而命题和行事的有效性主张成为了理性的轨道或场所，这就构成了哈贝马斯对于有效性要求普遍化、规范化的重建，即语境化的"条件转向论"。

第四节　有效性要求的语用语境性

哈贝马斯进一步对于理解有效性要求的语用语境性进行了研究。为了确保有效性要求能够同时得到满足，以及在交往实践过程中通过对话得以评判，哈贝马斯提出理想的言谈情境，从而确保他所设想的理解得以达成。然而，理想的言谈情境没有真正解决关于生活世界中的交往实践语境，以及对有效性要求的现实性限制等问题。哈贝马斯通过批判语境主义，提出了他的有效性要求的语用语境性观点。哈贝马斯坚持在理解共识和证实之间保持内在张力，提出没有语用就没有语境，语用是构成语境的前提；没有语境就没有现实的语用，语境是现实语用实践的条件。有效性要求是语用和语境的结构性统一。

---

① 张云龙：《理性的批判与重建——从普遍语用学的角度》，《浙江社会科学》，2009 年第 8 期。

一、作为检验场所的"理想的言谈情境"

在哈贝马斯看来，在交流者有效协调的一致性的语用层面与在经验层面上理解意义的语用层面是相关的，并在语用行为协调的语境基底上获得了统一的发展。形式语义学在一个句子的意义与讲话者的意义之间划出了概念上的区别，但这种区分不能延伸出句子意义的形式分析与讲话者意义的经验分析之间的方法论断裂。因为一个句子的文字意义决不能完全地脱离在交流语境中的使用而进行说明。哈贝马斯认为，交流双方之间的有效协调所产生的一致性的语用层次和经验层次上的含义是相互关联的，它们在语用行为协同的大背景下得到了统一的发展。虽然形式语义学把语句的意义和说话人的意义分开，但是它并没有扩展到对语句意义进行形式化的研究和说话人对意义的经验的研究。[①]由于语句的含义不能与脱离交流语境的语用方法相分离，哈贝马斯试图在方法论上实现两者的有机统一。他没有把语言的含义局限在字面意思上，而把讲话行为作为一种规范的标准条件，以行动与语境同一为基础，把两者有机地融合在一起。此处的重点是将对断言的、经验的，以及强制和意向性语句的语义分析层面与确认的、表达的以及规范式言语行为的语用分析层次相融合。

哈贝马斯所寻求的理解探索正是要达成这个整合，而达成这个整合的基本要点在于，提供为达成整合所需的各种条件，并且在此基础上交流者达成预先设定的有效性要求。哈贝马斯提出的有效性要求中，说话人依赖于可以用来支撑这种要求的潜在原因，这揭示了有效性的预设，因而这些也就是属于使得表达被接受的前提条件的范畴。因此，"可接受性的条件"的前提是所有的言语活动，都是经由"逻辑性－语义学"的关联而与许多可能存在的言语行为产生联系。当它们被证明是合理的时候，它们便可以起到某种语用学的功能。因此，对一门语言的理解，与对它所描述的这个世界的理解有着密切的关系。世界知识和语言知识是分不开的，对一种表达的了解，也就是了解该表达怎样用来和别人在某件事情上取得一致。这就很好地说明了为什么自然语言媒介有一种约束作用，由此可以用来调节人们的行动。如果需要的话，言语者可以用有效性要求来证明这一点，在需要的情况下，就可以提出各种各样的原因，从而使那些理解了同意的情况并理解了所讲内容的人，都需要一个适当的位置；在这种情况下，当事人若能认可对方的有效性要求，并对对方所提出的言语行为予以接纳，便能履行互动义务。互动义务是在发言中

① 殷杰，郭贵春：《理性重建的新模式——哈贝马斯规范语用学的实质（上）》，《科学技术与辩证法》，2001年第3期。

产生的，它同样适用于所有参与人。

　　然后，要实现这一言语交往过程，则要保证这样一种完美的交往理想预设。于是，哈贝马斯提出了理想言谈情境。[①]理想言谈情境力图建构一种超越经验的"在场"，就是在先验与经验之间的存在，这就是哈贝马斯对"有效性"要求研究的迫切需要。为了确保有效性要求能够同时得到满足，以及在交往实践过程中通过对话得以评判，哈贝马斯主张，必须假定一种对有效性要求进行判定和实现的理想的言谈情境，由此保证了他所构想的理解达成的形式化结构得以满足。按照哈贝马斯观点，在达成理解的交往过程中，这三个有效性要求需要同时得到满足。如果其中任何一个要求没有得到满足，交往活动都无法进行下去。哈贝马斯为了确保自己所提出的交往构想的证实和有效性要求的实现，进而摆脱日常交往实践论证难题和解释学循环的困境，他提出，我们必须假设一个作为检验场所的"理想的言谈情境"。

　　在哈贝马斯的理论设想中，一个完美的言语情景应该由四项必要的前提构成，即每个人在进行会话辩论时都要遵循这些原则。哈贝马斯认为，要达到理解必须具备这四个基本条件，只有具备了这四大前提，人们才能保证话语的有效性，并以此来验证话语的有效性要求和交往行动。这四个基本条件是：1. 同一话语中的每一个可能参与对话的人都具有平等地参与论述的权利。每个人都可以在任何时候表达自己的观点，或者对自己的观点表达自己的异议，或者是对自己的观点进行质疑和驳斥。2. 所有发言的人都享有提出解释、主张、建议和争论的平等权利，以及质疑、提出理由或表达异议的话语的合法性准则，并且不得禁止各种形式的辩论或批判。3. 话语活动中的参与人在行使话语的过程中具有平等的权利，也就是说出自己的喜恶、情绪和欲望。这是由于，唯有个体表述空间的互相匹配和行动上的情感互补，方能确保行动者和言语参与方都能以真诚的姿态对待自己，袒露自己的心灵。4. 每个参与对话的人都具有行使调控言语行为的平等权利，包括发布指令和否决指令，做出许可和禁令，做出保证或者不答应，为自己辩解或者请求他人为自己辩解。

　　除了第一项是对后三个基础条件的概括，而后三个基础条件则是指确保言语的真实性、真诚性和准确性。因此，我们所说的理想言语情景，其实就是在言语交流中，每位参与人都能以一种公平、公开的方式参与到言语活动中来。而且，在平等自由的基础上，在对话和辩论的过程中，不存在外在的强迫或操控势力的介入。显然，建构言语情境的理想使命就是克服两种障碍。首先，也即现实世界的种种干扰因素，例如意识、时空错位和知识结构之间的矛盾。其次，交往结构内在的强制性阻力，亦就是沟通架构本身所

① 傅永军：《哈贝马斯交往行为合理化理论述评》，《山东大学学报（哲学社会科学版）》，2003 年第 3 期。

衍生出的限制。只有消除了这两种障碍，才能确保主体之间的交流行为不被打断，才能在辩论和对话中达成真理的一致。我们可以看出，哈贝马斯所说的"得到辩护的共识"仅仅是一种"合理的可接受性"。哈贝马斯所建议的理想的言谈情境的概念，不得不把互相矛盾的语用规范性和语境内在限制性统一起来。

哈贝马斯提出的"理想的言谈情境"①是一种超越经验的"现实"，而又不是完全先验的存在。这种既并非由外在的纯经验而来，也非由外力所强迫性构建给交往行动者。它是参与交往的言语行为者在展开交往过程中，在当下交流中构建出来的言谈情境。在这种言谈情境中，言语行为者在具体交往过程中提出相关的有效性要求。这就意味着，言语行为者在进行交往互动的展开过程中，便已经进入这种理想的言谈情境之中。可见，理想的言谈情境为哈贝马斯的交往互动范式提供了一个完美的理想实现环境，在这一环境中，确保了言语行为者能够具备且实现哈贝马斯所认为的在交往互动过程中所具有的交往性资质以及兑现相关的有效性要求。正是哈贝马斯对于理想的言谈情境这一理论设想，才能完美地实现他所期待的理解（交往合理性）的达成，进而通过交往行为实现多重维度的理性的统一。这个交往理性的本质就是理解的达成，通过理解的达成，从而有效地拒斥意识哲学范式带来的主体和系统的霸权，从而有效地防范和杜绝诸如系统扭曲等问题。可以看出，哈贝马斯所说的"理想的言谈情境"只是一种以建构"交往范式"为目标的理论设想，并非真实的现实。也正因为如此，哈贝马斯把这种言谈情境称为"理想的言谈情境"，这种言谈情境的提出从根本上来说就是一种理想化的理论构想、一种形式化的结构预设，排除了现实诸多因素。

二、哈贝马斯对语境主义的批判

然而，由于"理想的言谈情境"仅仅是一种形式架构，用来检验语言的有效性要求，无法从本质上解释语言交往实践环境对有效性要求的制约。理想的言谈情境是一种形式的结构预设，它不能总是确保在理解上取得一致意见就相当于被维护的辩护共识。②哈贝马斯通过提出"可接受性条件"，力图达成言说意义与超语境有效性主张二者之间的相互融合，进而推进有效性主张的语境条件论转向，但是达成意义的有效性条件还向经验敞开，受具体言说语境的限制。有效性要求的判断兑现还存在一些亟待处理的难题。这些难题就在于有效性要求的实现不可避免地受到特定语境的限制。究其根源，是由于交往

---

① 傅永军:《哈贝马斯交往行为合理化理论述评》,《山东大学学报（哲学社会科学版）》,2003年第3期。
② 郑召利:《批判锋芒的弱化：从意识形态批判到语言的批判》,《江西社会科学》,2004年第3期。

者之间的交往是在特定的历史与文化背景下进行的。换言之，在人类的日常生活和活动中，如果交往行为的参与方想要了解语言，那么就要了解实现有效性要求的原因是无止境的，但又一定受制于特定的言说语境，应当根据有效性要求和实现它们的潜在理由之间的现实联系来检验有效性要求。

对于有效性要求的现实语境性，哈贝马斯通过批判罗蒂的语境主义[①]，提出了他的观点。罗蒂代表的是一种语境主义。哈贝马斯分析道，关于客观知识是怎样实现的，无论是客观主义者还是相对论者，他们都给出了各自的答案。客观主义者期望有一个独立的实在，而我们对真理协同论的诠释，也就是最后与这种独立的实在相一致。一种真正的、完备的学说，一定要与现实世界保持完美的契合。相对而言，相对主义者主张一个关于真理社会化理论。相对主义者认为，无论哪一种描述都在具体反映着现实的特殊结构，罗蒂代表的语境主义就是持这种观点。他们认为，从语言学的观点看，这样一种特定的特殊结构，是一种普遍的、不可能跨越文化界限的理性标准。罗蒂指出，分析哲学与真理符合论一致，并不把真理从自然之境分离出来，而是以一种共同的、普遍的自然之境来代替心灵的私密世界。

具体来看，罗蒂从语言的视角剖析真理[②]，对詹姆士和杜威的实用主义进行了吸纳与利用，并从否定基础主义、本质论和表象主义的观点，否认了"大写"的"心灵与世界"和"语言"与"世界"之间的真理。寻求一种"小写"的真理，即"小写"的真理反映了人类的日常生活，并解决现实中的问题。罗蒂主张从整体主义的观点出发，摒弃概念与经验、语言与事实之间的区别，以历史的、社会的和语境的眼光来审视真理的生成乃至西方的整体发展。罗蒂认为的真理建立在经验的基础上，并根据经验的不同而不断地发生改变。罗蒂主张探求真相就是为了使交谈持续下去，而不是为了找到确实存在的真相。罗蒂相信，哲学的作用就是为了找到一种更好的、更有趣的表达方法，以及在共同体谈话中产生一种连贯性。罗蒂认为，真理是在语境更替中自我校正和自我实现的，它是一种"再语境化"的真理。换句话说，根据他的观点，真理就是现实的，它指导着人的行为，它是一种持续的变化着的存在。这是一种真理的相对主义和语境主义观点。

哈贝马斯对罗蒂在语境论和语用理论之间的真实融合上的理解不足给予了批判。有效性主张在哈贝马斯的理解达成中起着一种核心作用，但言说的语用域并不全部地依赖于有效性主张，也不是完全的语境主义，而是这些语用语境中的结构性存在，是对有效

---

① 郭贵春：《哈贝马斯的规范语用学》，《哲学研究》，2001 年第 5 期。
② Richard Rorty, Consequences of Pragmatism (Essays: 1972–1980), Minneapolis: University of Minnesota Press,1982,p.162.

性要求的一种语用阐释。① 因此，这种语用语境结构，也内在于有效性主张，在经验和先验之间，在主体间的对话情境中保持着一种张力。而罗蒂认为"真理是人们普遍的信念"，与詹姆士的"有用即真理"是分不开的。詹姆士相信，真理并不是一种解释，而是一种社会成员对真实世界的认可，它意味着有用，有用意味着就是真理。换言之，他认为，真理的功用与效用只是相对于人而言，真理的尺度在于人类的需求与愿望的满足。"真理全是由人产生到世界上来的。"② 真理是人为了自己方便生活造出来的，它是为人自己的生活提供便利的。

在詹姆士的理论基础上，罗蒂在杜威的实用主义理论指导下，将"真理是对个人的满意"上升到"公众"和"大家"的效用上，并将其作为人类的"真理"加以突出。罗蒂从实际出发探讨了"真理"，他反对传统的"先验之说"，反对预设了客观的存在。罗蒂认为真理是人们的普遍信念，而真理的标准在于对话的一致性。"真理只不过是更适合于我们共同相信的某种东西，而不是对客观存在本质的准确再现。准确再现只是对那些成功地帮助我们去完成我们想要完成的事物的信念所添加的无意识的和空洞的赞词而已。"③ 罗蒂放弃以"大写"的真理为中心的传统认识论，重视真理的实用性，以消除传统的主客二元关系来规划真理，将自己视为群体中的一分子，在实际意义上揭示"小写"的真理。真理是由大家协同产生的，是在大家平等的交流谈话下形成的一致意见。在这个环境中，真理是由所有人共同创造出来的，是所有人都在平等的交谈中达成的共识。在这种情况下，我们不知不觉地到达了研究巅峰，于是继续交谈，并对共识进行修正，真理就在这种情况下诞生了。这样的语境论可以防止将两个不同的准则、观点进行比较，从而避免了相对主义的结果。

哈贝马斯认为，罗蒂并没有说明人们如何通过语言达成共识，没有看到言语结构背后的规范性和实践性特征。哈贝马斯指出，言语者达成理解其既受制于外在的情境，又因其本身的实现条件而被划分为历史时间、社会空间及以肉体为核心的经验。换言之，言语的理性潜能与特定的生活世界资源密切相关。哈贝马斯通过对个体前理论知识和规则意识的交往性资质的研究，指出交往性资质的三个方面：选择表述性语句、表达言语者本人意向，以及实施言语行为的能力。从语用学角度来看，我们要想运用这种能力进行交往，就必须使用语用学分析。

陈述性语句可以用来表示事情存在的状况，如意向动词、情态动词、语气形式等，

---

① 殷杰，郭贵春：《理性重建的新模式——哈贝马斯规范语用学的实质（下）》，《科学技术与辩证法》，2001年第 4 期。

② 詹姆士：《实用主义》，孟宪承译，北京：商务印书馆，1983 年，第 131 页。

③ 理查德·罗蒂：《哲学与自然之境》，李幼蒸译，北京：商务印书馆，2003 年。

它能传达说话人的意图；施行性短语，"以言行事"动作表示，可以用来构建说话人和听话人的关系。通过这种方式，第一层次是主体间性的层面，达到确立关联并走向理解的层次；第二层次是在命题的内容层次上，交流者期待通过交往功能实现对交流功能的理解，即强化语意动作决定了语境含义，并在此具体情境中运用了命题的内涵。在这里，罗蒂只是把传统认识论的符合真理论，机械地套用在主体之间的共识性对话上。哈贝马斯进一步批判道，罗蒂将知识的客观化归为协作的主体间性，认为这是认识的本质属性。而这种语境主义的主体间性是虚假的，本质上依然是传统认识论的二元主客体分离，因为他无法说明平等的个人之间究竟通过什么方式达成共识。罗蒂用虚假的对话共同体的合作取代对客观主义的追寻。哈贝马斯批判道，保守派的语境主义者还没有做好将其自身生活世界抽象出来的打算，他们一定要尽可能地回避所有的事情，甚至更好地说，是将这些想法都抛弃掉。按照罗蒂的说法，语境主义者认识到，应当允许我们自己的语言共同体的诠释视野享受一种特殊的权利，虽然还没有足够的理由证明我们应当如此。哈贝马斯认为，交流双方之间的有效配合所产生的连贯的语用层次和经验层次上的含义是相互关联的，它们在语用行为协同的基础上得到了统一发展。

三、有效性要求的语用和语境的统一

哈贝马斯认为，有效性要求具有语境的现实性要求，因为对于有效性要求的达成或否定的评判总是在情境中的具体语境环境中展开。然而，这种现实的语境要求不同于语境主义，而是一种语用和语境的统一。

哈贝马斯通过把生活世界作为一种准先验性背景存在，为了满足有效性要求提出了一种语用语境方法。生活世界与有效性要求相适应的三种世界存在着一定的差异。有效性要求在此尚只是一种超越现实和超越经验的"准先验"[1]，它肩负着使得有效性的主张具有说服力的重任，而这些认知正是参与者所依赖的，并且被视为语用学先决条件和语义学前提[2]。

哈贝马斯认为，当所强调的主题发生改变时，诸如时间、空间和历史这样的情境就会发生改变。哈贝马斯认为，这种随着主题突显而发生改变的情境是一种视域知识，合法性需求是特定情境下的必然结果。由于离开了语境作为背景支持，人们就不可能达到理解的目的，也就不可能达成有效性要求，从而造成交往活动的失败。任何一种语言行

---

① 张云龙：《理性的批判与重建——从普遍语用学的角度》，《浙江社会科学》，2009 年第 8 期。
② 郭贵春：《哈贝马斯的规范语用学》，《哲学研究》，2001 年第 5 期。

为，任何一种交往活动，都离不开特定的语境。生活世界首先要确定的就是时间和空间的情境。在哈贝马斯那里，生活世界的视域性不仅体现在时间、空间的维度上，还体现在一种主体行动的动态维度上。当在生活世界中被理所当然地共同接受的有效性要求在交往过程中出现问题时，交往行动才会转换为主体间的对话。哈贝马斯由此就将对话限定在反身态度之中，即第二种有效性要求之中。此时，交往行动的参与者就实现了暂时的身份转变，即从行动者转变为参与商谈的对话者，并就生活世界中突显出来的议题进行对话、辩论。哈贝马斯将有效性要求的兑换和评判分别放置到不同的层面，前者被放置于生活世界内部的交往行动层面，后者被放置到对话层面。

按照哈贝马斯的观点，在日常行为中，被视之为无条件为真的东西，是出于一种"实践的必然性"。因而，一旦对某种习惯性的共识受到质疑，我们就有可能脱离这种约定俗成的有效性，进而从日常的行动情境走向推理的反思层次。由此，知识真理的实际功用，可以透过日常的实际活动与交谈，展现理解与辩护间的内在联系。同样，虽然认识论层面上的真实性不等同于"合理的可接受性"，但这并不意味着认识论层面上的正确性不能成立。正如前文所述，真实性，在真诚性、正确性与真实性三个有效性中处于核心位置。真实性和正确性均涉及理性，属于认识论议题；而真诚性则涉及主体的情感，不属于认识论议题，因而此处不再展开。在哈贝马斯对正确性的界定中，"判定"是正确性的主要功能。正确性不仅可以判定某人是否正确地遵循了规则，是否有意图地偏离规则和犯系统的错误，或者他的行为是否是非正规的，同时还具有判定言说者真诚性的作用。由此可见，与真实性不同，正确性指涉的是主体行为是否符合规范。这里的规范并不是客观世界的规范，而是社会世界的规范。倘若主体的行为符合规范，那么就可以说其行为具有正确性。社会世界的规范受到语境的限制（时间、空间等语境或情境），例如，在中国点头表示同意，对某一事物表示赞同而点头就是符合社会规范，具有正确性，而在阿尔巴尼亚点头表示不同意，若再用点头表示同意就是错误的。由于正确性与人类社会世界相关联，那么它就必须从认识论的层面上来被阐明。这就说明，与真实性不同，认识论层面上的正确性可以被还原为"合理的可接受性"。

哈贝马斯指出："有效性要求有其两面性：作为要求，它们超越了任何一个局部语境；但是，如果它们想要让互动参与者通过协调达成共识的话，它们又必须在一定的时空范围内提出来，并切实得到承认。"[1] 在哈贝马斯看来，达成理解的有效性要求具有超越性和现实性，这种规范性和超越性要求超越一切语境现实局限。另一方面，对这些有效性要求的接受与评判过程又具有现实语境的限制，这种现实语境的约束力使得有效性要

---

① 哈贝马斯：《现代性的哲学话语》，曹卫东译，南京：译林出版社，2011年，第374页。

求成为了依附于语用语境的日常生活实践。可见，按照哈贝马斯的分析，有效性要求一方面具有内在先验的语境力量，是达成理解的实践过程中的理性潜能，一方面是一种高度理想的理解模式下的一般性假设与行动准则，可以作为一种规范来实现言语主体间的相互理解。有效性主张又依赖于语境，因为有效性的接受和评判是由人们在现实的、文化的、历史的环境中，通过真实交往的需要来获得的。因此，正是这样既超越于语境内在语用，又依赖于语境，进而将语用的"规范"和语境的"使用"内在地连接起来。

在哈贝马斯看来，没有语用就没有语境，语用是构成语境的前提；没有语境就没有现实的语用，语境是现实语用实践的条件。哈贝马斯对理解共识与确认的内在的张力，视"无条件的瞬间"为理解思想的组成部分。换句话说，理解的达成应该是"内在的语用的"。哈贝马斯认为，在日常交流中，交流者要想理解言说，就需要了解，支撑说话有效性要求的根据。虽然在原则上是无穷无尽的，但却始终受制于特定的语境的限制[1]，因而，这种理由之有效性永远不可能一次性地被确定下来，只能错误地加以诠释。也就是说，根据新的事实和新的直观，可以对其加以修正。在交往行为中，言语行为通常是由三种观点中的一种来否定的[2]：第一，说话人对自己的行动（甚至是对规则规范本身）的规范性需求；第二，说话人为了表现其独特的主体体验而对真诚性的需求；第三，说话人对陈述命题的真实性需求。哈贝马斯相信，理解的达成就是一个在语用语境的基础上，经历了各种尝试和企图的复杂的事件。这种规范的程序合理性过程为理解的达成提供了一种行为的、社会的实践依据，是人们对一致性的认知方式，从而使理解的达成成为一种实现一系列交往共识的语用合理性过程。

因此，意义和有效性的内部关系，实际上就是一种整体的语言意义，而"语用语境"是所有构建的起点与生长点。对一般的、预先的、隐含的普遍性前认识的重构，这一类先验的分析，可以使认识的实践过程得以实现。在具体的交往过程中，言说者处于具体情境之中，哈贝马斯认为在具体的语用交往活动中，说话人总是处在一个特殊的情况下，他把这种特殊的语境直觉看作是一种对语义分析的辅助。正是在具体的情境中由交往性资质所赋予的语境直觉，实现了语义与语用的现实统一，而这种统一具有经验性、情境性和历史性。在这样的言说语境中，会话的对象，都会迫使参与者的观点呈现出一种对称性的关系。这样的设置，既可以让自己与他人互相接纳，又可以促进双方的观点交流。

哈贝马斯提出有效性要求的可接受条件转向论，这种可接受性条件是言语者之间的一致性，这种一致性共识包括规范的一致性、命题知识的共享和彼此之间的真诚性。哈

① 郭贵春：《论语境》，《哲学研究》，1997 年第 4 期。
② 殷杰，郭贵春：《理性重建的新模式——哈贝马斯规范语用学的实质（下）》，《科学技术与辩证法》，2001年第 4 期。

贝马斯克服了把语言功能仅仅局限于反映事实的做法，因而能够从三个方面对言语活动进行全面地审视，并提出三种有效性要求的观点。对自然语言而言，我们不能完全摒弃语境概念和依靠，而要理解意义，要考察话语之间的互动关系。由于一切经验性的认识都与不同的对象、情况、历史和文化背景有关，而且会随语境而发生变化。对此，哈贝马斯突出强调生活实践中经验的地位，而这种经验则是基于语用语境基础上通过实践活动的各种相互作用的产物。可见，语用和语境密切相关，语用是构成语境的前提，而语境又是语义和语用的条件。这样，由语境所带来的语义、语用统一的语境直觉和语用语境形成了一个整体合理性结构。

第五章
理解思想的社会互动论维度

    本章研究了哈贝马斯理解思想的社会互动论维度，即理解思想作为一种社会互动论的理论基础和具体内涵。哈贝马斯在早期对于哲学理性的反思构建中，基于对认识兴趣的社会实践性和解放性的探索，在韦伯社会合理化理论的影响下，借鉴其社会合理化理论的实践合理性概念，并加以重建。在米德社会符号互动理性范式的影响下，进一步提出了对生活世界概念的重构。这一系列理论借鉴和理论建构的过程，为哈贝马斯提出理解思想的社会互动性奠定了理论基础。具体来看，理解的社会互动论维度具有符号交互性，符号交互性主要是指理解的过程具有社会交互性内涵。这种社会交互性内涵包括，达成理解的交往行为本质是一种言语行动，这个社会交互性的本质是以语言为基础的交往合理性结构，以及符号交互性的内核在于哈贝马斯所主张的交往哲学范式的革新。理解的互动过程性具有情境性，这种情境性反映了理解思想的后形而上学的实践特征。哈贝马斯在受到米德社会互动范式影响后，走向了生活世界视域实践过程的范式转变。另外，理解的互动过程性具有重构性，即不断走向一种语用语境的规范程序主义。具体来看，理解的互动过程十分重视经验，经验的反馈不断重构理解过程。

第一节　理解的社会互动论理论基础

哈贝马斯在早期对于哲学理性反思探索中，为理解的社会互动论维度积累了一系列理论基础。首先，基于哲学理性的反思性重构提出了认识兴趣的社会实践性和解放性的探索，开启了哈贝马斯社会实践的理论旨趣。其次，哈贝马斯在韦伯社会合理化理论的影响下，实现了从理性概念到实践合理性概念的转变。最后，哈贝马斯进一步在米德社会符号互动理性范式的作用下，以"语言""交往"等作为理解的核心媒介，实现范式转变。哈贝马斯进一步提出了生活世界概念的重构，这一系列理论借鉴和理论建构为哈贝马斯理解思想的社会互动论奠定了理论基础。

一、认识兴趣的社会实践性和解放性

哈贝马斯在对近代认识论的批判与反思中，希望通过哲学的自我反思性重新构建一种新的认识论。哈贝马斯认为，要重新审视认识，掌握主体在认识中的作用，让认识回归到生活世界，让整个生活世界都包含在内。只有这样，认识的主体才能找回自己的主观能动性，认识主体才有沟通的可能。哈贝马斯认为，马克思的唯物史观是一种与"思辨"哲学相区别的、从唯心主义中走出来的、与之相异的实践哲学。哈贝马斯赞同马克思将劳动的相互作用作为认识批判的社会理论方式。哈贝马斯提出："彻底的认识批判只有作为社会理论才是可能的。"[1]哈贝马斯在对实用主义和历史主义的批判后，以弗洛伊德的精神分析理论为基础，试图对阐述性与阐释性因素进行重新建构与融合，从而实现了对诠释性思想的批评与基于历史的社会－制度研究的有机融合。

哈贝马斯借鉴精神分析方法[2]，以"认识兴趣"[3]重构哲学反思性。1965年，哈贝马斯提出了"认识兴趣"的概念，以此批判传统意识哲学代表的认识论，包括实证主义代表的"认识兴趣"。"认识兴趣"是一种偏狭和片面的概念，把人的精神看成是认识客体。

---

[1] 哈贝马斯:《认识与兴趣》，郭官义，李黎译，上海：学林出版社，1999年，第1页。

[2] 王睿欣:《精神分析与批判话语——论哈贝马斯对弗洛伊德精神分析学的整合》,《社会科学研究》，2005年第6期。

[3] 李淑梅:《以兴趣为导向的认识论——对哈贝马斯认识论特点的探讨》,《南开大学学报（哲学社会科学版）》，2007年第1期。

哈贝马斯把认识看作是一种特定的、带有很强的社会化性质的活动。这一概念不仅不能被看作是一种简单的适应环境"生物性"活动，更不能被看作是一种完全理性行为。认识的兴趣是人们在实际生活中所表现出来的意图，不是一个人的特别爱好或者群体的兴趣，而是一个人先天存在的普遍的认识兴趣或者由知识所组成的背景。哈贝马斯不赞成实证主义把认识与兴趣分开的看法，他主张只有在自身反省的范围内，也就是在对理论认识或自由追寻的过程中，才会有真实的认识与兴趣的统一。哈贝马斯将认识和兴趣联系在一起，兴趣在人们的日常交往活动中体现出来。人们为了保持并继续扩展自己的生存与繁殖环境而进行各种活动，都受到兴趣的影响和制约。主体与对象之间的关系首先是通过兴趣而产生。兴趣同人类繁衍的可能，以及人们自己所建立起来的基础，也就是劳动与互动之间的关系，这是一种根本的指导。

哈贝马斯提出由兴趣（意志）与理性这两个基本要素组成的人的本质规定性。兴趣是一种促使人自己行动的意志，它是人本身所具备的一种欲望和动机，它是一种想要了解某个事物（包含自己）的愿望。"理性"是兴趣行为的表现方式。他把人类的认识兴趣划分为技术兴趣、实践兴趣，以及解放兴趣三种类型。技术兴趣是指对使用技术理性进行经验与剖析的认知能力，其主要适用于自然界（外部与内部）的领域。实践兴趣指的是兴趣与"实践"相结合的交往互动，但兴趣还被限定于特定的传统范畴，没有普适性。解放兴趣是指一种把自己作为认识客体，反思自身生存条件的理性，是一种进行反省的能力。解放兴趣这一思考，已超出了自身的局限，转向了认识自我所依赖的生活世界与"他人"。唯有了解生活世界与他人，方能使自身具有确定的规定性。换言之，自我只能通过生活世界与"他人"来完成自身存在的意义。生活世界与"他人"，并非全然独立于自己之外的"他我"，它与自己有着密切的联系。这样的剖析，印证了哈贝马斯关于公共性作为人类本质要素的构想。同时，作为个体存在的"我"既具有"公共性"的基本特征，也有人和人之间的共生结构的前提。人受解放兴趣的推动，对自身进行反省，就会发觉自己就处在与他人共生的架构之内。因此，人类的认识兴趣，不仅在于让自己了解自己、了解整个世界，而且在于从认知的活动中找到自己来自于现实的实践活动。由于每个人对知识的理解角度的界定，都离不开自己生存的生活世界，而生活世界中人的共同构造，是个人获取认识能力、实现自我确定性的先决条件。

哈贝马斯重构了弗洛伊德的精神分析理论[①]，使其由对个体疾病的研究扩展到对社会的病症研究，并将个体的深度阐释拓展到了对社会的深度阐释。正如一个人所经历的那

---

① 王睿欣：《精神分析与批判话语——论哈贝马斯对弗洛伊德精神分析学的整合》，《社会科学研究》，2005 年第 6 期。

样，当一种社会上的疾病发生时，人们对这种病症的消除行为就随之发生了。"因为社会制度的病症和个人意识的病症一样，是在语言和交往活动的媒介中形成的，并且具有结构被扭曲的交往形式，所以，随着病症产生的消除病症的兴趣，在社会系统中也就直接表现为对启蒙的兴趣。"① 哈贝马斯将深度诠释学视为一种对一般批判科学进行哲学整合的典范，通过对其进行的批评②，可以让主体了解已经进行的行为无意识的前提预设，排除了语言的强制性机制。目的在于从被扭曲的状况中构造行为的交流能力，从而将知识与人的解放兴趣真正地联系起来。哈贝马斯把自己的认识论看作是一种通过回溯认知状态而对交往关系的扭曲和人获得的解放自由进行批评的学说，其实质是一种对认知的前提进行彻底追求的批判社会理论。

哈贝马斯认为，认识是一种关于人的社会化要求的途径，其实质是一种兴趣，也就是利害关系。认识所要实现的目标，不是为了满足人类眼前的经验需要，而是为了解决实际问题。因此，认识不但是一种生活再造的方式，同时也是人类建构生命模式的认知过程。哈贝马斯认为，其认识论是以"回溯"的方式对交往关系的扭曲进行批评，从而使人获得解放自由的启蒙理论，其实质是一种具有批判性的社会学学说，也是唯一能够对认识的前提进行全面探究的学说。哈贝马斯指出："彻底的认识批判只有作为社会理论才是可能的。"③ 在他看来，理论的主体应该不是孤立于历史的、生活的、抽象的、自律的思维主体，而应该是自身处于实际的、历史的、与之相联系的、具有历史意义的、真实的主体。换言之，理论的主体是现实世界中的具有实践意识的自觉表达者，在现实的生活中生成了批判的需求，提炼了批判的成分。这些事实并非来自于主体的设置，而是来自于"操作"，也就是说，各个活动的关联只能在社会活动中被发现。理论自身也不能客观地描述事实，而在于理论对于人类存在意义的揭示。

哈贝马斯关于认识论的重构④，是一种关于人的社会生活的自我反思。解放兴趣是一种指引着主体对自身社会生活的反省，对原有的思想观念进行反省和批评的能力。对人的自由的解放的认识兴趣，是一种对社会的反省和批评，在精神上起到了启蒙的功能。哈贝马斯认为，解放的兴趣是一种由生活实践引发的对生活问题的思考，它带有一种特殊的批判性质，一种对人摆脱意识形态和权力结构的可能状态的思考。哈贝马斯主张，要想完全实现解放的兴趣，必须从对生活的实践总体性活动的基础出发，去了解兴趣和

---

① 洪汉鼎:《理解与解释——诠释学经典文选》，东方出版社，2001 年，第 284 页。

② 傅永军:《批判的社会知识何以可能?——伽达默尔－哈贝马斯诠释学论争与批判理论基础的重建》,《文史哲》，2006 年第 1 期。

③ 哈贝马斯:《认识与兴趣》，郭官义，李黎译，上海: 学林出版社，1999 年，第 1 页。

④ 钱厚诚:《哈贝马斯认识批判的危机理论》,《南通大学学报·社会科学版》，2006 年第 4 期。

理解认识。此外，还应构建一个主体间自由对话的"现实的解放的社会"，使人们能够在这个过程中进行自由对话。这也包含了他日后所倡导的理想的交往共同体理念。在弗洛伊德心理分析学说的基础上，哈贝马斯对以实践为指向的批判理论进行了进一步发展。哈贝马斯提出："精神分析学和意识形态批判都研究主体不能确认指导表达活动意图的日常语言中的各种客观化现象。这些表现可以被认为是一贯地被曲解的交往的部分。它们只有在日常交往的病态的一般条件被认识到的范围内才可以被理解。一种有关日常交往的理论首先要独辟新路，研究有病理障碍的意义语境。"[①]弗洛伊德有别于狄尔泰、伽达默尔对主体意识和生活经验的阐释，他提出了一种能够穿透知觉表面，进入始终被掩盖、压制和审查的深层次阐释方式。哈贝马斯把弗洛伊德的精神分析学[②]看作是对交往的一种探索，这种交往沟通一直以来都被误解。

二、对社会合理化理论的借鉴：从理性到实践合理性的概念转变

在试图对"认识和兴趣"统一的社会批判理论建构之后，哈贝马斯进一步受到了韦伯的影响，开启了从社会认识论批判到社会合理性研究的过程，进而从对理性反思性的构建发展到实践合理性的重塑上。韦伯首先以"合理性"这一理论概念为基础，对欧洲近代资本主义发展和本质进行了深入研究。韦伯提出了一种对现代性进行剖析的社会学模型，最先将现代性解读为理性化的进程，并以此来对现代性的命运进行诊断。韦伯对哈贝马斯的影响首先是通过法兰克福学派产生。霍克海默和阿多诺对卢卡奇的"物化"批评思想进行了传承和发展，哈贝马斯早期继承了法兰克福学派对意识哲学的工具理性批判的传统，实现了从哲学理性批判到社会批判的转变。哈贝马斯回忆道："阅读阿多诺的著作使我有勇气去系统地研究与理解卢卡奇与柯尔施从历史的角度所揭示的东西：马克斯·韦伯的合理化理论实际上是一种具体化理论。早在那时，发展一种关于现代性的理论成了我的研究课题。这一理论的任务之一是揭示人类理性的历史的现实化———一种畸形的现实化的过程。"[③]哈贝马斯认为，在现代哲学的革新中，不能再以传统的方式来进行研究，也不能将合理性和社会合理化完全割裂开来。

哈贝马斯对工具理性批判尤其是霍克海默、阿多诺等人的启蒙辩证法进行了反思，指出其对于传统批判理论的建构不足，最终抛弃理性来进行自我救赎，这说明了传统批判的主体性范式已不再适用。哈贝马斯把韦伯《新教伦理与资本主义精神》作为一部关

① 洪汉鼎：《理解与解释——诠释学经典文选》，北京：东方出版社，2001年，第279页。
② 铁省林：《以精神分析学为范例的深层诠释学读解》，《山东大学学报（哲学社会科学版）》，2007年第1期。
③ 伯恩斯丁：《哈贝马斯与现代性》，坎布里奇，麻省理工学院出版社，1985年，第4页。

于理性化的著作加以论述，其目的在于寻求理性化的根源。韦伯以"合理性"这一概念为分析手段，将欧洲的现代化与合理化视为相同的历史进程，从而更好地理解欧洲近代资本主义的演变与本质。哈贝马斯认为，西方社会现实状况的出现是因为工具理性（客观思维原则）被过分推崇，而合理性的行为原则（道德实践合理性的原则）被长期忽视的结果，必须强化道德实践合理性的原则，从哲学上实现两者的结合，促进人们交往行为的发展和社会的协调。哈贝马斯认为，从马克思到韦伯，从卢卡奇到霍克海默，再到阿多诺，从方法论到得出的结果都是有问题的。具体来说，他们都是依循了意识哲学范式对理性进行研究的传统，包括对于社会的合理性研究，因而无法充分把握合理性概念的内涵。在《启蒙辩证法》中，关于最终得出的理性悲观主义结论，标志着传统批判理论陷入了危机。哈贝马斯试图以一种新的理论模式变革来突破这种困难境地。他说："向交往理论的范式转型，实际上是从工具理性批判终止的地方重新开始。这允许我们把社会批判理论未能完成的使命重新承担起来。"①

哈贝马斯对社会合理化问题②的早期历史进行了研究。合理性模式首先是由以牛顿物理为代表的计算自然科学提出。孔多塞认为，伴随着自然科学发展起来的理性并非只存在于西方文明之中，存在于人类精神之中。这种普遍理性假设，遭到了历史学派、文化人类学的质疑。在实践层面上，合理化体现在意志和有意识的交流活动中；从理论上讲，理性是一种合乎规律的认识活动。合理化主题进入社会进化领域，在工业革命中，生产技术是人类发展的一个主要方面。政治变革，也是一种对资本主义自由体制化进程中的反映。在资本主义不断成长的同时，它也作为一种具有独立功能的亚体系而存在。这样斯宾塞就可以建立一种社会进化理论，把文明的演化视为自然演化的发展。韦伯接收合理化任务，并将其作为一种社会学问题来对待。韦伯以一种非历史决定论的理性视角，对当代人类的产生与发展进行了反思。新康德主义超越二元主义的科学哲学，把实然与应然从方法论层面区别开来，把事实的判定与价值的判定加以区别，从实践哲学的角度出发，坚定地与所有的道德自然主义相对立。从反向清理历史哲学的基本假设：进化决定论、道德自然主义、普遍主义、理性主义。哈贝马斯提出，如何将现代社会的产生与发展视为一个合理化的进程，同时避免陷入经验主义的窠臼？

哈贝马斯在对哲学反思性的探究过程以及对于理性概念的思考中，借鉴了韦伯合理化理论范式③。韦伯认为，西方的现代性脱胎于宗教－形而上学世界观之于哲学的看法（以犹太教和基督教为代表的希腊的传统）向现代世界观的转化过程，这个过程从16世

---

① 哈贝马斯:《交往行为理论》第一卷，曹卫东译，上海：上海人民出版社，2018年，第369页。
② 汪行福:《"新启蒙辩证法"——哈贝马斯的现代性理论》，《马克思主义与现实》，2005年第4期。
③ 汪行福:《"新启蒙辩证法"——哈贝马斯的现代性理论》，《马克思主义与现实》，2005年第4期。

纪开始，在 18 世纪完成。正是在这一过程中，文化合理化出现了，即文化价值领域的分化，进而实现了现代世界观的合理化。按照韦伯的看法，现代意识结构的产生源于宗教－形而上学世界观到以文化合理化为代表的现代世界观的理性化过程，"现代社会特有的意识结构源于文化合理化，而文化合理化包括认知、审美表现以及宗教传统的道德评价三个部分。有了科学和技术、自律的艺术和自我表现的价值以及普遍主义的法律观念和道德观念，三种价值领域就出现了分化，而且各自遵守的是自己特有的逻辑"。① 韦伯在对于文化合理化的研究中，世界观的系统化与价值领域的相关逻辑是其中的研究重点。韦伯分析道，在新教伦理的生活方式的合理化过程中，手段合理性、目的合理性和价值合理性有机融合为一体的实践合理性的作用，实现了从宗教－形而上学世界观到现代世界观的转化。韦伯在对于文化合理化的问题分析过程中提出"实践合理性"概念，"把实践合理性概念区分为三个方面：手段的运用、目的的设定以及价值的取向。"② 然而，韦伯将文化合理化分析过程更多地立足于为了实现对宗教的解释体系、法律观念、伦理等概念进行形态上的完善，也就是对整个世界的合理化建构。其主要体现在词义的界定、概念的阐释、思维动机和命题的建立等。韦伯却忘记了世界观的合理化的前提基础，是对这个世界进行解神秘化，而这个过程的核心就在于，人类的伦理和意识结构是怎样实现变革转换的，从而使我们的世界观得以去中心化。

哈贝马斯指出，韦伯认为现代意识结构源于对世界观合理化的理性思考，也就是在对宗教与形而上学的世界观进行解构这一总体的历史进程中，特别是在对文化传统进行解构的过程中。哈贝马斯批判道，作为回应，这种现代的意识结构最初只渗透在狭小的阶层中，如何使这种新观念（全新的意识结构）在更广大的社会阶层中成为主导，并渗透进社会兴趣中，进而实现世界观的合理化才是问题的关键。哈贝马斯提出对应的问题："在宗教合理化所提供的认知潜能充分发挥其社会意义，并在现代化社会不同结构的生活秩序当中得到体现之前，传统社会当中的生活世界结构必须发生怎样的变化？"哈贝马斯批判韦伯在合理性问题上的文化主义立场，韦伯将合理化问题放在了意识结构中进行研究，即个性和文化层面。韦伯认为合理性概念的意识结构，体现在文化传统和符号系统中，并非直接体现在行为和生活方式当中。哈贝马斯指出："一方面，韦伯从新教伦理的生活方式为代表的行为类型（这种行为类型把手段合理性、目的合理性和价值合理性融为一体）中获得实践合理性概念；另一方面又把行为取向的合理性与世界观和价值领域的合理性对立起来。"③

---

① 哈贝马斯:《交往行为理论》第一卷，曹卫东译，上海：上海人民出版社，2018 年，第 216 页。
② 哈贝马斯:《交往行为理论》第一卷，曹卫东译，上海：上海人民出版社，2018 年，第 226 页。
③ 哈贝马斯:《交往行为理论》第一卷，曹卫东译，上海：上海人民出版社，2018 年，第 232 页。

　　哈贝马斯认为，韦伯在对文化合理化进行分析时，尽管他给出了一种"实践合理性"的复合概念，但内在起点是"目的合理性"，而"行为合理性"是"价值合理性"的起点。在具体分析过程中，韦伯却割裂了合理性的目的理性和价值领域、生活秩序的合理性维度。另一方面，韦伯从分析文化合理化到社会合理化过程中，只通过目的合理性对社会合理化进行研究和考察。韦伯借助于新教职业文化，在资本主义社会中，企业家的行为和目的合理性已经被制度化了。在现代的司法体系中，作为一个目的合理行动的正当程序，它也被制度化了。这种目的理性的合理秩序的不断实现，形成了一种新的社会一体化形式，韦伯将此合理化形成过程与整个社会合理化过程等同起来。对此，哈贝马斯批判韦伯"在从文化合理性向社会合理化过渡过程中，合理性概念明显越来越狭隘化"①。韦伯在对社会合理性进行剖析时，借鉴了"目标－工具合理性"这一概念，并将其视为理解现代化的概念基础，以"目标－工具合理性"为依据构建的现代企业与国家便是其最主要的体现。哈贝马斯指出："韦伯直接把西方理性主义的实际形态当作出发点，而没有从一种合理化的生活世界在反事实的层面上的可能性的角度去揭示它们。"②哈贝马斯指出，这样不仅无法达到合理的统一，而且极易使人产生悲观主义情绪。在哈贝马斯的视野中，人的精神活动与人类的行为、生活环境，以及将人类联系起来的最为通用的言语媒介分离，不管它实施得多么深入，或者采用什么方式，都仅仅局限于狭隘的主客关系，甚至是个别个体，而不能从根本上解决普遍的理论和现实问题。

　　哈贝马斯提出要重建韦伯的"实践合理性"③概念，从而达到了"实践合理性"手段的运用，目的设置和价值取向的统一。在哈贝马斯看来，基于韦伯没有将合理化理论贯彻到底，韦伯的行为理论概念在结构上存在不足、有待完善。韦伯从"社会行为"的角度来理解"合理性"概念④，并将社会行为区分了两种类型：目的工具和价值理性行为。根据韦伯所说，当一种行为符合了手段合理性与选择合理性的要求时，它被称作"目标理性行为"。符合规范合理性条件的，就是"价值理性"的表现。哈贝马斯主张将"目的理性"与"价值理性"相统一，构成符合"实践合理性"整体需求的总体要求。这样一种"实践合理性"概念，包含了理性的三个层面，把理性提升到了一个新的高度。从工具合理性角度，它建立了有效的手段；从选择的合理性来看，这是一种理性的选择。从"规范合理性"的视角来考察，它在伦理原则的范畴之内，承担着"道德实践"的责任。在这种新的观点中，人们的行为合理化、生活方式的合理化、世界观的合理化，三者紧

① 哈贝马斯：《交往行为理论》第一卷，曹卫东译，上海：上海人民出版社，2018 年，第 281 页。
② 哈贝马斯：《交往行为理论》第一卷，曹卫东译，上海：上海人民出版社，2018 年，第 281 页。
③ 汪行福：《"新启蒙辩证法"——哈贝马斯的现代性理论》，《马克思主义与现实》，2005 年第 4 期。
④ 李佃来：《哈贝马斯与交往理性》，《湖北行政学院学报》，2002 年第 5 期。

密地联系在一起。

三、对社会互动理性范式的引入

在对于理解思想的构建过程中，哈贝马斯还引入了米德的社会互动理性范式。韦伯对社会行为的分析不是从社会互动的角度，而是以一种主客体意识哲学范式为前提的角度考察社会行为。在韦伯的行为理论中，他也提到行为的意义概念，但是只是一种依据目的行为主体的主观意义。哈贝马斯对这一观点，提出批评："他不是根据语言意义的模式来解释'主观意义'（Sinn)，也没有把'主观意义'与最初是孤立的行为主体的意见和意图联系在一起。"① 可见，在韦伯这种目的理性行为方式中，交流也成为一种衍生，并不以两个具有言语和行为能力的主体间的相互关系为依据来理解。因此在韦伯的目的行为理性导向下，他无论是对于语言，还是社会互动来说，都是一种目的理性论，受限于意识哲学的主客体范式。米德批判了韦伯的语言目的理性论，米德在"自我"研究过程中，显示出语言交往对于意识形成的介入功能。在米德的自我理论中，言语的产生将自我从孤立的原子形态中解放出来，并以言语的形式表达出来。社会交往过程，实现了个人的社会化，即个人建构过程。米德自我理论对于"语言"的分析理解，强调了语言在个人的社会化和社会整合过程中的根本作用。在米德看来，语言是心灵与自我产生的一种机制，它又是个体在社会化的进程中获得话语与行动的主体。正是在语言交往互动中，语言在建构符号自我和社会文化符号系统中，促使个人的社会化与社会整合形成。米德对"语言"的认识，促使哈贝马斯提出了一种普遍的语用思想，从而对达成理解的前提条件进行解答。

与此同时，米德确立了自我意识是通过以语言为媒介的社会互动过程形成。米德认为，"自我意识"中的"自己以自己为对象"的反身性和自我指涉性，都应该遵循对话的方式，解读为"主体我和客体我的关系"，从而使我们能够更好地认识到这一点。米德认为，"自身"是一种基于言语的社会结构，它源自人类的生活经验。哈贝马斯提到，"米德把意识哲学中的主格自我降低为'宾格自我'，降低为首先出现在他者眼前的互动语境中的自我，这样，他就继承了上述这些思想，并进而把哲学的所有基本概念从意识的基础转移到语言的基础上。"② 哈贝马斯认为，米德的社会语言交往互动模式，在某种意义上解决了经验与先验之间、主体之间如何沟通的这种形而上学问题。因而，语言在人类行

① 哈贝马斯：《交往行为理论》第一卷，曹卫东译，上海：上海人民出版社，2018年，第354页。
② 哈贝马斯：《后形而上学思想》，曹卫东，付德根译，南京：译林出版社，2012年，第183页。

为活动中起到中介作用，使得语言分析代替了原本意识哲学中的意识分析。他指出："米德的另一个贡献在于，他继承了在洪堡和克尔郭凯尔那里确立的主题，即个体化不是一个独立的行为主体在孤独和自由中完成的自我实现，而是一个以语言为中介的社会化过程和自觉的生活历史建构过程。"[1] 米德的社会理性范式融合了语言分析哲学和心理行为主义两个方面的思路，转化了意识哲学的自我先验性预设的反思问题，变成了社会交往的行动实践问题。这一范式的转变深刻地影响了哈贝马斯对于交往范式的建构。

此外，米德揭示了人们是怎样通过言语交流来实现意义理解、个体社会化的个性构建和社会化的社会功能的划分和融合，并为"语言哲学"的主体间性交互理论的社会化奠定了基石，也为社会哲学构建了使社会合理化进程得以延续的交流合理的理论基础。[2]基于自身研究，米德从语言、角色游戏和竞赛三个方面，阐述了人们从姿态对话、符号互动、角色认同到系统的规则构建以及在论说域内的理性批判等沟通互动的发展历程，提出了一种"理性的沟通理论"[3]。米德从"姿态会话"所构成的"姿态刺激""调整性反应"到"社会行动结果"关系出发，剖析"意义的逻辑结构"，并提出功能的客体意义理论。也就是说，这表明意义交流的行为协同进程早于语言和意识产生，意义构建的行为与诸如社会互动等必备条件密切相关。哈贝马斯借鉴了米德的这一社会互动理性范式，试图解答理解何以达成的问题。

然而，米德的社会心理学研究，存在着论证逻辑的跳跃和循环。米德从以发声姿势为主导的姿态会话转向以表意为主导的言语沟通，忽视了由动物标记向人类命题语言转换的过程。米德从以意义理解的连贯性来构建言语行为的规范化，转向以角色博弈和比赛中的角色身份来构建社群共同体的制度规范，忽视了从遵循对语言使用的合乎规律到遵循社会实践活动的规范。米德沟通理性理论的逻辑推论过程，不管是记号语言，还是命题语言，都缺少充分证明。究其根本是米德把交流语言的活动转化为思维的自我对话，然而，自我反身性的结构和个人自我意识在本质上是不同的概念。米德在姿势对话中对别人"态度"的采纳，已悄然转化为我们在言语、角色游戏中，学会接受别人"角色"，阐释个体的身份认同形成的历程，进而实现社会的整合。然而，以身体姿态为表现形式的姿态会话，与以言语交流为手段的社会角色划分和融合是不同的。米德在这里提出了"采取他人的角色"来解释自我形成的社会条件，这使得其全部的学说都处于一种"循环论证的怪圈"之中。

---

① 哈贝马斯：《后形而上学思想 》，曹卫东，付德根译，南京：译林出版社，2012 年，第 173 页。

② 李琦、李淑梅：《自我问题研究的主体间性转向——论哈贝马斯对米德自我理论的继承与发展》，《求索》，2007 年第 9 期。

③ 林远泽：《姿态、符号与角色互动——论米德社会心理学的沟通行动理论重构》，《哲学分析》，2017 年第 1 期。

因此，哈贝马斯在引入米德的沟通理性范式的基础上，需要进一步解决这一问题。米德的社会心理学研究主要集中于对自我之个体发生学的社会行为主义研究。这一研究可以论证人的社会活动的主观能动性，但也缺少了对物种发育进程中存在的结构性转变的阐释。米德未能从个体发生学的角度出发，解释人类的言语交流架构是怎样使得人们由符号式语言向有命题式的语言发展，并由对言语交流的合规则性遵守转变为对社会准则的义务性服从。哈贝马斯借鉴了米德对语言交往的认识，认为个体在进行言语活动时，其所采取的一切行动都要符合其普遍有效性的前提，从而使其能够被人们所认同。因此，哈贝马斯需要进一步探究这种交互主体达成统一的普遍条件究竟是什么。

四、哈贝马斯对生活世界概念的重构

韦伯把现代化理解为一种历史合理化过程，并把这一过程区分为社会的合理化、文化合理化，以及个人生活方式的合理化。韦伯从手段、目的和价值三个角度把合理性区分为工具合理性、选择合理性和行动规范合理性三个层次，并把前两者归为形式合理性，后者归为实质合理性。在此基础上，韦伯认为资本主义社会存在着形式的合理性与其实质之间不合理性的冲突①，但是，他并没有从根本上解决这种矛盾。在哈贝马斯看来，其原因在于韦伯对生活世界合理化的忽略。

哈贝马斯对于"生活世界"这一概念的认识，正是在伽达默尔的基础上展开的。在哈贝马斯看来，伽达默尔关于传统的认识，即作为前理解的一致性观点，没有经过反思，并且认为其是交往共识的中介，这一观点是有瑕疵的。哈贝马斯认为，主体的独白式的语言运用方式并非真正解答了正常的语言交往模式内涵，因而曲解的交往模式是一种常态。米德自我理论中关于"社会"的观点对哈贝马斯的生活世界理论的构建起到了很大的推动作用。胡塞尔的"生活世界"是在《欧洲科学的危机和先验的现象学》中提出来的。胡塞尔提出："生活世界问题与其说是一个局部问题，倒不如说是一个哲学的普遍问题。"② 这其实是对测量、因果假设的理想化、数学化和技术性的否定。面对把自然科学当作唯一的科学这一事实，胡塞尔用现象学的方法来阐明隐性的和不确定的知识领域，即被忽略的、关于日常活动的感性基础领域。它是现代哲学消解本体论与认识论形而上学的消解结果，它是一种实践思维。

哈贝马斯从胡塞尔关于"生活世界"③ 的哲学观念和狄尔泰的诠释学中，汲取了"生

---

① 汪行福：《"新启蒙辩证法"——哈贝马斯的现代性理论》，《马克思主义与现实》，2005 年第 4 期。
② 胡塞尔：《经验与判断》，邓晓芒，张廷国译，北京：三联书店，1999 年，第 63 页。
③ 张廷国：《胡塞尔的"生活世界"理论及其意义》，《华中科技大学学报》，2002 年第 5 期。

活世界"的观念，把"生活世界"放在了交往的层次上。哈贝马斯把"生活世界"这一概念看作是人的前理解存在，是人们不断反省、互相了解、互相交流的先决条件和背景。哈贝马斯在米德的启示下，将"社会"视为一种以言语符号形式相互联系起来的网络体系，并基于对"社会"这一崭新的认识，构建起了"生活世界"的概念。哈贝马斯从米德的自我理论中认识到，基于"人与社会"的联系，提出了"主我"能促使人们在交往中表现出自己的主观能动性和自省能力，从而促进社会的发展。"客我"为个体自我建构和社会化提供了条件，促使个体与社会在互动中生成、发展。这样，"主我"与"客我"[1]的相互作用就表现为个体的反思性和社会的运行秩序的有机协调。在这种方法论的启示下，哈贝马斯认为，哲学研究的重点既不应该是本体论框架下的客体，也不应该是认识论中的主体，而应该是主体之间的关系，即主体间性。哈贝马斯吸收了波普关于三个世界的划分，波普将世界分为物质层面的世界、精神层面的世界，以及精神产品的世界。在此层面上，第一世界与第二世界两者可以进行直接交换，第二世界与第三世界也同样可以交换，然而第一与第三世界则需要将第二世界作为中介才能进行交换。

同时，受帕森斯社会理论对社会系统的解释和分类的启发，哈贝马斯在"社会"层面上，分别构建了"系统"与"生活世界"双重维度的概念。虽然生活世界是在知识的基础上发展起来的，但是社会系统和生活世界有相互的重叠，是人类言语行为和交往的背景，不是认识的对象。社会系统是作为考察的对象提出来的，是认识的对象。由于主体对于同一世界的角度不同，就构建了生活世界和系统双重关系。两者存在互补关系，系统帮助主体更好地认识世界，而生活世界帮助人们实现个人自由的行为取向，两者共同构成理想社会。哈贝马斯批判现代资本主义的问题，就在于人们过于注重系统的发展，忽视生活世界的发展，造成主体在生活世界是用系统化的计算原理（工具理性），或导致了系统对生活世界的殖民。

哈贝马斯提出的"生活世界"是一种对人的交往进行调整的整合准则，它由文化、社会和个人三方面构成。"系统"是一个与"生活世界"相对的概念，它是一种经济、政治、文化的制度和组织。它要求通过目的性的活动来实现，本质上是一种工具理性的表现。"生活世界"对人与人之间的交往进行价值调整，而制度对人与人之间的关系进行了功能调整。哈贝马斯提出的"生活世界"理论，既批评了社会制度对个体自主活动的压制与控制，又强调了其在个体自由发展中的重要作用。其独特之处表现在：以米德理论中"主我"与"客我"之间的相互影响，由此对"生活世界"进行反思，并对其进行批判，寻求摆脱"生活世界"困境的路径，进而提出"生活世界合理化"，这是摆脱当代社

---

① 林远泽：《姿态、符号与角色互动——论米德社会心理学的沟通行动理论重构》，《哲学分析》，2017 年第 1 期。

会困境、达到人的个体化与社会化有机统一的必由之路。

哈贝马斯在其《交往行为理论》中提出了"生活世界"的基本结构，即"文化""社会"和"个体"三个层面[①]。哈贝马斯指出："我把文化称之为知识储存，当交往参与者关于一个世界上的某种事物获得相互理解时，他们就按照知识储存来加以解释。我把社会称之为合法的秩序，交往参与者通过这些合法的秩序，把他们的成员调节为社会集团，从而巩固联合。我把个性理解为使一个主体在语言能力和行动能力方面具有的权限，就是说，使一个主体能够参与理解过程，从而能论断自己的同一性。"[②]哈贝马斯认为，生活世界由三大要素所组成，其根据是其自身的差异为基础。文化知识通过符号形式体现在物与技艺上，在格言、理论、书本等方面，表现在行为中。社会表现为制度化秩序、法律规范或受规范的实践活动。个性构造是一个人的有机的根基。在本体论层面上，它们都具有清晰的时间和空间范围，超越了群体与语言共同体的边界，超越了群体与个体身份的限制。与个体和生活史相比，社会拥有更广阔的社会空间，也拥有更长久的历史碎片。但是，与传统相比，社会有着不那么模糊和狭窄的界线。与有机体相联系的个人人格结构，在时间和空间上被界定得最为清楚。对于个人而言，其文化与社会最初是以一种可支配的世代网络形式出现。而"生活世界"中的三个元素则互相联系，构成了一张复杂的意义网络。

第二节　符号交互性：理解的社会交互性内涵

理解的社会互动论维度具有符号交互性内涵，符号交互性主要是指理解的过程具有社会交互性内涵。具体来说，这种社会交互性内涵包括，达成理解的交往行为本质是一种言语行动，而社会交互性的本质是以语言为基础的交往合理性结构，以及符号交互性的核心在于哈贝马斯所主张的对于意识哲学的拒斥和作为符号交互性的交往哲学范式的革新。

---

① 汪行福：《"新启蒙辩证法"——哈贝马斯的现代性理论》，《马克思主义与现实》，2005 年第 4 期。
② 哈贝马斯：《交往行为理论》第一卷，曹卫东译，上海：上海人民出版社，2018 年，第 189 页。

一、达成理解的交往行为本质是一种言语行动

哈贝马斯反对意识哲学的自我意识范式，主张语言的主体间性理解范式。哈贝马斯受到了米德社会符号互动论的影响，肯定语言符号对于达成理解的媒介条件。米德的社会心理学融合了语言分析哲学和心理行为主义两个方面的思路，转化了意识哲学的自我先验性预设的反思问题，从而变成社会交往的行动实践问题。因此，哈贝马斯受米德思想的影响，认为个体是在通过语言沟通的社会互动过程中被建构出来。哈贝马斯借鉴了米德将语言符号作为达成理解职能的媒介，同时，米德关于"自我"的研究[①]给了哈贝马斯启发。米德从理论上证明了在微观社会进程中自我产生与发展的机理。米德把自我意识看作是个人在社会化过程中被建构出来的社会现象，是"客我"和"主我"交互作用的结果。在米德的社会互动理论中，人就是由以语言为基础的社会交往互动构成的。这种社会交往的内涵本质，核心在于以语言为基础的交往互动。

哈贝马斯提出的交往行为概念，本质上是从社会的个人出发，而这种社会的个人的内涵就是至少两个有言语和行为能力的人之间以语言为媒介进行交往互动。因此，个人的社会行动不是主体对于客观世界的行动，而是至少两个有机体之间的互动，从个人所处的社会整体中来理解个人行动。哈贝马斯提出的交往行为，从其本质上说，是言语者和行为者通过语言媒介实现的个体互动。哈贝马斯指出，目的行为仍然是通过言语行为进行的，并在语言意义层面上形成一致的共识结构。哈贝马斯对这三种表现形式的交往类型进行了批评，认为它们仅仅是交往行为的一个阶段，只是单独地展示了以言表达意义、建立关系和表达经验这一种功能。交往行为则具有语言的各种不同功能。哈贝马斯提到："只有交往行为模式把语言看作是一种达成全面沟通的媒介。"[②]

按照哈贝马斯的思路，交往行为作为一种言语行为，把语言设定为个体和社会双向互动建构的媒介，是人际交往沟通的媒介。人们通过语言交往的反思性互动达成理解。具体来看，这种交往行为的本质是一种言语行动。哈贝马斯考察批判考察从格莱斯和本内特到希福的意向主义语义学，再到弗雷格和早期维特根斯坦、达米特的形式语义学，再到后期维特根斯坦的意义应用理论[③]。哈贝马斯在对晚期维特根斯坦所开创的意义应用

---

① 李琦、李淑梅：《自我问题研究的主体间性转向——论哈贝马斯对米德自我理论的继承与发展》，《求索》，2007 年第 9 期。

② 哈贝马斯：《交往行为理论》第一卷，曹卫东译，上海：上海人民出版社，2018 年，第 126 页。

③ 殷杰，郭贵春：《理性重建的新模式——哈贝马斯规范语用学的实质（下）》，《科学技术与辩证法》，2001 年第 4 期。

理论的研究过程中，指出并肯定了意义应用理论，揭示了言语的行为特征，肯定语言与生活实践的内在关联。此后，哈贝马斯对言语行为理论展开了研究。他指出，集行事和命题于一身的双重结构是由维特根斯坦与奥斯丁首先发现的。哈贝马斯借鉴了奥斯汀的基本观点，认为言语本身是一种行为，这种言语行为，即通过词和句子所完成的行为才是有意义的基本单位。哈贝马斯认为言说者除了表现事态、意图之外，还表现出了相应的行动。也就是说，言说者在说话的时候，也在做某事，即交往行为的本质是言语行动。在言语行为理论视域中，语言具有了一种新的功能，即行为功能。从语言分析哲学发展史的角度看，从以语法或语言形式为主到以言语功能为主，从以单句为主转变为以篇章为主，从以语言自身为中心向语言使用者、社团和语言环境为中心，促进以语言知识为主向以交际功能为主的转变。这种对语言本质的认识的转变，直接影响到了语言和世界关系的认识。如果言语是一种行为，那么，它不但可以表达思想、描述世界、判断事态，而且作为一种行动，言语行为也可以参与到构建世界的实践中来，这正是哈贝马斯借助于交往行为理论试图解答理解如何达成的关键。

哈贝马斯十分重视言语的"双重结构论"。奥斯汀最初提出表述句和施为句的言语行为的二分[①]，这样一种"命题／施行"的言语双重结构对哈贝马斯具有启发作用。奥斯汀提出，表述句基于认知目标将话语的命题内涵显题，使施为句以沟通为导向，显题性地构建了关系，赋予话语以一种带有承诺的约束特征的能力，从而实现面向世界的语言的认知运用，从而通过言语活动来构建人与人之间的关系。言语行为理论力图建立两者的联系，突破了以断定和描述为主的局限，将承诺、请求、警示等多种用法纳入其中。通过这种方式，言语行为把说某事的域面（即形式语义学意义上的）与行动领域（语言运用论）联系起来。哈贝马斯把交往行为看作是一种以语言作为媒介的互动，在这种互动活动中，人们通过其言语活动来达到一个共同的、唯一的目标——"以言行事"。哈贝马斯把以沟通为取向的话语行为与策略语境中上的话语行为进行了区分，并拓展了奥斯汀关于以沟通为导向与目的导向之间的界限。哈贝马斯主张以沟通为取向，必然依赖于"以言行事"的阐释。在哈贝马斯看来，交往行为兼具一种命题内涵，同时也提供相关的人际关系，乃至包括表现了一种说话者的意向，以进入一个共同沟通的语境。

二、社会交互性内涵：以语言为基础的交往合理性结构

米德受美国实用主义思想传统的影响，实用主义代表人物杜威只将行为看作是一种

---

① 杨玉成：《奥斯汀论言和行》，《哲学研究》，2004 年第 1 期。

刺激和反映之间的解决实践行动的心理研究范式，主张将传统的哲学问题置于实际问题的活动中去研究。受杜威的影响，米德认为，对于意识主体活动的研究，必须在解决实践问题的行动过程中，才能呈现出来。然而，如果主客体是在行动过程中才构造和解体，主体性如何形成便成了问题。米德使哲学发展在德国思想理论的发展过程中，在康德和黑格尔之后开辟了社会行为主义这样一条新的道路，即从认识论自我到互动实践的自我，用社会互动理性范式代替意识哲学范式。米德阐述了人是怎样以一个理性的主体来构建一个合理的社会，表明作为一个主体的自我意识，是一个人在社会化进程中通过言语交流而形成的一个社会互动的过程。冯特关于"语言、神话和风俗的发展法则"[1] 给米德以启示。冯特认为，人类的认识、想象和意志等精神功能，不仅依赖于个体的意识行为，还受制于其所接收到的语言、神话和风俗习惯。在这三种方式中，语言是人们进行个体间跨主体沟通的重要中介。

哈贝马斯的交往行为理论借鉴了米德的社会理性沟通范式，主张不应仅限于从外在的目的理性行为加以研究，而应重构出由语言媒介互动形成的普遍沟通结构。但是，米德的沟通理性范式主要集中于"自我"与社会之间的联系，以及对个体社会化、个性等方面的研究，都是以"自我"为中心，建立在有机体的身心功能之上的研究。米德社会心理学的研究中存在着"内在主体性缺失"和"种系发生学缺失"的局限性，即米德忽略了语言沟通必须默认他人"同意"与否的表态，以及通过语言沟通来协调行动也是需要相互承认的一致性达成。针对米德研究中存在的问题，实现一致认同与共同认同的沟通行动理论与承认理论的重建成了哈贝马斯的目标。这样一种内在的共识和互动规范是如何达成，并且从身体姿态过渡到命题符号，以及到角色认同和社会制度规范等，这些都是哈贝马斯思考的问题。

哈贝马斯对目的性行为、规范性行为和戏剧化行为进行了研究。他认为，目的性行为是一种单向的行为，即主体试图改变客体，并使其适合自己，这并不是一种交互行为。虽然规范性行为建立在客观世界和主观世界之间，但是当其成为规范标准之后，就成为了一种外部准则来调整主体行为，而不是一种交互行为。主体本身，也就不再是一种互动行为，戏剧性行为虽然是一种主体间的互动关系，但从意向上来说，它是表演方单向的表演行为，听众方是被动的，不是相互交流的互动关系。正是在否定这些行为的基础上，哈贝马斯提出的"交往行为"是从群体中，用群体的行为才能解释个体的行为，即通过以语言为媒介的交往行为进行理解。哈贝马斯通过对个体前理论知识和规则意识的交往性资质的研究，指出交往性资质的三个方面：选择表述性语句的能力、表达说话人

---

[1] 林远泽：《姿态、符号与角色互动——论米德社会心理学的沟通行动理论重构》，《哲学分析》，2017 年第 1 期。

本人意向的能力、实施言语行为的能力。从语用学角度看来，运用这种能力去交往则必须进行语用学分析。通过在参与人和观察人的角度和位置上的转变，交流行为者就成为了一种相互作为的主体，同时第三人称消解了使用对象概念之中的对主体的逻辑预设。这种沟通的互动实践是社会的个人构建主体间性理解关系的核心环节，用人们的交往互动关系打破了内在意识的先验性和天然性。

　　具体来看，在行动者与世界的关系中，目的行为、规范调节行为，以及戏剧行为都是片面地涉及客观世界、社会世界和主观世界[1]，而交往行为却与三个世界有着密切的联系。交往行为建立在生活世界的语境一致性之上，以语言作为中介，协同应对各种角色所处的客观世界、社会世界和主观世界。在交往行为模型中，言语者将三个世界的概念有机地结合起来，并将其作为一个能够进行交流的阐释框架。在交往行为中，语言是交往活动中的媒介，它使交往对象与外界联系起来，并和对方的有效性要求进行互动。交往行为的微观人际交往互动是通过语言媒介来实现的，交往行为的合理性涉及不同的有效性方面，目的行为、规范行为、戏剧行为都与真实性、正当性、真诚性相关有效性要求的单方面有关，只有交往行为才能将这三种效力联系起来[2]。在交往行为模式中，交流者与其所说的话语同时具有三个方面的有效性要求：即所给出的表达是真实的，符合某一规范情境的话语和所展示的意向是真诚的，以及交往者之间与所构建的三个世界是一致的。因而，在交往行动模式中，"沟通"起着行为协调作用。

　　哈贝马斯认为，正是以语言为基础的内在合理性结构才是实现个人、文化、社会和制度规范统一性的关键。这样的交往合理性结构便是建立在一个有效主张的预设前提上的理解的过程。人们的认识正是在这样一种不断达成一致的过程中，通过一系列的语用交往活动得以发展，并在此基础上继续进行着对该一致性的突破与超越。哈贝马斯主张的有效性基础上的语用论，实际上是基于规范语用前提而进行的合理性重构。这一理论突出了语用语境中的相关关系（交往性资质、个体特征、文化特征、话语结构等），并将命题的、目的性的、有效性要求与基于语用语境的语境直觉、情境互动的理解相融合。在这种以语言符号为基础的交往合理性结构中，构成一个并列系统中的各种语言情境要素的通用法则，即这种并列系统包括外部世界、内部世界以及社会世界。在任何一种有效性主张下，言语行为都由命题、施行以及表态三种构成要素构成，并形成了认知、交互和表述三种沟通方式，这三种沟通方式与客观世界、社会世界和主观世界相关。其次，哈贝马斯提出了一个以象征形式构建的"生活世界"[3]。

---

① 李佃来：《哈贝马斯与交往理性》，《湖北行政学院学报》，2002 年第 5 期。

② 傅永军：《交往行为的意义及其解释》，《武汉大学学报》，2011 年第 2 期。

③ 强乃社：《论当代社会哲学的语言学转向》，《华中科技大学学报（社会科学版）》，2009 年第 1 期。

生活世界并非某个个人的团体或个人组成的集合，它是由以文化再生产、社会整合和社会互动为基础的日常交流活动所构建。生活世界是交往理性的领地，人与人之间的互动受相互理解的共识所制约，起作用的是社会融合的原则。由于在生活世界中所展现出来的事物有着直观的确定性，凝结着许多社会信仰，是人类长久以来最直观的生命经验和所继承的文化遗产。人类对于人类行动的意义理解往往与其在现实生活中的生命经验、文化性相关联。在现实世界里，事实和价值、真实性和有效性并没有明显的区别，但人类却可以通过现实社会中普遍存在的准则和常理来判断哪些方法可行，哪些方法行不通。哈贝马斯寻找到在当代资本主义社会中，生活世界受到损害并有计划地单向发展的根源。因此，哈贝马斯提出重建一个合理的生活世界，使人们能够自由地与他人进行交往，这是当前的首要任务。

哈贝马斯提到，交往行为是在生活世界的情境中运行的，即"交往行动者总是在他们的生活世界的视野内运动；他们不能脱离这种视野。作为解释者，他们本身与他们的语言行动同属于生活世界"[1]。同时，哈贝马斯还认为，"生活世界"既是人们交流活动的基本前提，也是人们互相了解的"信念储蓄库"，它反映了生活世界的交往职能。从其结构和功能上分析，理性被置于生活世界的视野中考量具有极大的优越性。其原因在于，"生活世界"包含着文化、社会和个性三种理性的含义，并且与交往行为有着紧密的联系。因此，它所得出的理性概念也更为完备。这一视角立足于人类的实际实践，从生活世界的角度来把握人的理性，从而打破单纯地以思考的方式来把握理性。

传统的形而上学将理性置于纯粹的思考范畴内，由此产生的理性概念承载了本体论与绝对论的双重含义。传统的理性被认为是一种宇宙的普遍法则，或是一种主观的先天本质。它或被看作是一种世界固有的法则，具有包容一切的统一承诺。也被认为是一种先天的超验性力量，将自己融入自然界和历史之中，并为其提供合理结构，或作为一个与这个世界共有的本质。人的规定性、人的存在，乃至一切事物的存在都是从这一理性概念出发。因此，传统的哲学理性概念是一个根本性原因或先验根据，所有的权威与真相都来自于它。在近代之后，伴随着科技的进步，这样的理性概念在社会中日益显现出其局限性。哈贝马斯的"生活世界"中的交流理性，正是这种反形而上学理性，力图打破形而上学理性的"存在论"与"超验性"。生活世界建立在人与人之间的互动活动中，因而理性必然是一种当下的、实践的交往理性。

---

[1] 哈贝马斯：《交往行为理论》第一卷，曹卫东译，上海：上海人民出版社，2018年，第174页。

三、主体间性：符号交互性的哲学范式内涵

哈贝马斯倡导由意识哲学范式转变为交往的理解范式，即通过"内在的真理有效性"来取代过去"先验意识"及其建立的社会关系。在这个意义上，主体与自身的关系是一种区别于旁观者对于现实事物的完全客观性的态度。哈贝马斯认为，一种语言或者人类的交往才能固有地包含着达成一致性的内在前提。哈贝马斯认为，这样的"交往理性"是区别于传统意义上的"意识理性"。一旦用语言建立起来的主体间性获得了优势，重构一个持续发展的理性，便可取代经由反思而表现的一种认识，也就是自我意识。

哈贝马斯提出了一个关于现代哲学中关于"语言转向"对于意义和真理问题的解决方案，那就是语形、语义、语用三方面的综合运用[①]。20世纪哲学方法的突出特点具体包括：语形学是以强调语法的形态，形成逻辑指向的语形分析；语义学是以言语客体为导向，形成本体论指向的语义分析；语用学以语言使用者为导向，形成认识论指向的语用分析。哈贝马斯为语形、语义与语用三者之间的有机统一提出了另一种思考方式。哈贝马斯把语用的研究看作是对真值的条件语义学的扩充和完善，在保持对传统语义分析方法的前提下，把其推广到包含了非断定式的语言表达式中，而把非断定式的语言表达式纳入了形式语义学范畴，这是语言使用的一种特殊情况。与此同时，哈贝马斯又吸取了形式上的语法分析。语用学促使主体哲学的革命性变革，语用学转向即认为阐释世界的语言优先于生成世界的主体性，用实施言语行为的主体来代替先验的主体。哈贝马斯认为，从客观认识的范式必须被具有言语能力和行为能力的主体的理解范式所取代。哈贝马斯批判了启蒙理性内在的意识哲学范式，认为要解决这一问题必须借鉴英美哲学的语用学思维范式，重新确立有效性条件的基础规范，以相互理解为目标，重构交往合理性，从而开启了以主体为中心的传统"意识哲学"，逐步向以主体间性为核心的理解范式的变革。

哈贝马斯以语用学为核心的理解思想是一种对于现代西方哲学"语言转向"理念的结果呈现，以欧洲的语言哲学传统为依据，以语言的社会、历史作用为视角，对英美语言的研究成果提供了有益的借鉴，强调了语言的形式化与操作性。交往合理性和各种理性的协商（或批评）的证明方式，其中既存在文化因素、社会因素和个性因素，并且都是为了达到这一目标而存在的。主体间性是一种"关系"，它所依据的并非是"主客"的形式，也没有必要把自己的逻辑立场放在一个单独的、抽象的主体上。"沟通"是理性理

[①] 殷杰，郭贵春：《理性重建的新模式——哈贝马斯规范语用学的实质（上）》，《科学技术与辩证法》，2001年第3期。

论的一个重要组成部分，它和阿多诺"星丛"的主客"伙伴关系"在理论框架上具有相似性，相对于"星丛"的"伙伴关系"，"交往合理性"具有更强的操作性和更多的程序性。

哈贝马斯对理解思想的构建，通过对以语言交流为基础的交往过程的建构，确立了交往的前提条件以及程序规范，从而实现了对于特定语用结构与过程的规范性重构。哈贝马斯认为，交往理性的核心是主体间的关系，这种主体间关系就是通过语言符号达成的主体间的有效性要求和程序过程。可见，哈贝马斯对于理解的研究，就是对交往合理性的建构。在哈贝马斯看来，交流理性就是一种语用理性，交往合理性是一种达成理解的语用前提和程序规范。合理性成为关于交互主体间通过语言达成理解过程中的有效性要求及其兑现之间的一种结构性交往关系的规范总体。在哈贝马斯设想的这样一种生活世界中，言语者借由语言媒介，通过论证和商谈，进一步表达意见并进而达成共识。在这个过程中，没有了言论的霸主地位，也没有了意识形态的蒙蔽，用交往合理性来保证理性的反思力量，从而保证了整个社会在正义和理性的轨道上有序发展。

第三节　情境性：理解的后形而上学实践特征

哈贝马斯理解思想的社会互动论维度具有情境性特征，这种情境性反映了理解思想的后形而上学实践特征。具体来看，这种情境性反映了哈贝马斯在受到米德社会互动范式影响后，实现了走向生活世界视域实践过程的范式转变。生活世界也是作为理解交往行动的背景和实践场域存在的，另外，理解的互动过程也具有语用语境的特点。

一、范式的转变：走向生活世界视域中的实践过程

哲学的语言学转变对现代的哲学研究有很大影响，特别是关于生活世界问题的重视。哈贝马斯始终追求的是人的反思性和能动性。哈贝马斯早期进行认识论重建过程中，提出的解放的兴趣[①]指的是一种从生活实践中引发的对人生问题的反思。解放的兴趣有着特殊

---

① 李淑梅：《以兴趣为导向的认识论——对哈贝马斯认识论特点的探讨》，《南开大学学报（哲学社会科学版）》，2007 年第 1 期。

的否定性质和批判性质。因此，哈贝马斯主张只有构建一个"现实的解放的社会"，才能充分地实现解放的兴趣。这一思路受伽达默尔影响，哈贝马斯借用弗洛伊德的精神分析理论，试图深化以实践为指向的批判理论，从而用精神分析学的对话方法解决意义理解的问题。沿着这一思考路径，哈贝马斯进而通过借鉴米德的社会符号互动论，重建生活世界理论。哈贝马斯的交往行为理论所提出的理解范式，指向的是一种回归生活世界的实践旨趣。

在哈贝马斯的生活世界理论中，他把"社会"看作一个由以言语符号进行的交往，进而构成的一个相互联系的网状体系。哈贝马斯在对合理性的讨论过程中，在探讨"合理性"①问题时，从元理论层次出发，提出了一种新形式的世界概念，用以替代已经解体的"神话"与"宗教"的世界观，使之与诸有效性要求相统一。哈贝马斯对波普尔的"世界"学说进行了重新建构，并在此基础上构建了"客观世界""社会世界"和"主观世界"三种不同的世界概念。在哈贝马斯看来，"客观世界"是和所有真实命题联系在一起的，指"一个实际存在的事态的世界"。"客观世界"表征的是实际存在的"事态的总体性，而事态可能是一直存在的，也可能是刚刚出现的，或是通过有目的的干预而带来的"②。"社会世界"是"由规范语境构成的，而规范语境则明确了哪些互动属于合理人际关系的总体中的一个方面"。③在社会世界里，行为者扮演着一定的社会角色，行为是否正当按社会群体所认可的社会规范来确定，互动双方都属于社会世界成员。主观世界是指"主体经验的总体性"④。"主观世界"是"主体经验的总体性"，主观的世界是指行动者的内心世界，它是行动者自己的人生经历、欲望、情绪和认识观点等。主观世界无法独立于外界与人类的行动而生存，但是，因为每个人的经历与愿望不同，每个人都有着自己独一无二的内在世界，并且试图将自己的主观性展现出去。

同哈贝马斯的生活世界理论相对应，哈贝马斯提出的四种社会行为概念也具有不同的本体论前提和有效性要求。目的行为概念以行动者和现实情况（即事态世界的总体）的联系为先决条件，就被称为客观世界。在目的行为模式中，行为者通过意见和意图与客观世界建立两种合理关系：行为人是否能使自己的看法与客观环境相一致，行动者是否能够根据自己的意愿和想法，将客观世界中的事情进行调整。可以看出，目的行为的合理性含义是：行为是否能得到合理的计划和实施，从而达成目标和利益的实现。真实性和现实性可以对目的行为和客观世界的关系进行衡量，可以是真实的命题，也可以是错误的命题。规范行为概念的前提在于，人的行为进行调整的基本条件，涉及客观世界

① 王庆丰：《哈贝马斯生活世界理论的语用学转型》，《马克思主义与现实》，2005 年第 6 期。
② 哈贝马斯：《交往行为理论》第一卷，曹卫东译，上海：上海人民出版社，2018 年，第 116 页。
③ 哈贝马斯：《交往行为理论》第一卷，曹卫东译，上海：上海人民出版社，2018 年，第 118 页。
④ 哈贝马斯：《交往行为理论》第一卷，曹卫东译，上海：上海人民出版社，2018 年，第 91 页。

和社会世界。除客观世界这一现实事物的事实整体之外，还有一个规范情境，这个规范情境是社会关系的共识表达，这个规范情境清楚地说明了什么互动是合理的人际关系整体联系的一个方面，对群体具有一定的规范指导意义。目的行为的合理性是用和客观世界的关系来衡量，规范行为的合理性内涵在于与社会世界中现存规范的关系来阐明。具体来说就是在表达过程中提出一定的有效性要求，其中的规范是否符合社会规范，是否具有社会有效性。规范行为的有效性要求表现为通过一般断然命题要求表现出来，判断的标准在于是否与社会规范语境之间互相符合还是互相偏离，也就是在规范语境中，这些行动是不正确的。

戏剧行为概念具有行为者与社会世界和主观世界两个前提。戏剧行为具有在他人面前表达自己的反思特性，是普遍的社会互动的重要内容。从戏剧行为模式上来说，行动者要建立起自己的主体性地位，就必须建立起对其他行动者的表现性态度，行动者必须以某种形式向受众展示自己的意愿或感情。但是，小我的内在是被外在世界所束缚的。在这样的交往环境中，参与者可以区分出规范语境和非规范语境，但是对于主观世界则要努力表现出一定的倾向性。因而，戏剧行为的合理性内涵在于，行为者是否在适当的时候表达了他的经验、愿望和情感等，是真诚地表达了自己，还是进行了伪装。由此，戏剧性行为表达的有效性要求是真诚性。从行为者与世界关系的视角来看，目的行为、规范行为、戏剧行为都是片面地与客观世界、社会世界和主观世界有关，而交往行为却与三个世界存在着密切的联系①。哈贝马斯认为，交往活动是建立在生活世界的语境一致性之上的，它通过语言这一中介，协同地应对各种角色所面对的客观世界、社会世界和主观世界这三个既不同但却具有共识背景的世界。在交往活动模型中，说话者将三种不同的世界观念进行了有机地结合，并将其作为一个能够进行交流的阐释架构。交往行为理论认为，语言是交往活动中的中介，它使交往对象和外部环境产生联系，并对言说对象提出有效性要求。

在哈贝马斯看来，传统意识哲学的理性分析，始终停留于主客之间的关系，或者仅仅局限于一个单独的研究主体之中，是不可能从根本上解决认识论和其相关更普遍的社会问题的。米德的社会符号互动论为哲学发展开辟了一条社会行为主义的道路，试图用社会互动理性范式代替意识哲学范式。②哈贝马斯的交往行为理论就是借鉴了米德指认人的意识是人与社会双向建构互动产物的观点。哈贝马斯认为只有通过交往行为，实现理解的达成，才能将社会秩序的重构作为整个过程来理解。可见，理解范式是哈贝马斯受到米德影响的影响，融合了语言分析哲学和心理行为主义两个方面的思路，转化了意识

① 傅永军：《哈贝马斯交往行为合理化理论述评》，《山东大学学报（哲学社会科学版）》，2003 年第 3 期。
② 李琦、李淑梅：《自我问题研究的主体间性转向——论哈贝马斯对米德自我理论的继承与发展》，《求索》，2007 年第 9 期。

哲学的自我先验性预设的反思问题，变成了社会交往的行动实践问题。因此，哈贝马斯的理解范式主张将研究过程转向交往互动的实践过程。

二、生活世界是交往行动的背景和实践场域

哈贝马斯的理解思想具有后形而上学的实践内涵，即达成理解的过程是在生活视域下的交往互动中实现的。生活世界的结构是一种内在的主体性，它与语言的生成有密切关系。生活世界的共同性是以成员参与的意见一致性加以理解，同时又是以某种可能的不一致意见为前提的。在哈贝马斯看来，生活世界是先于认识的背景，是人类言语行为和交往的背景，是交往行动运行其中的环境，即"交往行动者总是在他们的生活世界的视野内运动；他们不能脱离这种视野。作为解释者，他们本身与他们的语言行动同属于生活世界"[①]。哈贝马斯进一步认为，生活世界既是交往行动的背景假设，也是交往行动的"信仰储备池"，支持着交往行动。交往行动者始终处于其生活世界的视域之内，而无法摆脱这个视域，其自身和其言语行为都是在"生活世界"中的。因此，理解的达成根植于生活世界，而生活世界又根植于具体的交往实践。交往行动是具有生活实践内涵的，不是固定不动的，随着生活情境的变化而变化。

具体来看，交往行动者之间通过言语行动与客观世界、主观世界和社会世界进行互动，生活世界作为交往行动的互动场域和背景假设而存在。"与第一人称、第二人称和第三人称的交往作用的相联系的知觉和解释的展望，对于行动状况的结构来说具有决定意义的。"[②]因此，哈贝马斯认为，交往活动参与者在讨论客观世界、社会世界以及主观世界时，一定要有交往话题的语境假定。每一种交往话题的语境都是由"环境"的多种定义组成，而"环境"是受一个论题所限定的生活世界的一部分。在实际的言语交流活动中，人们所处的活动情境始终是以其所处的生活世界所组成的一种"交集"。这种行动情境有其自己的活动层面，由于其始终与整个生活世界联系在一起。因此，在整个生活世界的广大领域中，可以根据交往的要求，自由地从一个部分移动到另外一个部分。这种游动的内容和灵活性，是由交往主体所在的"生活世界"的总体内容所赋予"可能"的大小来确定。具体而言，在社会生活中，人们所处的社会环境因其时代环境、条件的不同而存在巨大的差别。这种差别，使得生活世界中各个阶段在定义其所处的情境时，其行动的可能大小也是不同的。

除此之外，在达成理解的互动过程中，交往行动的本质是言语互动。言语互动的实

---

① 哈贝马斯：《交往行动理论》第 2 卷，洪佩郁，蔺青译，重庆：重庆出版社，1994 年，第 174 页。
② 哈贝马斯：《交往行动理论》第 2 卷，洪佩郁，蔺青译，重庆：重庆出版社，1994 年，第 181 页。

现是一种相互沟通理解的达成，有效性要求与这个世界相联系的许多潜在的合理性力量都被调动了。这是一个具体的、情境的互动过程，从而实现共同追求的沟通目标。在交往互动模式中，一个沟通者与其表述一同出现的还有三种有效性要求[①]：所给出的陈述是真实的，与某一规范上下文有关的言语行为是恰当的，并且说话人所展示的意象必须是真诚的。另一方面合理性内涵涉及行为者，通过有效性要求与世界之间建立的联系，即行为者之间通过表达与建立联系的三个世界具有一致性。从行为协同机理上讲，"影响"在目的行为、规范调节行为和戏剧行为中发挥协同行为功能，而在交往互动模式中"沟通"发挥协同行为功能。根据哈贝马斯的观点，所有的交流都是在文化前理解背景下进行的，需要通过对具体语境进行商讨，从而明确生活世界的表现内容。因此，行为者之间必须进行合作解释，没有哪一个可以垄断解释权。在面临潜在质疑时，行动者可以把具有争议性的有效性主题化，然后试图证明或者反驳这些论点。可见，哈贝马斯的理解思想具有后形而上学内涵，即通过语言这一媒介实施言语行为，根据具体情境的互动，从而协调一致、达成理解，实现生活世界与交往行为的实践互构。

三、理解互动过程具有语用语境特点

哈贝马斯吸收了达米特用认识断言条件来理解意义的观点，采用达米特区分一个断言命题成立，与言语者在断言命题属实时能够实现对这些真实性条件的认识这两个层面。哈贝马斯从达米特那里借用了根据认识断定条件来代替断定本身，认为"理解"的含义是基于"间接的知识"的"判断"而非"真值条件本身"[②]。哈贝马斯认为，达米特的可断定性条件概念首先存在于断定性言说中，因而真理主张的先在性已经超出了其他类型的有效性主张；同时达米特的可断定性条件概念由于与有效性要求的实践相分离，因而还存在语义分析层面的不足。哈贝马斯提出了"可接受性条件"，目的是让非断定性言说，例如承诺、请求、承认等，在同一层面基础上留有空间。哈贝马斯认为，理解了一个言语行为的意义，就是当懂得什么使它可被接受时，懂得了一个讲话者能够提供的为了达到与听者就主张之有效性达成理解的理由种类时。

因此，哈贝马斯通过对"规范的正确"与"主体的真诚"两个方面补充命题的真实

---

① 王浩斌、黄美笛：《论哈贝马斯的真理共识之思 --- 基于情感视角的分析》，《山东社会科学》，2020 年第 7 期。

② 殷杰，郭贵春：《理性重建的新模式——哈贝马斯规范语用学的实质（下）》，《科学技术与辩证法》，2001 年第 4 期。

性等有效性要求，进一步完善并将达米特的解释进行扩展。在特定的场合，言语者可能会引用某些理由，使观众确信自己能够对所说的话提出有效性要求。假如我们了解了言语者所引用的原因，换句话说，假如我们懂得怎样才能让他的话语得以被接纳，那么，我们便可以了解他的言语行为。哈贝马斯在这个过程中实现了从分析的语义层次到语用层面的转换，其有效性主张体现在言语行为的动机和听话人对"是"和"否"的语用作用上。这里，言说者把注意力集中于话语，而非话语本身，言说者就变成了一个分析的中心单位。因而，有效性主张本身就是一种语用观念。通过这种方式，哈贝马斯实现了"话语"与超语境的有效性主张的统一，并把语用分析看作是对语义分析的一种补充。另外，在语用层面，哈贝马斯把语言的意谓、表征和使用的功能同实现理解的真诚性、真理性和恰当的正确性要求相融合。因此，不仅要考虑到各种表述方法的使用，考虑到言说的意义与社会实践的联系，还要考虑到在交往中产生的生活世界的确立和惯例。于是，在哈贝马斯的构建下，有效性的条件不再局限于命题的构成，而在于言说意义和超语境的有效性主张间的理性构造，一种理性的可接受性条件。因而命题和行事的有效性主张成为了理性的轨道或场所，这就构成了哈贝马斯规范语用意义理论的核心——语境化的"可接受条件论"。哈贝马斯通过提出"可接受性条件"实现了言说意义与超越语境的有效性要求的互相融合，实现了有效性主张的语境条件论转向[①]，但是达成意义的有效性条件还向经验敞开，受具体言说语境的限制。

　　对于如何看待语用和语境的关系，哈贝马斯在批判了罗蒂的语境主义时提出了他的观点[②]。罗蒂代表的是一种语境主义。罗蒂强调从语言层面剖析真理，对詹姆士和杜威的实用主义进行了吸纳与利用，并从否定基础主义、本质论的观点出发，否定"大写"的真理，也就是否定传统心灵与世界，以及语言与世界相互符合达成的真实性，而寻求一种"小写"的真理。"小写"的真理反映了人类的日常生活，并解决了现实中的问题。罗蒂认为偶然的真理建立在经验的基础上，并根据经验的变化而不断地发生改变。他主张真理在语境中发展，是为了使交谈持续下去，继而完善自己。罗蒂指出，在话语转换过程中，真理总是在自我校正和自我完善，并在"再语境化"过程中得以发展。真理就在人民群众的现实生活之中，它是人民群众的行为指导，是人民群众通过反复交谈和沟通而获得，而且是处于变化之中的。罗蒂认为应该站在整体论的角度上，摒弃概念与经验、

①　郭贵春：《哈贝马斯的规范语用学》，《哲学研究》，2001 年第 5 期。
②　龚群、李笑冬：《诠释学与交往行为理论的内在关联——从加达默尔的"理解"到哈贝马斯的"相互理解"》，《复旦学报（社会科学版）》，2020 年第 1 期。

语言与事实之间的区别，以历史的、社会的和语境的眼光来审视真理的生成乃至西方的整体发展。罗蒂以实用主义的立场探讨了"真理"[①]，他反对传统的预设"客观的存在物"，而主张通过温和的谈话来研究真理。

罗蒂提出了真理是"人类共有的信念"，真理便在于人们对话中达成的一致性。罗蒂放弃了符合论真理观为核心的传统认识论即"大写"的真理，放弃符合论而强调真理的效用，从实践的角度上提出"小写"的真理，即真理是大家协同产生。大家平等地进行交流谈话，形成一致意见，在这个环境中，继续交谈，修正交谈，真理也由此诞生。罗蒂将认识客观化归为协同的主体间性，认为这是认识的本质属性。罗蒂用偶然归属其中的语言共同体的协同性代替了对客观性的追求。哈贝马斯批判道，根据罗蒂语境主义者的观点，一定要给我们自己的语言共同体以一种特殊的解读特权，虽然没有足够的理由证明应当如此。

哈贝马斯批判罗蒂无法理解语境理论和语用理论之间的融合。哈贝马斯的规范语用理论为理解范式的构成发挥了重要作用，然而，言说的语用域并非完全依靠有效性主张，而是语用语境本身也为有效性主张提出了一种语用阐释，包含了有效性主张，即在主体间的"对话"语境中保持着经验和先验之间的一种张力。"有效性要求有其两面性：作为要求，它们超越了任何一个局部语境；但是，如果它们想要让互动参与者通过协调达成共识的话，它们又必须在一定的时空范围内提出来，并切实得到承认。"[②] 普遍有效性要求突破了所有的限制，但同时也存在着某种无法控制的限制，从而使其变成一种依附于语境的日常生活实践。这些话语实践都离不开语境，往往在交流的需求下经由有血有肉的个体在特定的社会、文化、历史情境中生成，却具有先天的超验性语境力量，是构建交往日常活动实践的理性潜势[③]，即一种高度理想的普遍预设与行动准则，用以调节个人行动意图，覆盖一切交往行为，因而把"规范"与"语言使用"有机结合在一起。

---

① 黄晖：《西方诠释学传统中理解问题的起源与发展》，《社会科学战线》，2007 年第 2 期。

② 哈贝马斯：《现代性的哲学话语》，曹卫东译，南京：译林出版社，2011 年，第 374 页。

③ 殷杰，郭贵春：《理性重建的新模式——哈贝马斯规范语用学的实质（下）》，《科学技术与辩证法》，2001 年第 4 期。

第四节　重构性：不断走向一种语用语境的规范程序主义

理解思想的社会互动论维度具有重构性内涵，即理解的过程是不断走向一种语用语境的规范程序主义。具体来看，理解的互动过程十分重视经验，经验的反馈不断重构理解过程。此外，理解的互动过程是一种基于先验与经验之间的程序合理性的重构过程，是建立在语用语境整体论基础之上，是一种不断走向规范语用的程序主义。

一、经验反馈不断重构理解过程

在哈贝马斯的生活世界视域中，这是一个由以言语行动方式进行的交往勾连而成的动态网络系统。早在法兰克福学派时期，哈贝马斯就表达了对经验研究的不同看法。法兰克福学派在霍克海默之后始终对实证性研究采取批判态度，推崇整体性的哲学批判研究。阿多诺提出，研究社会问题应该以社会总体和社会运动规律为对象，经验方法应服从于理论研究，个别现象不足以成为研究对象和研究内容。哈贝马斯反对法兰克福学派对现存一切经验的否认，也反对法兰克福学派对经验哲学和分析哲学的彻底排斥，提倡将经验与分析方法融入其研究方法系统之中。哈贝马斯认为，对待经验要采取既批判又建设的态度。哈贝马斯认为要对传统社会批判理论方法进行改良，哲学批判研究方法不应该与现实对立起来。哈贝马斯主张哲学批判研究方法既要重视现实，但又不能还原为经验分析，要超越现实，本质上又是哲学批判的。既要考察作为整体的社会，也要考察社会中的个体。哈贝马斯表达了区别于法兰克福学派对于经验的不同看法。哈贝马斯试图建构一种克服以往哲学社会批判理论中的相互对立、非此即彼的做法，将哲学分析、经验分析和历史分析结合起来，形成新的批判理论。他的"交往行为理论"正是对这一方法论的建构，试图突破传统意识哲学的主客体二元对立的研究范式。

在哈贝马斯建构全新的批判方法中，哈贝马斯受到了米德的影响，而杜威的实用主义也是作用于米德思想理论的重要思想家之一。杜威的"实用主义"思想着重于人们对自身所处的环境的把握，从而使其在一定程度上与自身的生存条件协调一致，从而逐渐地塑造出了自己的个性特征。杜威认为，心灵并非一种结构，它只是一个人为了适应外部世界而生成的一个过程，也是一种能够让人更好地适应外界的力量。杜威思想中"心智"概念，对米德思想具有一定影响。在米德的交往视域中，社会也被看作"有机"存在，即"人"与"人"之间的相互作用，从而相互影响、相互制约形成的"有机整体"。每个人在处理对待事物时都有一个解释的过程由此对这些意义进行不断的修改和处理。因而，动态的变化的过程互动是一个过程，不断生成反馈。

哈贝马斯认为，生活世界是支持交往行为的基础和背景假设，是一个达成互相理解的"信念储蓄库"，同时也是交往行为依赖的具体语境。在具体交往过程中，交往的经验反馈也是交往行为的一部分。哈贝马斯提出，在日常的交流过程中，在交往行为中，言语行为通常是由三个角度中的一种来判断[①]：一种是说话人对自己的行动（甚至是对规范自身）的正确性要求；第二，说话人为了表现其独特的主体体验而对真诚性的需求；第三，说话人对陈述命题的真实性需求（和匿名命题隐含的实际情况）。交流者要想理解言说，就得明白支撑说话的有效性要求，虽然在原则上是无穷无尽的，但却始终受制于特定的语言环境。因此，这种有效性要求从来不可能一次性地确定下来，只能可错地加以诠释。也就是说，根据新的证据和直觉及经验加以修正。哈贝马斯受米德思想的影响，认为交往行为具有实践的生成过程性，倡导经验，而非纯粹理性，倡导生成过程和历史主义思想。可以说，交往互动不是一次行为实践，而是一个过程，不断生成反馈。反馈的经验又不断融于新的实践中，从而不断生成。因而，交往行动具有重构性，在实践过程中不断积累经验，不断重构修正，是不断生成的过程。

二、重构的语用语境结构整体论：先验与经验之间的程序合理性

按照哈贝马斯的理解思想，"真理"是一个通过话语走向"共识"的论证过程。也就是在交往行动中，按照规范进行交流，才能达到对真理的一致。哈贝马斯把"无条件的瞬间"理解成了真理思想的组成部分。换言之，就是具有一种"无条件主张"，即在一定时期内，能够超出一切可能的证明，从而坚持真理和证实之间保持内在的张力。为此，哈贝马斯主张真理具有一种"瞬间超语境的直觉性"[②]。哈贝马斯曾提到："弗雷格对意义和有效性之间内在关联的深刻洞察是建立在直觉基础上的；而这种直觉可以从语用的视角加以阐释，然而弗雷格本人没有采用。"在批判研究意义理论的过程中，哈贝马斯提

---

① 王浩斌、黄美笛：《论哈贝马斯的真理共识之思——基于情感视角的分析》，《山东社会科学》，2020 年第 7 期。
② 郭贵春：《哈贝马斯的规范语用学》，《哲学研究》，2001 年第 5 期。

出，作为最基本的交流使用的讲话行为存在着"加强语意"和"命题"的双重分析结构。讲话者要在具体的特定语境里，要把这两个交流层次分开，又要了解清楚并给予理解。

哈贝马斯认为，语用是构建语境的先决条件，语境则是语言表达的前提基础。没有语用就没有语境，没有语境，就没有意义，只有语境能产生意义。哈贝马斯主张把握真理与证实的内在张力，并将"无条件的瞬间"视为真理思想的一个组成部分。换言之，真理应该是"内在的语用的"①。哈贝马斯认为，在日常交流中，交流者要想了解说话，就需要了解支撑说话的有效性要求，虽然在原则上是无穷无尽的，但却始终受制于特定的语言环境。因而，这种有效性要求永远不可能一次性地确定下来，只能可错地加以诠释，根据新的事实和新的直觉，不断加以修正。在交往行为中，言语行为通常是由三种维度中的一种来判断：一种是言语者对自己的行动（甚至是对规范自身）的正确性需求；第二，言语者为了表现其独特的主体经验而对真诚性的需求；第三，言语者对陈述命题的真实性需求（和匿名命题隐含的实际情况）。哈贝马斯把规范合理性看作是一种在语境中承受各种拒绝其意图的复杂过程。在此背景下，这种规范的程序合理性过程为合理性提供了一种行为的、社会的实践依据，并对其进行了统一的表述与记载，使得合理性不再是理想的假定，而是作为一种交流的普遍认同的语用理性。

哈贝马斯提到，交往行为中的合理性既要受外在因素的制约，又要根据其具体的实现条件，如可划分为历史时间、社会空间和以肉身为中心的经验等实现条件。换言之，言语的理性潜能与特定的生活世界密切相关。哈贝马斯通过对个体前理论知识和规则意识的交往性资质的研究，指出交往性资质包括选择表述性语句、表达说话人本人意向，以及实施言语行为这三个方面的能力。从语用学角度看来，运用这一能力去交往必须进行语用学分析。陈述性语句可以用来表示事情存在的现实状况，如意向动词、情态动词、语气形式等，它能传达说话人的意图。施行性短语，通过以言语行事表示，可以用来构建说话人和听话人的关系。通过这种方式，第一层次是在主体间性的层面建立联系，达到相互了解；第二层次是在命题的内容上，交往主体希望通过交流功能来实现对话语的理解，即加强语意行为决定的语境含义，并在此具体情境中运用命题的内涵。

这种重构需要解决两种结构的关系：带命题内容的语句的"意义"和强调语意行为"力量"的联系。哈贝马斯认为，交往双方之间的有效协调所产生的连贯的语用层次和经验层次上的含义是相互关联的，它们在语境基底协同的大背景下得到了统一的发展。对一般的、预先的、隐含的认识重构，这一类先验的分析，可以使认识的实践过程得以实

---

① 殷杰，郭贵春：《理性重建的新模式——哈贝马斯规范语用学的实质（下）》，《科学技术与辩证法》，2001年第4期。

现。在具体的交往过程中，言说者处于具体情境之中，哈贝马斯认为在特定的语用情境下，所具备的语境直觉便是对语义分析的补充。正是在具体情境中由交往性资质所赋予的语境直觉，实现了语义与语用的现实统一，而这种统一具有经验性、情境性和历史性。在这样的言说语境中，才能在共同设定的客观世界中，在不同的语境下，人们的观点呈现出一种对称性的关系。这样的设定，既可以让自己与他人互相接纳，又可以促进双方的观点交流。在哈贝马斯的规范语用理论中，客观世界的前提设定并非引致客观性的悖谬。相反，它以一种非世俗的主观先验地位为基础，运用一种不受语境限制、表现为某种形式的理想语言。

哈贝马斯提出，在"言语理解"的可能性中，包含着一个稳固的、合理的理性概念。这个理性不仅是内在的，即并不能在特定的语言手段和体制以外找到，而且也是先天的，即用来批评一切活动与体制以外的规范理念。也就是，命题与规范所需要的有效性要求，而有效性要求是在特定的时空背景下，在特定情境下产生的，如果接受或者否定这样的有效性要求，就会产生现实的行动后果。哈贝马斯提出有效性要求的可接受条件转向论，这种可接受性条件是言语者之间的一种共识。这种共识包括规范的一致性、命题知识的共享和互相信赖的真诚性三个方面①。哈贝马斯突破了单纯地将语言的作用限定在"真实性"层面上的局限性，从而能够从三个不同的有效性要求对言语活动进行全面审视。对于言语中的命题（和它所包含的事实假设）所支持的真实性与否，或者对言语在语言的规范性表述中的正确性（和语境是否存在正确性）产生疑问，或者对说话人的表述意图（意向与话语的一致）的真诚性产生怀疑，都会使听者对说话人的言语产生普遍的否认。因此，意义与有效性的内部关系，实际上是一种理解的意义，而"语用语境"成为一切建构的出发点和生长点。

对自然语言而言，不能完全摒弃语境概念，而要在理解意义时考察语境对于言语之间互动关系的影响。由于一切经验性的知识都与不同的对象、情况、历史和文化背景有关，而且会随语境而发生变化。对此，哈贝马斯突出强调生活实践中经验的地位，而这种经验则是基于语用语境基础上通过实践活动的各种相互作用的总体性存在。可见，语用和语境密切相关，语用是构成语境的前提，而语境又是语义的条件。这样，由语境所带来的语义、语用统一的语境直觉和语用语境形成了一个整体合理性结构，体现了一种规范语用整体论的合理性，这正是哈贝马斯理解思想的核心内容。

另外，这种规范理性范式（理解范式）区别于康德哲学中的"先验重建"，康德以寻找在理论认识与伦理行动中的可能性为先验根据，必然脱离经验。哈贝马斯关于普遍条

---

① 王浩斌、黄美笛：《论哈贝马斯的真理共识之思——基于情感视角的分析》，《山东社会科学》，2020 年第 7 期。

件和普遍结构的重构，既要求体现出言语与行动者对自己语言规则的认识，又要自觉地遵循交往中的协作准则，因而也就具备了先验性。另一方面，哈贝马斯也重视具体语境，以及经验科学的加入，因为经验也是十分重要的。哈贝马斯提出，理解的达成是一个语用理性的实践论证"过程"，而不是理想假设构造了它的"结果"。这不是一种认识论意义上的理解完成，而是规范语用程序意义上的理解。哈贝马斯提出了有效性要求具有双重性：它们是必须超出某一局部的情境，然而，若要使交互的参加者经由协作而取得一致意见，就必须在特定的时间和空间中提出，并获得实际的认可。只有普遍的有效性要求突破了所有的局限性，并且在某种程度上，接纳有效性要求的限制，从而变成一种附着在语境中的日常生活实践。命题和规范主张的有效性要求，不仅超出了时间与空间，而且始终在特定的时空尺度上，在特定的情境中提出，而且必须被现实的行为后果所接纳或拒绝。阿佩尔曾经生动地描述了一个现实的交往共同体和一个完美的交往共同体的融合。哈贝马斯认为，在交往行为中，言语行为总是被三个维度加以评判，包括说话人在规范性环境下对其行动（甚至是对规范自身）的正确性的需要，言说者为了表现其独特的主体经验的真诚性需求，还有言说者对陈述命题的真实性需求（和匿名命题隐含的实际情况）。哈贝马斯所寻求的"理解理性"正是基于"语用前提"的程序合理性[①]。

三、不断走向一种规范语用的程序主义

纵观哈贝马斯的研究历程，在米德的沟通理性范式的影响下，哈贝马斯便致力于探寻以语言为基础的沟通理性的内在合理性结构。哈贝马斯批判意识哲学的基础主义和先验论，通过对语用哲学的研究和规范语用合理性的重构，建构了理解得以实现的规范条件和程序。哈贝马斯认为，正是这种以语言为基础的内在合理性结构才是实现个人、文化、社会和制度规范统一性的关键。这样的理解合理性总体结构便建立在有效主张的预设前提上达成的过程中。人们的认识正是在这样一种达成"一致"的过程中，通过一系列的语用交流行为而得以发展，并在此基础上继续进行着对该一致性的突破与超越。哈贝马斯的理解思想，实际上是基于规范语用前提而进行的合理重构。这一理论突出了语用语境中的相关结构（交往性资质、个体特征、文化特征、话语结构等），并将命题的、目的性的、交往的有效性要求与基于语用语境的语境直觉、情境互动理解相融合。这种语用语境整体论的程序合理性是一种"规范语用合理性"，强调语用使用的整体交往结构，既不可能将其归之于知识型的认知理性，也无法将之归为目的行动合理性，其实质

---

① 郭贵春：《哈贝马斯的规范语用学》，《哲学研究》，2001 年第 5 期。

是语用语境整体化中交往者所达成的统一力量。

哈贝马斯的理解思想，通过重构规范语用学，构成一个并列系统中的整体言语情境要素的一般法则，这种并列系统包括客观世界、主观世界以及社会世界。在任何一种有效性要题下，言语活动都由命题、施行和表达三种构成要素组成，并形成了认知、互动和表述三种沟通方式，这三种沟通方式是与客观世界、主观世界和社会世界相对应。除此之外，哈贝马斯提出了社会是由以象征形式的符号构建的"生活世界"。生活世界并非某个个人的成员或组织的集合，它是以文化再生产、社会整合和社会化互动为基础的日常交流实践的核心。哈贝马斯把生活世界界定为文化的、社会的和个性的三个部分。具体来说，文化就是一种知识的贮存，交往行为借助外部环境中的各种事物进行交流，并利用这种储存的知识对人们进行较为一致的阐释。社会是人类生存的一个合理的秩序，它是人类活动主体通过构建人类关系而形成的一种以群体特性为基础的凝聚力。个性指的是交往者通过自身所掌握的知识，使其具备了语言和行动的能力，能够在多种情境中进行交流，并在多种交互情境中维护自身的一致性。这三个概念具有主体间交互性特点：集体是社会的组成部分，而集体又是由个人组成的。

具体来说，在交流过程中，个体性、社会性、文化和语言都是实现理解总体结构的组成部分。言说者的交往性资质是个体潜在的前提知识，它包含了创建和了解合乎语法规则，以及构建甚至了解交流方式以及将自己与外部环境联系起来的能力。在实际生活中，言语者凭借着普遍的有效性要求来履行其语用职能，展示真实的事实，构建合法的人际关系，表现说话人的自我。在言语行为中处置性陈述的语用原则涉及与现实的关系，置身于客观世界、主观世界和社会世界的关系之中。"真实性""真诚性"和"正确性"都需要将言说者的言语活动超越语言规范，并将其与现实联系起来。而其内部所包含的普遍性要求，则可以帮助澄清语言的系统位置，语言具有的半超越性，使得外在自然、社会、内在自然、语言构成一种语用的交往模型[①]。在这个过程中，有效性要求超出了所有纯粹的局域范畴，在有效性要求的推动下，先验性前提和现实事实的张力关系也逐渐深入生活世界本身。在交往实践本身的中心范围内，存在着先天的理想力量，将理想化从超验的范畴降低到了生活世界之中，利用自然语言起到一种有效的中介作用，来实现对其有效性要求的批评验证。因而，哈贝马斯理解思想的本质是以语言为中介进行互动，是处于先验和经验之间的程序合理性。

按照哈贝马斯的观点，理解思想不仅代表着个体的反思意识和哲学的批判性，而且

[①] 殷杰，郭贵春：《理性重建的新模式——哈贝马斯规范语用学的实质（下）》，《科学技术与辩证法》，2001年第4期。

对生活世界发挥着建构性作用。在交互主体间的沟通过程中，正是这样一种理解思想的存在，才推动着个人、社会、文化的交流互动，以语言为基础的交往在实践的论证过程中不断实现着生活世界的总体合理性，并且对目的合理性起着制约作用。交往行为网络依赖的是生活世界的资源，但同时又构成了具体生活方式的再生产中介。这样，具体的生活方式取代了同一性的先验意识。[①] 在哈贝马斯看来，生活世界是语境语用的分析基础，即在各种"以言行事"的基础上考察语言是怎样与日常活动紧密联系在一起。哈贝马斯指出，交往行为依赖的具体语境，是互动参与者的生活世界。生活世界是人类交往活动不断进行的一个领域，即交往行动者总是在他们生活世界的视野内运动，不能脱离这种视野，作为解释者本身与他们的语言行动同属于生活世界。哈贝马斯认为，生活世界中的三种元素彼此连接，构成了一种复杂的意义网络。言语行为借助于理解的交往机制，将各种行动主体联系在一起，从而在一定的时空尺度上形成一张网络。这已经不再是一个发送者和接收者之间传递信息的客观主义观念，而是一个以语言为基础的交互主体间的实践交往总体性结构过程。在这个过程中，具体的语境并非只是外在的、经验的，而是具有潜在的规则意识的。

因此，理解思想代表着哈贝马斯力图从生活世界中、从具体交往实践过程中对理性进行重构，变革意识哲学中所主导的在纯思辨中理性的局限。哈贝马斯生活世界中的交往合理性是一种反形而上学理性，力图消解形而上学的本体论理性，以及它内在的先验性本质。从交往合理性的实现到社会合理化的实现过程来看，文化的再生产保证了新的情境与当前的现实状况很好地融合在一起，从而保证了传统的延续性与对日常实践理解的连贯性。这种融合保证了新产生的语境（即在社会－空间层次）与现存的世界状况良好地融合，通过合理的人类关系来协调人们的行动，并使得群体身份保持稳定。此外，成员的社会化，使得社会中的新情境（即历史时期）与现存的现实情境相融合，从而保障了下一代习得一般的行为能力，并使个人的生命史与群体的生活方式相适应。此三个阶段，分别为建构一致的解释架构（即有效知识）、正当的人际关系（或凝聚力）和交互能力（或个体身份）进行了持续的重构。在此基础上，通过话语建构了一个主体间的网络，并使这个网络持续扩张。

---

① 哈贝马斯：《交往行为理论》第一卷，曹卫东译，上海：上海人民出版社，2018 年，第 378 页。

结　语

马克思主义视域下的
理解思想审视与批判

第一节   哈贝马斯的理解思想及其现实意义

在法兰克福学派的第二代理论代表哈贝马斯的思想体系中，他的理解思想占据着关键地位，不仅是哈贝马斯前期对哲学理性的反思性建构，同时贯穿于他后期的话语政治思想。哈贝马斯提出的哲学范式的交往转向和交往理性，从实质上来说是确证和重建可能相互理解的普遍条件。也就是说，哈贝马斯的理解思想代表着哈贝马斯对于意识哲学范式的拒斥和理性反思批判性的提出——理解何以达成。针对理解的含义，哈贝马斯曾提出几种容易混淆的含义，比如代表两个主体对于某个语言表达的共识理解（语法规则和语言结构），或者代表言语者对于彼此使用语言的规范性和正确性（符合社会世界规范性），甚至还可能代表两个言语者能使彼此的意向为对方所接受（内在意向）。对哈贝马斯来说，对哲学理性的反思与重构，最终追踪到如何解决"理解何以达成"的问题上。

哈贝马斯的理解思想就是深入研究符号化构成物背后的衍生性结构。这种符号化衍生结构由交往性资质、有效性要求，以及实现交往的规范性过程构成。哈贝马斯在对理解思想的构建过程中，首先从理解思想的语言哲学维度，针对达成理解的前提进行了探究，即作为达成理解前提的"类资质"的重建——交往性资质。哈贝马斯在康德先天综合能力的基础上，借鉴乔姆斯基等思想家的理论资源，提出了人类的"交往性资质"。根据哈贝马斯的分析，交往性资质具有三个维度：语言资质与语言能力、对语言的运用能力、实施言语行为的能力。哈贝马斯进一步对这三个维度进行了深度研究。语言资质与语言能力包括作为人本质的语言符号性建构、学习和掌握语言知识和语法规则的能力、创造并理解合乎语法的语句的能力。对语言的运用能力包括呈现言语主体的内在意向、命题与事态符合为真、符合社会文化和语用规则。实施言语行为的能力包括施行言语行为、建立人际关系、对有效性要求进行评判。

其次，哈贝马斯从理解思想的实践哲学维度，提出了理解的有效性要求。也就是说，在言语双重结构重建的基础上，哈贝马斯提出了达成理解的有效性要求。达成理解的有效性要求具有内在的其理论基础，包括传统意义理论的有效性要求、维特根斯坦意义应用理论的有效性要求、奥斯汀的语用"适切条件"对有效性要求的修正，以及哈贝马斯对奥斯汀有效性要求的批判。在这些理论基础上，哈贝马斯进一步推进了达成理解的有效性要求的研究。哈贝马斯在借鉴奥斯汀言语行为理论中言语的双重结构，进一步实现了言语双重结构的重构，进而以此为理论基点，阐发了言语交往中有效性要求的真实性、规范性和真诚性。其次，哈贝马斯在实现言语双重结构基础上对有效性要求进行重建后，进一步提出了有效性要求的语境化"条件转向论"。哈贝马斯从达米特关于有效性问题的语用"认识转向"出发，以批判的方式提出了"可接收条件"，并把"有效性要求"转化为一种语境下的"可接受条件"。

此外，哈贝马斯进一步提出达成理解的有效性要求具有语用语境性特点。哈贝马斯认为，要想实现他认为的交往范式和达成理解过程，需要依靠一种"理想的言谈情境"的存在，这是一种语用的理想设计。然而，这种理想的言谈情境只是一种达成理解的形式化理论构成，因而，哈贝马斯提出理解的有效性要求具有语用语境性特点。哈贝马斯批判了语境主义，他指出，应从与有效性要求和实现这些要求相关的实际条件出发，从而考察有效性要求，有效性要求具有现实语境条件以及语境和语用的统一性。

最后，哈贝马斯的理解思想具有社会互动论维度的内涵。哈贝马斯理解思想的社会互动论维度理论基础，包括早期在实现哲学理性重构中提出的认识兴趣具有的社会实践性和解放性，对韦伯社会合理化理论的借鉴，哈贝马斯实现了从理性到实践合理性的转变，以及在米德社会符号互动理论的影响下，对社会互动理性范式的引入和对生活世界概念的重构。哈贝马斯对于理解思想的社会互动论维度内涵包括三个维度：符号交互性——理解的社会交互性内涵；情境性——理解的后形而上学实践特征；重构性——不断走向一种语用语境的规范程序主义。具体来看，理解具有符号交互性，即指理解的社会交互性内涵。因为，达成理解的交往行为本质是一种言语行动，社会交互性内涵是以语言为基础的交往合理性结构，以及主体间性作为符号交互性的哲学范式内涵。此外，理解的过程具有情境性，反映了理解思想的后形而上学实践特征，包括走向生活世界视域中的实践过程的范式转变。生活世界是交往行动的背景和实践场域，理解互动过程具有语用语境特点。理解思想的过程性还表现为重构性，重构性包括经验反馈不断重构理解过程，即先验与经验之间的程序合理性，是不断走向一种规范语用语境整体论的程序主义。

总而言之，哈贝马斯的理解思想是一种语用语境整体论的程序合理性。这种语用语境整体论的程序合理性，是指言语行为在进行交往过程中，通过交往共识的前提性如交往性资质、有效性要求、语用语境条件和规范过程等，进而实现理解的过程。哈贝马斯理解思想的核心是规范语用合理性，即交互主体间通过语言达成一致的可能条件和程序过程。因而，基于哈贝马斯对理解思想的研究，论证其是关于有效性要求及其兑现之间的一种结构性交往关系和程序性的总体。它强调了在交往语用过程中建立的语用结构，即个体、社会、文化、语言等一致性结构之间的语用语境整体论，如交往性资质、语言运用、语境情境、有效性要求、交往过程、生活世界前理论知识和历史性特征等结合在了一起的程序性过程。哈贝马斯对哲学理性的反思和理解思想的研究，代表着其始终追求的是人的哲学理性精神、人的反思精神。哈贝马斯始终试图恢复被实证主义所否定的人的主体性、反思性和能动性，试图通过对于理解思想的探索，最终恢复人的哲学反思性和人的理性能动性，从而达成他理想的交往合理性，通过交往共同体推动社会合理化过程，进而推动人的解放和人类社会的和谐发展进步。

第二节　马克思主义角度的批判

一、交往批判：个人主义的微观人际互动批判

复归哲学理性的反思是贯穿哈贝马斯一生的哲学思考。哈贝马斯在对实证主义的批判过程中，回顾了西方哲学从本体论到认识论的转变及研究中心由"客体"转向"主体"等问题，指出 19 世纪中期以来，知识学已经取代了过去的认识论。哈贝马斯通过认识论的重建力图复归与指向客观世界的真实性有关的，价值领域与生活世界相结合的——人的哲学反思意识。哈贝马斯试图恢复人的理性反思，在哈贝马斯看来，传统意识哲学的理性分析，始终停留在主客体关系之内，是一种先验主体的独白式理性概念。其内涵是主客体二元对立的范式结构，假定先验理性，进而赋予世界、社会、自然和人一种终极性本质的真理存在。在哈贝马斯看来，法兰克福学派的研究方法和结论存在着问题，韦伯的社会合理化理论范式给了他启发。

哈贝马斯通过提出交往行为来弥补韦伯行为理论的不足，在米德的以语言为中介的沟通理性范式的影响下，他力图从交互主体的角度，在一种个体与社会双向建构的范式中实现合理性的统一。在哈贝马斯看来，传统意识哲学的理性分析，始终受限于主客体二元关系桎梏中，固守于独立的主体，因此无法真正借鉴认识论和相关社会问题。然而，韦伯的社会合理性思想开启了从社会行为维度进行的理性探究。但韦伯的社会行为是一种目的行为，不是从社会互动的角度，而是以一种主客体的意识哲学范式为前提的角度考察社会行为。哈贝马斯的交往行为概念，借鉴了韦伯的社会行动理论，继承了他从个人社会行动为出发点的个体主义方法论。韦伯主张，社会科学具有区别于自然科学的本

质和目标，有必要运用人文学科的方式来解释。韦伯提出一个社会是由个别的行动者构成的，要研究社会就要研究行动者。因此，韦伯把社会学归为一种"社会行动"学科，韦伯主要区分了"目标－工具行为"和"价值行为"两大类。韦伯相信，这两个社会行动都反映了合理性。韦伯对社会行为的分析是建立在主客体的哲学范式上，而并非在现实的社会关系维度上进行分析。尽管后来哈贝马斯对韦伯的目的合理性进行了批判，但是建立在这一社会行为分析模型上的交往行为理论也是立足于个体主义之上的。哈贝马斯继承了韦伯社会行动理论的个人主义方法论，以微观层面的个体行动为基础，进而建构了他的交往行为理论。

除此之外，米德的社会心理学为哈贝马斯开辟了一条社会行为主义的道路，即从认识论自我到互动实践的自我，用社会互动理性范式代替意识哲学范式。哈贝马斯受米德影响，建立在韦伯个人行动基础上的个人主义发展为了社会交互的社会行为主义。米德批判了只注重外部刺激反应的行为主义观点，米德把人的认识看作是人同外部客观世界相互作用的产物，人的自我和认知是通过社会和外界相互作用中产生的，即只能将个体的活动看作是一种特定的社会活动的一部分，并将其看作社会整体的组成部分。因此，哈贝马斯提出的"交往行为"，本质是在米德影响下进一步发展成的社会行为互动的个人主义方法论。这就是哈贝马斯所提出的交往行为和主体间性。可以看出，这种社会的个人从其本质上来说，依然是个人主义，只是这是一种通过语言媒介实现的微观人际的交往互动。

哈贝马斯理解范式的立足点"社会的个人"，从本质上看既不是孤立的自我意识，也不是处于现实关系中的个人，抑或是宏观的社会结构，而是立足于理想的语言互动中的微观人际互动。哈贝马斯所提出的交往互动，从其本质上说，是一种以语言为媒介的人际交往模式，并非完全现实维度的主体间性。这是哈贝马斯建构出的一种理想的社会性个人和交往模式。哈贝马斯忽视了人与自然的关系的环节，这一思路来自于苏格拉底时代，人们把实践看作是一种理智的行为，人们之间的关系是由理智构成的。因此，人们相信在思想的范围内，社会关系可以被建立起来。这种观点是典型的忽略现实存在的唯心主义。康德把社会关系看作是一种抽象的个人关系，是一种纯粹的关于社会关系的思考，哈贝马斯则继承了这一思路。哈贝马斯的主体间性理解范式认为，"人"是一种"对象性"，其"本性"是通过相互交流的行为而体现出在交往活动中构建了人的存在——交往主体间性。事实上，人的本质在于其是一种历史性活动。按照马克思的观点，人不能离开自然而谈论人的本质，需要从人与人的相互联系中去探讨人的本质、人与人之间的关系以及人的社会性质。马克思所说的人与自然之间的关系，正是人类的真正存在，也是人类的本性。人的产生和人类社会的发展，就是人向自然化的生成和创造的过程。将人与自然界的关系从历史中排除出去的做法，是又回到了抽象的思辨世界，回到了意识哲学之中。因而，哈贝马斯的交往行为理论与理解思想脱离了人的现实存在基础，失去了其讨论的社会关系的根基。

哈贝马斯提出的交往行为和理解思想的本质，依然是受意识哲学影响的个人视角下的人际交往互动。马克思的哲学的历史性成就，就在于要从现实的、历史的和具体的角度去研究现实世界。这也正是马克思超越近代形而上学的哲学方法论之处，不从抽象理性维度出发，而从现实的、历史的研究视角来展开研究。马克思认为，从现实的生活实践领域出发，为人的本质和人类社会存在的基础，是具体的、历史的现实生活过程。马克思曾指出，历史的前提是从事物质生产活动的个人。马克思说："我们的出发点是从事实际活动的人。"[①]马克思从现实生活出发，用现实的个人取代自我意识，把人的本质性存在建立在唯物主义的基础之上。具体看，现实的人类与人类社会历史发端于现实的个人的物质生产活动。人的本质是现实的个人，这种现实性一方面是指人的生命的自然属性，另一方面是指他的社会属性，人需要通过生产性活动得以生存。现实的个人，最基础的首先是解决生存等基本现实问题。因而，人以一种物质生产的方式来面对自然，处理自己和他人、社会的关系。物质生产活动区分了人和动物，在进行生产活动的过程中形成了交往关系。这种交往和社会关系体现在消费、分配等环节。

从马克思主义视角来看，在哈贝马斯的理解思想中，研究的对象并非现实的个人，而是抽象化互动中的个人，其本质是以个人为中心的人际微观互动，忽视了人存在的现实性维度，进而忽略了对社会组织和社会结构的研究，忽略了社会群体结构的复杂性和多样性。对马克思来说，人需要在现实关系中通过实践活动展现和扩大自身的存在性。人的本质是一种通过实践活动实现自我发展能力的社会性存在。同时，人的全面发展和自我实现不仅依赖于自身的现实性生产活动，还有社会的物质条件，以及相互的交往关系。只是这种交往关系并不是如哈贝马斯所想的通过语言和理想交往范式就能实现的。按照马克思的看法，交往是以从事现实生产实践活动的人为主体，体现为现实的生产实践活动过程中的一切关系，包括人与人的交往和人与社会的交往。因此，交往是人们在从事生产实践过程中产生的人与社会关系的总体。马克思认为，对当下社会的真实建构，并不通过理性的思辨完成，而必须建立在现实的个人的实践活动、社会生产力的发展以及交往关系的提升上。只有这种具体的现实维度的改变，才能真正推进人的交往合理性和社会合理性的发展。

---

① 《马克思恩格斯文集》第 1 卷，北京：人民出版社，2009 年，第 525 页。

二、语言批判：语言乌托邦，忽略现实社会关系

哈贝马斯对康德以来的理性与自我反思传统进行了重新思考，力图通过对英美分析哲学与实用主义的借鉴，达到对理解思想的探究。哈贝马斯继承了米德的沟通理性范式，将合理性问题从行为概念推进到意义理解问题，强调"语言"与合理性之间的关系，即交往行动的内在合理性结构。哈贝马斯为了解决合理性问题和意义理解难题，转向了语言哲学研究。他提出，为了解决理解问题，在此基础上，以形式语义学、言语行为理论为基础，对言语行为的普遍规律与必备条件进行理性重建。哈贝马斯认为，"主体间性"是指人类的基本生存状态是一种"关系"，而"主体间性"的实现则建立在"语言"的基础上。

哈贝马斯借助于 20 世纪初哲学的语言学转向以及语言哲学的研究成果，将语言范式代替意识哲学的主客体范式，从主客体关系转向语言与世界的关系。哈贝马斯认为，"交往范式"可以解决"意识哲学"的困境，而语言在其中扮演着重要的角色。哈贝马斯认为，交往行为是通过言语行为达成相互交往的行动过程。以语言为媒介的交流行为，就是主体之间通过语言，根据有效的规范，达成相互理解，实现共同协作的活动。唯有交往行动，才能使人们以交往理性的方式，把语言活动所具有的诸多不同作用，以一种相互理解或认同的方式加以整合。哈贝马斯批判了三种意义理论之后，展开对言语行为理论的研究，借鉴了奥斯汀对于言语的施行性特征的澄清，进而将言语行为作为意义问题对象领域的初级界定。哈贝马斯在对三种意义理论进行批评时，认为他们各自把握了理解的不同层面，并从目的、内容和应用三个层面对其进行了阐释。哈贝马斯对奥斯汀的批判，提出从"以言行事"角度对有效性要求的修正。哈贝马斯在"以言行事"的角度上重构了有效性要求。哈贝马斯认为，"交往范式"可以解决"意识哲学"的难题，是因为语言发挥了重要的作用，人们相互间的语言交流是解释和理解社会现象的重要途径，而这一切又取决于语言互动方式，即作为符号形式的语言。哈贝马斯对语言的先验性给予了肯定，甚至认为人类社会的演化和持续发展离不开人与人之间的语言交流。但他仅从语言使用的角度阐述了语言作为交流的媒介，而不能解释语言的来源和性质。

哈贝马斯认为语言是更为本质的存在，将语言完全抽象化、符号化和先验化了，认为语言涵摄了人们的一切价值与理想，具有决定性作用和基础性前提，从而未能理解语言与现实生活的内在联系。哈贝马斯交互主体间则是通过语言这一媒介实现的，从马克思主义角度来看，哈贝马斯把整个社会关系都归纳为以语言为媒介的社会心理关系和人

际关系，而忽视了这种关系的历史状况及其特定现实的内涵。这种看法十分狭隘，对符号环境、语言交流在自己的生成和发展的进程中所起的作用被过分地强调了，从而忽略了物质环境、遗传因素，尤其是生产实践的重大作用。哈贝马斯以语言交往为基础对所有的社会现象进行了阐释，并把它置于一种存在论的位置，这是一种对人的生产和生活行为的超越。马克思并没有否定语言作为人们思考和交流的一种方式，而是指出交往行为并非人与人之间绝对的本质、唯一关系。从马克思的观点来看，没有一种语言可以是抽象或象征的。人的语言，不管是天然的，还是人造的，都不可能脱离现实的人。没有现实的个人，就不可能出现人类的语言。就人的全部认知活动而言，语言自身并非先验的存在，也没有先验的价值。如马克思认为交往包含人与人、人与社会关系的总称，因此包含着人类借助于语言产生的思想、意识、文化等精神交往。哈贝马斯把交往理解为以语言为纽带的过程，忽视了语言形成的历史条件和具体内容，片面强调语言符号，忽略生产实践。更为重要的是，马克思论述了人与人之间的交往关系，如语言、意识、文化等，也是在生产实践劳动中逐步发展确立起来的，生产活动是交往活动的前提，人的现实存在和物质生产活动是人的语言存在的自然基础条件，也是历史发展的物质前提。除了语言交往关系，马克思的交往关系还包含政治关系、经济关系、宗教、艺术等内涵，要远远大于哈贝马斯对于语言的唯一性推崇。

三、理解的批判：马克思的现代性革命方案

哈贝马斯对理解的探究，通过对以语言为媒介的交往互动过程的深入探索，提出作为个体的交往性资质作为达成理解的一般前提条件，考察并重建了言语双重结构基础上的有效性要求，以及达成理解的规范程序过程。哈贝马斯理解思想研究的核心目标是对具体语用主体的直观语言知识进行系统化重建，也就是解释那些与个体或群体语用相关的一般性前理论知识。哈贝马斯认为，理解的核心是主体间的关系，理解问题的内核，关键是要找到一个能够达成共识的前提。因而，基于哈贝马斯的研究，达成理解的过程是一种交往合理性的实现过程，即实现关于理解的一般性前提、有效性要求及其兑现之间的一种结构性交往关系的总体。换言之，交往范式就是一种理解范式，交流理性则是一种语用理性，一种基于语用前提的理性重构，即"交往理性"。它突出地指出，语用话语的结构构成了一个相互关联的结构（如知识、行为和话语结构），并在一定程度上将命题基础、目的性基础和交际基础相结合。因此，"理解理性"是一种语用理性，是交往中达成共识的一个前提，也就是说，语言理解具有协调行动的作用。这是言语主体在言语活动中对其所需的有效性要求进行检验和兑现的一种规范性程序。因而，哈贝马斯通

过理解探究重构了他的交往理性，进而试图通过交往理性实现社会整合的新方案，从而把社会合理性方案的优化路径放在言语的交流过程中，试图在对话中来实现社会合理性重建。

通过对哈贝马斯理解思想的剖析，可以发现哈贝马斯的理解思想具有乌托邦色彩。哈贝马斯通过提出作为达成理解的前理论知识的存在——交往性资质，以及对于达成理解有效性要求的剖析，进而分析了达成理解过程中的符号性、情境性、重构性特征，进而指认理解的过程就是一个交往合理性实现的过程，一种人类交往理性的重建。这个过程真正实现主体间性的美好存在，然而，哈贝马斯这种以相互理解为旨归的观念是一种建立在理论上的构想，一种形式上的重建。哈贝马斯描述的世界是一幅脱离现实社会关系和现实个人的乌托邦的理想画卷。这个理想画卷中，人们可以进行平等的、自由的言语交往，进而通过对话来推动生活世界的殖民化和交往实践的扭曲等问题，进而推动系统与生活世界的和谐发展。人们在公共领域语言中通过语言交谈，可以平等地论证与商谈来发表意见，从而使社会可以在一个和谐、平等和公正有序的维度上不断发展。哈贝马斯的理解思想在语言哲学的范围内展开，试图通过交往理性来超越工具理性，但是在实际研究中脱离了现实的社会关系和社会现实环境，这使得他对以言语为媒介的理解研究具有理论构想性与理想性，缺乏人的现实存在。同时，哈贝马斯的交往范式的主体间性并非从现实社会关系出发的，交往理性无法回避它的先验性。

总的来说，哈贝马斯提出的交往范式（理解范式）试图实现超越意识哲学困境，然而并没有完全超出形而上学视域。哈贝马斯对现代性的反思，是以论证和商谈方式实现的一种理解主体间性，一种以言语交往达成共识为基础的理解乌托邦。从马克思主义视角来看，交往范式的根本缺陷在于它脱离了现实存在的个人和现实生活环境，将物质生产活动和现实社会关系排除出生活世界。哈贝马斯为了使理解乌托邦能够实现，还提出了"理想的言语情境"这样专门的理想化形式构想。从马克思主义的视角看，哈贝马斯所构想的理解交往范式和交往合理性的实现具有形而上学性，这正是马克思主义理论所拒斥的。所有的社会联系都是建立在真实的个体的物质生产行为之上的，而语言交往活动并不能作为社会变迁的直接推动力量。显然，这是对生产力与生产关系的辩证关系的历史唯物主义对人类社会发展的深层认识。马克思清楚地揭示了人的发展规律，即生产力的发展与替代是其本质所在。其中，最根本的力量就是物质生产力的发展。在马克思看来，道德规范上的义务、权利和责任等，实质上是通过政治或者经济的关系呈现出来的，进一步说，只有政治经济学批判才是根本的武器，仅仅有道德的谴责是远远不够的。

　　哈贝马斯提出理解范式的重构，其根本在于试图实现理性的重构，实现社会合理性的重新整合。因而关于现代性问题，马克思的研究方案与解决结论与哈贝马斯有着较大区别。马克思在"资本"的基础上考察了"现代性"，并将其视为"以资本为基础"的"有机体"，从而将"现代性"的矛盾本质理解为"资本支配"下的"社会矛盾"。马克思认为，资本主义的矛盾是一种建立在其经济基础之上的资本主义文明形式自身发展的危机。马克思主张，"现代化"的问题只有通过无产阶级的革命实践才能得到解答，这种实践既包括了经济，也包括了政治、社会、文化。它的性质已经不再仅仅局限于一个简单的经济问题，它还涉及人类社会的方方面面。

　　马克思说："这正是以建立在交换价值基础上的生产为前提的，这种生产才在产生出个人同自己和同别人的普遍异化的同时，也产生出个人关系和个人能力的普遍性和全面性。"[1] 在马克思的现代性解放叙事中，基于对事物的依存而产生的人的独立性，是它的第二个形式。在这个形式中，人们可以逐渐地发展出一个具有普遍性的、具有综合性的关系和功能的系统。这个第二种形态比过去第一种"以人的依赖关系"的传统社会更具有历史性进步意义。同时，它也是迈向第三种形态作为共产主义社会的阶段性、暂时性阶段。因而，资本主义社会是一种存在特有的系统与生活世界对抗扭曲的社会形态，但同时又孕育着第三个阶段，作为人的全面发展和社会解放的物质基础和历史条件的必然阶段。马克思以一种辩证的历史叙述方式，既给予了现代性社会相应的历史内涵，又要求其实现对现代化社会的超越。

　　对于资本主义社会，马克思的目的并不只是对资本主义进行批评，而是对整个资本主义社会的各种情况进行分析，如社会阶级关系、国家与市场、国际贸易、国际市场等。马克思在其《政治经济学批判》的序文中曾提到，该系列包括资本、土地所有权，还包括雇佣劳动、国家、对外贸易、国际市场等方面的政治经济社会研究。《资本论》是马克思在其一生中所写下的一部著作，它对资本主义的复杂性进行了系统批判，具有重大的理论价值和现实意义。可惜马克思所写的《资本论》，仅仅是《资本论》的上篇。然而，马克思《资本论》却包含着一种既把资本主义现代化看作一种内部矛盾发展的辩证进程，也把它与世界各国的资本力量联系在一起，构成了一个不可分割的整体。马克思的《资本论》揭示了它对资本自身的制约。资本主义的衰亡与走向社会主义是由资本集聚及其固有的危机趋势所决定的。因此，马克思所建议的"现代化计划"，本质上是一种新的社会理性的批判实践，即以人类解放为核心的无产阶级革命理论。马克思与哈贝马斯不同，马克思力图在经济体制、政治体制中，通过社会实践来

————————

[1]《马克思恩格斯全集》第46卷上册，北京：人民出版社，1979年，第108-109页。

消解"物化"。从马克思的观点看，资本主义的文化形态本身存在着一种矛盾，是无法通过内部改良实现的，而必须通过依靠无产阶级的革命实践活动才能实现。这是一种具有政治、经济、社会和文化意义上的广泛活动。在这一过程中，历史实践取决于无产阶级对自身命运的认识，取决于其意识的觉醒和主观能动性的增强。可见，马克思呼唤的是一种新的主体理性和现代社会。

参考文献

一、著作类

中文著作

[1] 马克思，恩格斯．马克思恩格斯全集 [M]．北京：人民出版社，2006.

[2] 马克思．资本论 (1–3 卷)[M]．北京：人民出版社，1953.

[3] 黑格尔．法哲学原理 [M]．范扬、张企泰，译．北京：商务印书馆，1961.

[4] 卢卡奇．历史与阶级意识 [M]．杜章智，任立，燕宏远，译．北京：商务印书馆，2004.

[5] 霍克海默，阿多诺．启蒙辩证法：哲学断片 [M]．渠敬东，曹卫东，译．上海：上海人民出版社，2006.

[6] 阿多诺．否定的辩证法 [M]．张峰，译．重庆：重庆出版社，1993.

[7] 马尔库塞．单向度的人 [M]．刘继，译．上海：上海译文出版社，2006.

[8] 哈贝马斯．在事实与规范之间 [M]．童世骏，译．北京：三联书店，2003.

[9] 哈贝马斯．公共领域的结构转型 [M]．曹卫东等，译．上海：学林出版社，1999.

[10] 哈贝马斯．后形而上学思想 [M]．曹卫东，付德根，译．南京：译林出版社，2012.

[11] 哈贝马斯．交往与社会进化 [M]．张博树，译．重庆：重庆出版社，1989.

[12] 哈贝马斯．重建历史唯物主义 [M]．郭官义，译．北京：社会科学文献出版社，2000.

[13] 哈贝马斯．理论与实践 [M]．郭官义，李黎，译．北京：社会科学文献出版社，2004.

[14] 哈贝马斯．现代性的哲学话语 [M]．曹卫东等，译．南京：译林出版社，2004.

[15] 哈贝马斯．哈贝马斯精粹 [M]．曹卫东，译．南京大学出版社，2004.

[16] 哈贝马斯．认识与兴趣 [M]．郭官义，李黎译，上海：学林出版社，1999.

[17] 哈贝马斯．交往行为理论（第一卷）[M]．曹卫东，译．上海：上海人民出版社，2018.

[18] 亚里士多德．政治学 [M]．吴寿彭，译．北京：商务印书馆，1983.

[19] 海德格尔．存在与时间 [M]．陈嘉映等，译．北京：三联书店，2000.

[20] 弗洛伊德．精神分析引论 [M]．高觉敷，译．北京：商务印书馆，1984.

[21] 哈贝马斯．在事实与规范之间：关于法律和民主法治国的商谈理论 [M]．童世骏，译．北京：三联书店，2003.

[22] 理查德·罗蒂. 实用主义哲学 [M]. 林南, 译. 上海: 上海译文出版社, 2009.

[23] 米德. 心灵、自我与社会 [M]. 霍桂桓, 译. 北京: 华夏出版社, 1999.

[24] 乔姆斯基. 句法理论的若干问题 [M]. 黄长著等, 译. 北京: 中国社会科学出版社, 1987.

[25] 威廉·詹姆士. 实用主义 [M]. 陈羽纶, 孙瑞禾, 译. 北京: 商务印书馆, 1979.

[26] 让·皮亚杰. 发生认识论原理 [M]. 王宪钿等, 译. 北京: 商务印书馆, 1985.

[27] 索绪尔. 普通语言学教程 [M]. 高名凯, 译. 北京: 商务印书馆, 1999.

[28] 孙伯鍨. 孙伯鍨哲学文存第1卷: 探索者道路的探索 [M]. 南京: 江苏人民出版社, 2010.

[29] 王浩斌. 市民社会的乌托邦 [M]. 南京: 江苏人民出版社, 2011.

[30] 童世骏. 批判与实践——论哈贝马斯的批判理论 [M]. 北京: 生活·读书·新知三联书店, 2007.

[31] 张庆熊. 社会科学的哲学——实证主义、诠释学和维特根斯坦的转型 [M]. 上海: 复旦大学出版社, 2010.

[32] 郑召利. 哈贝马斯的交往行为理论: 兼论与马克思学说的相互关联 [M]. 上海: 复旦大学出版社, 2002.

[33] 王晓升. 哈贝马斯的现代性社会理论 [M]. 北京: 社会科学文献出版社, 2006.

[34] 陈勋武. 哈贝马斯评传 [M]. 广州: 中山大学出版社, 2008.

[35] 曹卫东. 交往理性与诗学话语 [M]. 天津: 天津社会科学院出版社, 2001.

[36] 洪汉鼎. 诠释学——它的历史学和当代发展 [M]. 北京: 中国人民大学出版社, 2018.

[37] 潘德荣. 西方诠释学史 [M]. 北京: 北京大学出版社, 2016.

[38] 霍斯特. 哈贝马斯 [M]. 鲁路, 译. 北京: 中国人民大学出版社, 2010.

[39] 芬利森. 哈贝马斯 [M]. 邵志军, 译. 南京: 译林出版社, 2015.

[40] 斯蒂芬·穆勒·多姆. 于尔根·哈贝马斯: 知识分子与公共生活 [M]. 刘风, 译. 北京: 社会科学文献出版社, 2019.

[41] 托马斯·麦卡锡. 哈贝马斯的批判理论 [M]. 王江涛, 译. 上海: 华东师范大学出版社, 2009.

[42] 莱斯利·A·豪. 哈贝马斯 [M]. 陈志刚, 译. 北京: 中华书局, 2014.

英文著作

[1] The Habermas handbook, Hauke Brunkhorse, Regind Kreidi & Cristina Lafont (eds.), New York: Columbia University Press, 2017.

[2] Habermas and the public sphere, Craig Calhoun (ed.), Cambridge: The MIT Press, 1993.

[3] Alfred Jules Ayer, Language, Truth and Logic, New York: Dover Publications, 1952. Albrecht Wellmer, The Persistence of Modernity, David Midgley (trans.), The MIT Press, 1991.

[4] Alessandra Pandolfo, "Habermas' Universal Pragmatics: Theory of Language and Social Theory", Perspectives on Pragmatics and Philosophy, Alessandro Capone (ed.), Springer, 2016.

[5] Anthony Giddens, Politics, Sociology and Social Theory, Cambridge: Polity Press, 1995.

[6] B. Nerlich & D. Clarke, Language, Action, And Context: the early history of pragmatics in Europe and American 1780−1930, Amsterdam/Philadelphia: John Benjamins Publishing Company, 1996.

[7] Cristina Lafont, The Linguistic Turn in Hermeneutic Philosophy, The MIT Press, 2002.

[8] Habermas, Between Naturalism and Religion, Ciaran Cronin (trans.), Cambridge: Polity Press, 2008.

[9] Habermas, Communication and the Evolution of Society, Boston: Beacon Press, 1979.

[10] Habermas, Knowledge and Human Interests, Jeremy J. Shapiro (trans), Boston: Beacon Press, 1972.

[11] Habermas, Legitimation Crisis, Thomas McCarthy (trans.), Cambridge: Polity Press, 1988.

[12] Habermas, Moral Consciousness and Communicative Action, Massachusetts: The MIT Press, 1990.

[13] Habermas, On the logic of the social sciences, Shierry Weber Nicholsen, Jerry A. Stark (trans.), Massachusetts, Cambridge: The MIT Press, 1988.

[14] Habermas, On the pragmatics of social interaction, Barbara Fultner (trans.), Cambridge:Polity Press, 2001.

[15] Habermas, On the Pragmatics of Communication, Maeve Cooke (ed.), Cambridge: The MIT press, 1998.

[16] Habermas, On the pragmatics of social interaction, Barbara Fultner (trans), Cambridge:Polity Press, 2001.

[17] Habermas, Philosophical Introductions Five Approaches to Communicative Reason, Ciaran

Cronin (trans.), Cambridge: Polity Press, 2018.

[18] Habermas, Postmetaphysical Thinking, William Mark (trans.), Cambridge: The MIT Press, 1992.

[19] Habermas, The Liberating Power of Symblos: Philosophical Essays, Peyer Dews (trans.), Cambridge: The MIT Press, 2001.

[20] Habermas, The Philosophical Discourse of Modernity, Cambridge: Polity Press, 1987.

[21] Habermas, The Structural Transformation of the Public Sphere, Cambridge: The MIT Press, Massachusetts, 1991.

[22] Habermas, Theory and Practice, Boston: Beacon Press, 1974.

[23] Habermas, Truth and Justification, Barbara Fultner (trans.), Cambridge: The MIT Press, 2003.

[24] Jean Grondin, Joel Weinsheimer, Introduction to Philosophical Hermeneutics, New Haven and London: Yale University Press, 1997.

[25] J. J. Lecercle, A Marxist Philosophy of Language (historical Materialism), Brill Academic Publishers, 2006.

二、论文类

[1] 艾四林 . 哈贝马斯论后形而上学 [J]. 国外社会科学 ,1994(1).

[2] 艾四林 . 哈贝马斯论"生活世界"[J]. 求是学刊 ,1995(5).

[3] 郑召利 . 现代性困境与理性重建 [J]. 教学与研究 ,2010(1).

[4] 郑召利 . 交往理性 : 寻找现代性困境的出路——哈贝马斯重建现代性的思想路径 [J]. 求是学刊 ,2004(4).

[5] 郑召利 . 批判锋芒的弱化 : 从意识形态批判到语言的批判 [J]. 江西社会科学 ,2004(3).

[6] 曹卫东 . 批判与反思——哈贝马斯的方法论述评 [J]. 哲学研究 ,1997(11).

[7] 胡大平 . 西方马克思主义的三个维度 [J]. 理论视野 ,2011(2).

[8] 李佃来 . 哈贝马斯对当代政治哲学的贡献 [J]. 东岳论丛 ,2019(8).

[9] 李佃来 . 语言哲学的转向和普遍语用学——试析哈贝马斯的语言哲学 [J]. 武汉大学学报 (人文科学版),2003(4).

[10] 李佃来 . 哈贝马斯与交往理性 [J]. 湖北行政学院学报 ,2002(5).

[11] 傅永军 . 哈贝马斯的现代性视野 [J]. 山东大学学报 ,2007(3).

[12] 傅永军 . 批判的社会知识何以可能 ?——伽达默尔哈贝马斯诠释学论争与批判理论基础的重建 [J]. 文史哲 ,2006(1).

[13] 傅永军 . 交往行为的意义及其解释 [J]. 武汉大学学报 ,2011(2).

[14] 傅永军 . 哈贝马斯交往行为合理化理论述评 [J]. 山东大学学报 (哲学社会科学版),2003(3).

[15] 傅永军 . 现代诠释学类型阐论 [J]. 中国社会科学 ,2000(3).

[16] 王浩斌 , 黄美笛 . 论哈贝马斯的真理共识之思——基于情感视角的分析 [J]. 山东社会科学 ,2020(7).

[17] 汪行福 . 解释学 : 意义的理解还是意识形态批判 ?——伽达默尔和哈贝马斯的解释学之争 [J]. 复旦学报 (社会科学版),1995(6).

[18] 汪行福 . "新启蒙辩证法"——哈贝马斯的现代性理论 [J]. 马克思主义与现实 ,2005(4).

[19] 汪行福 . 从黑格尔到哈贝马斯——现代性哲学话语内在轨迹的叙事重构 [J]. 学习与探索 ,2006(4).

[20] 张庆熊 . 哈贝马斯晚年的哲学思考对当今世界焦点问题的回应 [J]. 国外理论动态 ,2019(8).

[21] 张庆熊 . 交往行为与语言游戏 : 论哈贝马斯对维特根斯坦语言哲学的接纳与批评 [J]. 马克思主义与现实 ,2008(4).

[22] 张庆熊 . 维特根斯坦的后期哲学和 20 世纪西方社会科学方法论的发展 [J]. 云南大学学报 (社会科学版),2009(6).

[23] 李琦 , 李淑梅 . 自我问题研究的主体间性转向——论哈贝马斯对米德自我理论的继承与发展 [J]. 求索 ,2007(9).

[24] 李淑梅 . 以兴趣为导向的认识论——对哈贝马斯认识论特点的探讨 [J]. 南开大学学报 (哲学社会科学版),2007(1).

[25] 刘放桐 . 从认识的转向到实践的转向看现当代哲学的发展趋势 [J]. 江海学刊 ,2019(1).

[26] 强乃社 . 论当代社会哲学的语言学转向 [J]. 华中科技大学学报 (社会科学版),2009(1).

[27] 铁升林 . 哈贝马斯对马克思认识论思想的重构 [J]. 齐鲁学刊 ,2007(2).

[28] 铁省林 . 以精神分析学为范例的深层诠释学读解 [J]. 山东大学学报 (哲学社会科学版),2007(1).

[29] 欧力同 . 法兰克福学派的 "主体—客体" 学说 [J]. 学术月刊 ,1989(3).

[30] 欧力同 . 论哈贝马斯的 "批判解释学" [J]. 探索与争鸣 ,1993(2).

[31] 王凤才 . 哈贝马斯视域中的社会哲学 [J]. 马克思主义与现实 ,2019(4).

[32] 王晓升 . 现代性视角下的社会整合问题——哈贝马斯交往行动理论的启示 [J]. 武汉大学学报 (哲学社会科学版),2018(6).

[33] 王晓升 . 从实践理性到交往理性——哈贝马斯的社会整合方案 [J]. 云南大学学报 (社会科学版),2008(6).

[34] 章国锋 . 哈贝马斯访谈录 [J]. 外国文学评论 ,2000(1).

[35] 王庆丰 . 哈贝马斯生活世界理论的语用学转型 [J]. 马克思主义与现实 ,2005(6).

[36] 王睿欣 . 精神分析与批判话语——论哈贝马斯对弗洛伊德精神分析学的整合 [J]. 社会科学研究 ,2005(6).

[37] 夏巍 . 论哈贝马斯对实证主义的批判 [J]. 山东社会科学 ,2010(8).

[38] 夏巍 . 认识论的空场——哈贝马斯对历史唯物主义的一个批判 [J]. 河南师范大学 (哲学社会科学版),2010(1).

[39] 郭贵春 . 论语境 [J]. 哲学研究 ,1997(4).

[40] 郭贵春 . 哈贝马斯的规范语用学 [J]. 哲学研究 ,2001(5).

[41] 殷杰 , 郭贵春 . 理性重建的新模式——哈贝马斯规范语用学的实质 (上)[J]. 科学技术与辩证法 ,2001(3).

[42] 殷杰 , 郭贵春 . 理性重建的新模式——哈贝马斯规范语用学的实质 (下)[J]. 科学技术与辩证法 ,2001(4).

[43] 殷杰 , 郭贵春 . 德国哲学传统中的语用思维 [J]. 科学技术与辩证法 ,2003 (1).

[44] 于林龙 . 融入交往范式的意向主义意义理论——从胡塞尔到哈贝马斯 [J]. 学习与探索 ,2010(2).

[45] 张斌峰 . 从事实的世界到规范的世界——评哈贝马斯的 "普遍语用学" 对言语有效性范畴的超越与拓展 [J]. 自然辩证法通讯 ,2002(4).

[46] 张任之 . "阐释" 阐释了什么——兼论作为现象学的 "深层阐释学" 的可能性 [J]. 探索与争鸣 ,2020(6).

[47] 张廷国 , 马金杰 . 经验之痛——论哈贝马斯和阿佩尔的语用学之争 [J]. 南京社会科学 ,2008 (2).

[48] 朱刚 . 交互主体性与意义的生成——兼论意向共同体与超越论交互主体性的意义 [J]. 南京大学学报 (哲学社会科学版),2019(6).

[49] 龚群、李笑冬 . 诠释学与交往行为理论的内在关联——从加达默尔的 "理解" 到哈贝马斯的 "相互理解" [J]. 复旦学报 (社会科学版),2020(1).

[50] 林远泽 . 姿态、符号与角色互动——论米德社会心理学的沟通行动理论重构 [J]. 哲学分析 ,2017(1).

[51] 钱厚诚 . 哈贝马斯认识批判的危机理论 [J]. 南通大学学报 (社会科学版),2006(4).

[52] 黄晖 . 西方诠释学传统中理解问题的起源与发展 [J]. 社会科学战线 ,2007(2).

[53] 张云龙 . 理性的批判与重建——从普遍语用学的角度 [J]. 浙江社会科学 ,2009(8).

[54] 周晓虹 . 学术传统的延续与断裂——以社会学中的符号互动论为例 [J]. 社会科学 ,2004(12).

[55] 陈波 . 弗雷格的思想理论 [J]. 哲学分析 ,2012(5).

[56] 张廷国 . 胡塞尔的 "生活世界" 理论及其意义 [J]. 华中科技大学学报 ,2002(5).

[57] 韩红 . 交往行为理论视野中的普遍语用学—— "哈贝马斯语言哲学思想探幽" 之一 [J]. 外语学刊 ,2006(1).

[58] 徐闻 . 哈贝马斯论交往资质 [J]. 理论视野 ,2011(4).

[59] 杨玉成 . 奥斯汀论言和行 [J]. 哲学研究 ,2004(1).

[60] 吴苑华 . "规范语用学" 与哈贝马斯 [J]. 华侨大学学报 (哲学社会科学版),2005(1).

[61] 韩晓 . 言语行为的双重结构与译本研究——一个交往行为理论的视角 [J]. 广州大学学报 (社会科学版),2011(10).

[62] 刘志丹 . 有效性要求 : 哈贝马斯对语言哲学的重大贡献 [J]. 外语学刊 ,2012(3).

[63] 孙琳 . 现象学与辩证法 : 哈贝马斯重构合理性的方法论探讨 [J]. 江汉论坛 ,2020(1).

檢